決定版

暮らしの裏ワザ 知得《しっとく》メモ 888

主婦の友社編

決定版
暮らしの裏ワザ知得メモ888

CONTENTS

6 はじめに

PART 1 cooking 料理

8 もっとおいしく！
8 素材のグレードupワザ
10 揚げる、でひと工夫
12 煮る、ゆでる、でひと工夫
14 焼く、いためる、でひと工夫
16 調理前のひと手間で仕上がりに差！
18 調理中のひと手間で仕上がりに差！
20 代用で本格味に
22 〈知得トピックス〉かまぼこ飾り切りア・ラ・カルト
24 もっと早く！
24 ひとワザでスピードup①
26 ひとワザでスピードup②
28 少量をラク早に
30 まとめ作りでラク早に
32 ポリ袋でラク早に
34 牛乳パックでラク早に
36 キッチン道具でラク早に
38 キッチングッズも別用途で◎
40 意外なグッズも使いよう①
42 意外なグッズも使いよう②

PART 2 keeping 食品保存

44 ㊢してておいしい
44 長もちひとワザ
46 冷凍びっくりワザ①
48 冷凍びっくりワザ②
50 〈知得トピックス〉野菜の冷凍ワザ32
52 〈知得トピックス〉魚・肉・加工品などの冷凍ワザ32
54 残り物リニューアルアイディア
56 保存容器ぴったんこワザ

PART **3**
kitchen

キッチン回り

58 待ったなし！でもあわてない
58 キッチンの困った！一発解決①
60 キッチンの困った！一発解決②
62 目ざせ！ピカピカ台所
62 調理道具の汚れがラク落ち
64 食器の汚れがラク落ち
66 調理道具のカンタン手入れ
68 〈知得トピックス〉茶がら、コーヒーかすはスゴい！
70 シンク回りの汚れ激落ちワザ
72 レンジ回りの汚れ激落ちワザ
74 〈知得トピックス〉酢はスゴい!!
76 快適！クリーン台所
76 省スペース収納㊪ワザ
78 においはこの手でシャットアウト！
80 ㊙勝！カビ&虫よけの極意
82 生ゴミの捨て方ひと工夫①
84 生ゴミの捨て方ひと工夫②

PART **4**
storage

収納

86 二度と散らからない！
86 リビングの片づけ収納アイディア
88 〈知得トピックス〉カラボはスゴい！
90 衣類&小物のピッタンコ収納
92 キッチンの片づけ収納アイディア
94 キッチン、玄関、浴室、トイレの片づけ収納アイディア
96 まとめる、集めるはこれがピッタンコ

PART **5**
cleaning

掃除

98 ラク早キレイが実現！
98 びっくり掃除道具の工夫
100 びっくり掃除機かけの工夫
102 フローリング、カーペットを一発スッキリ

104 畳を一発スッキリ
106 浴室、洗面所のキラ☆ピカワザ
108 窓回り、玄関、トイレのキラ☆ピカワザ
110 とる・はがす失敗なしの極意
112 身近なもので家電クリーンアップ

PART 6 washing
洗濯

114 洗い方、もっとじょうずに！
114 洗濯物はプレケアが勝負
116 頑固な汚れを一発解決
118 部分汚れ＆シミのトラブルを一発解決
120 〈知得トピックス〉針金ハンガーはスゴい!!

122 干し方、もっとじょうずに！
122 スピード乾燥ワザ
124 シワなし乾燥ワザ
126 室内でスピード乾燥ワザ

128 もっとたいせつに！
128 洗濯物はアフターケアが勝負
130 こんなものまでキレイになる！

PART 7 housekeeping
住まい

132 身近なものですぐできる
132 結露と湿気シャットアウト
134 におい＆虫シャットアウト
136 住まいの㊝メンテナンス術
138 身につけるものの㊝メンテナンス術
140 生活雑貨㊝メンテナンス術
142 布団㊝メンテナンス術

PART 8 beauty
美容

144 お金をかけずに安全・安心

144 (驚)ワンポイント美人ワザ
146 洗顔のひと工夫で美肌
148 手作り化粧品で(美)肌
150 ひと手間パックで(美)肌①
152 ひと手間パックで(美)肌②
154 ひと手間ケアで(美)髪
156 ひと手間ケアで(美)体
158 化粧品とことん使い切りアイディア

PART 9 health
健康

160 医者にかかる前に
160 カゼびっくり退治ワザ①
162 カゼびっくり退治ワザ②
164 応急手当てはあわてずに
164 やけど&キズびっくり対処ワザ
166 困ったときもあわてずに
166 体のトラブルじっくり一発解決

168 ツボで体のトラブル一発解決
170 冷えびっくり退治ワザ

PART 10 recycle
再利用

172 捨てる前にひと工夫で(得)
172 目ウロコ復活アイディア
174 牛乳パック復活アイディア
176 チラシ&包装紙復活アイディア
178 〈知得トピックス〉手仕事の知恵ア・ラ・カルト

PART 11 gardening
ガーデニング

180 枯らさない！にはコツがある
180 身近なグッズで植物イキイキ
182 〈知得トピックス〉残り野菜でカンタン水栽培
184 身近なもので虫よけワザ

はじめに

毎日、たくさんの時間を費やす家事のあれこれ。

「あ〜、めんどう」「つまらない」

そんな悲鳴が聞こえてきそう！

でも、そんな繰り返しの中にこそ、
ちょっと目先を変えてみれば
意外な発見やオドロキが隠れているもの。

「こんなやり方、あったんだ！」

おかず作りに掃除、洗濯、収納、
家族の健康管理からガーデニングまで
目からウロコがポロポロ落ちるはずです。

「私にも、すぐまねできる！」

もちろん、あなたと同じ主婦の
知恵とアイディアだから、
いま家にある「これで、あれに！」が大鉄則。

この一冊を読めば、勇気100倍、やる気200倍。
苦手だった家事が、
どんどん楽しくなること、まちがいありません。

「知って、得した！」

きっとあなたは、そう思うはず。
だから、この本のタイトルは

「暮らしの裏ワザ知得《しっとく》メモ888」

さあ、この一冊で、生活の喜びを再発見してください。

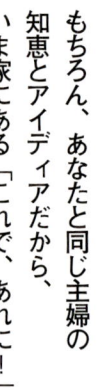

PART 1

超手間なし裏ワザから道具代用ワザまで

料理

毎日、いちばん手間と時間をかける家事が、料理。
だからこそ、小さなスピードアップの工夫やおいしさアップのコツの
積み重ねが大きな差につながって、主婦としての達成感も
味わえるというもの。「あれっ、いつもよりおいしいね！」
そんな声が聞こえたら、しめたものです。

cooking

もっとおいしく！

素材のグレードupワザ

安い米はもち米と油を足して炊けばふっくらごはんに

パサついて粘りがない米は、いつもの米５に対してもち米１の割合でまぜ、通常の量の水を加えます。さらにサラダ油１～２滴をたらして炊くと、粘りのある、見た目もつやつやなごはんになります。冷めてもふっくらなのでお弁当にも。

アクの強い野菜は米のとぎ汁で下ゆで。早く煮え、味もしみ込む

大根やたけのこなどアクの強い野菜の下ゆでには米ぬかの成分を含んだ米のとぎ汁を再利用。ただのお湯でゆでるよりも、アクをしっかり吸着します。ほかにも小麦粉など、デンプン質のものを加えたゆで汁も、アク抜きにおすすめ。

こんにゃくに塩をすり込むと歯ごたえアップ

こんにゃくに塩を振って、すりこ木で軽くたたいて水分を出すと、歯ごたえがアップ。あとは塩をさっと洗い落として。糸こんにゃくも塩を振ったら手でもむと、アク抜きに。

古米にみりんを加えて炊くだけで、ワンランク上のおいしさに

米をといだあと2時間ざるに上げたら、米2合に対しみりん小さじ1を入れてスイッチオン！　みりんのうまみ成分とアルコール分が、多少古くなった米のぬかくささをとり去り、古い米もおいしく炊き上がります。

炊飯器にといだ米と水をセットしたら、最後にみりんを加えて炊くだけなので、とっても簡単！

ほうれんそうをゆでるときの裏ワザ。砂糖一つまみでアクが抜ける！

ほうれんそうに含まれるシュウ酸がアクの主な原因ですが、ゆでるときに砂糖をほんの少し加えると、アクが抜けて色鮮やかになります。ただし、入れすぎると甘くなってしまうので注意して。

気になるレモンのワックスは塩でもみ水洗いすればとれる

輸入レモンやグレープフルーツに軽く塩をまぶして手でもみ、水洗いすると表面のワックスがとれます。果皮の水分が引き出され、香りや色もよくなるという相乗効果もあります。

乾物を速攻でもどしたいときは、熱湯＋砂糖をかければ早い！

ひじきや干ししいたけのスピードもどしには、砂糖の出番。乾物に砂糖を一つまみ振りかけ、熱湯にひたすだけ。水からもどすと20～30分かかるところ、これならたったの5分でバッチリ。

安い肉を高級ステーキのようにぐんとおいしくする方法

安い肉だからパサつきそう……というときは、肉の表面に砂糖を一つまみ振りかけます。これは、砂糖に肉をやわらかくする働きがあるため。砂糖を振ってしばらくそのままにしてから焼くと、筋っぽさがなくなるから不思議。

鶏胸肉をオリーブ油でマリネにするとジューシーに！

もも肉よりパサつきがちな鶏胸肉。それが気になるときは、食べやすく切り、オリーブ油に20分ひたしておきます。そのあと油をよくきって、いためたり揚げたりすれば、パサパサだった肉がふっくらジューシーに。

ブロイラー肉も昆布で包めば、地鶏並みのおいしさに大変身

ブロイラーの肉を、地鶏の味に変えてくれるのが昆布。魚のこぶじめを作るときのように、鶏肉を昆布ではさみ、ラップで包んで半日以上おきます。昆布といっしょにホイル焼きにしたり、酒蒸しにしてあえ物に。

かたい輸入牛肉はおろし大根の汁に漬け込んでやわらかく

かたい肉は、残ったおろし大根の汁に1時間以上漬け込んでみてください。大根にはタンパク質分解酵素の働きがあるため、肉に弾力性が出ます。汁けをきって調理すれば、やわらかくなっておいしく食べられます。

cooking

もっとおいしく！

揚げる、でひと工夫

魚の天ぷらは衣に紅茶を加えれば、プロ顔負けの味に

煮魚を作るとき、しょうがを加えて魚のくさみをとるように、魚の天ぷらの場合は紅茶を使うと効果的。卵液に紅茶をまぜ、小麦粉をといて衣を作ると、紅茶の香りでくさみが消えます。紅茶は水につけて出す水出し式が◎。

マヨネーズが隠しワザで、めちゃうまのとんカツに

とんカツの衣に小麦粉と卵をつけるかわりに、マヨネーズを肉の表面に塗ってみてください。パン粉をまぶして揚げるだけで、ソフトな口当たり。あとを引く味です！　衣用に卵1個を割らなくても、お弁当などに少量作りたいときに便利。

揚げ物にお好み焼き粉を入れるとふっくら、おいしく揚がる

卵1個に、お好み焼き粉大さじ1、水大さじ1をまぜた卵汁を使えば、ソースいらず。

とんカツ屋さんは、衣に山いもを加えているそう。たこ焼き粉やお好み焼き粉にも、山いもに、だし、塩が含まれているので、とんカツの衣に加えれば下味いらずで、おいしく仕上がります。

小えびでもマッシュポテトで包めば、さらにおいしい大えびフライに

フライ用に買ったえびが小さくてもだいじょうぶ。ゆでてつぶしたじゃがいもに塩こしょうし、えびを包みます。さらに衣をつけて揚げればボリュームたっぷりの大えびフライに変身。食感ももっちりしておいしくなります。

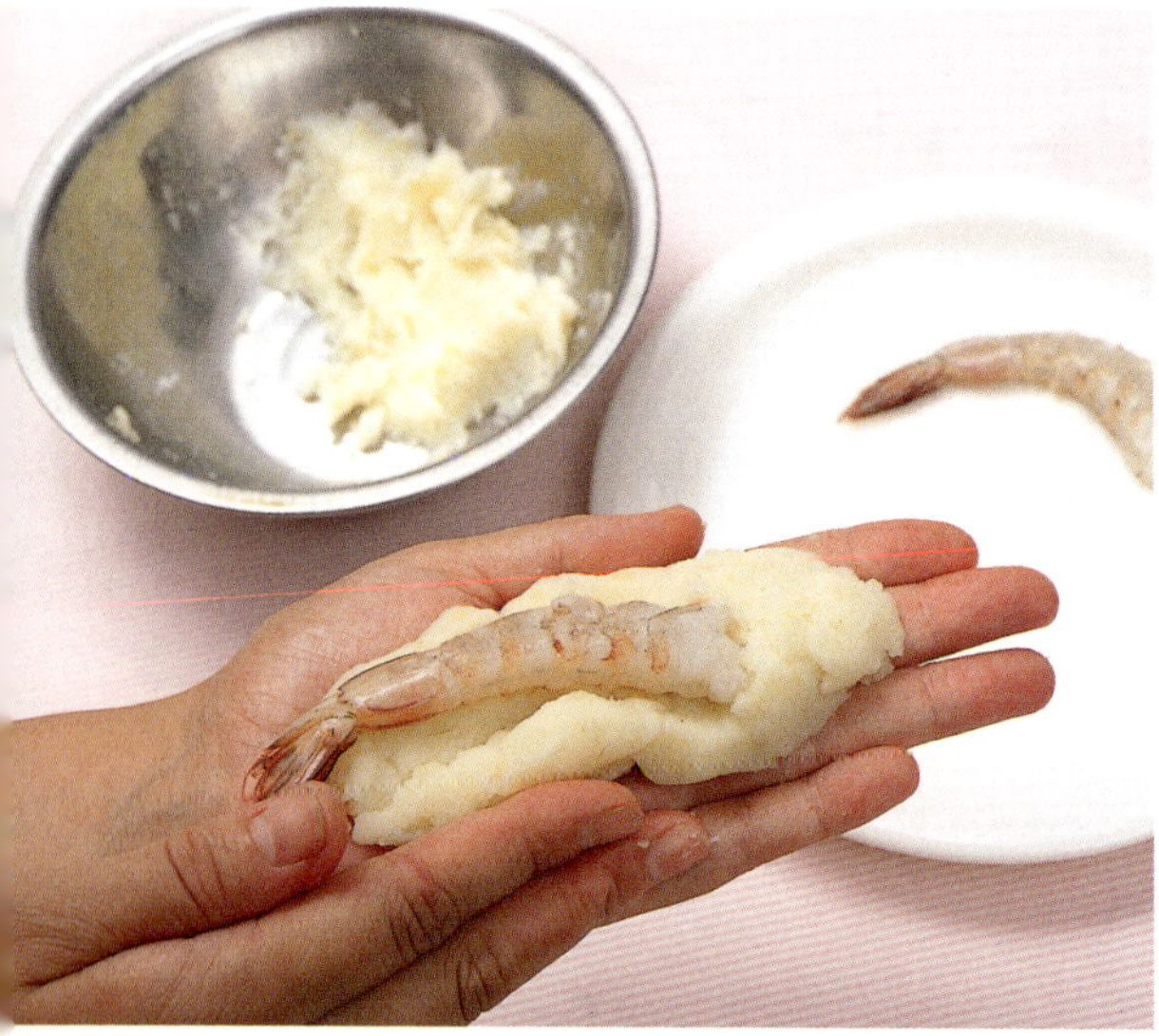

手のかかる天ぷらも、衣に酢を入れるだけで悩み解決

旬の野菜を使って、外はサクッ、内はふわっとした軽い衣の天ぷらを揚げたいときは、衣に酢を加えるワザもあり。とき卵1個に、酢大さじ1と水を加えて1カップにし、小麦粉1カップを合わせます。

カリッと揚げたいときは、衣にベーキングパウダーを

天ぷらをカリッと揚げたいなら、ベーキングパウダーを使う手も。とき卵1個に水を加えて1カップにし、小麦粉1カップ、ベーキングパウダー小さじ1を加えて衣を作るとじょうずに仕上がります。

サラダ油プラスで、サクッとした口当たりのやさしいフライに

酢やベーキングパウダーを使って、揚げ物をおいしく仕上げるほかにもおすすめなのが、サラダ油。小麦粉と卵をまぜて、サラダ油大さじ１をプラスするだけ。あとは具をくぐらせ、パン粉をつけて揚げれば、衣はサクサクです。

かき揚げを失敗せずに揚げるには木べらを使うと簡単

かき揚げを揚げるときは、木べらの上に具をのせ、油スレスレのところですべらせて入れると、具がバラバラになりません。木べらの平らに限りなく近いわずかな傾斜をうまく生かした、揚げ物ワザです。

cooking

もっとおいしく！

煮る、ゆでる、でひと工夫

塩水漬けで煮くずれしない、おいしい煮物に

さつまいもやかぼちゃを食べやすく切ったら、ふかしたり煮る前に、30分ほど薄い塩水につけておきましょう。アク抜きになるだけでなく、甘みが引き出され、ほっくりとやわらかく仕上がります。

卵とじ料理をふっくら仕上げる、水どきかたくり粉ワザ

火かげん、蒸らしぐあいなど微妙な間合いで、ふっくら仕上げる卵とじ料理。かたくり粉のとろみを使えば、ふっくらします。割りほぐした卵1個に、倍量の水で薄めたかたくり粉大さじ1を加えた卵液を仕上げに回しかければ失敗ナシ。

煎茶でかぼちゃを煮ると、水っぽいかぼちゃに甘みが

水っぽかったり、かたかったりするかぼちゃは、じょうずに煮えないもの。でも、水を加えるところを煎茶で煮れば、甘みが引き出され、ほっくりとした煮上がりになります。その分、味つけも薄めでOKだから一石二鳥。

かぼちゃに砂糖を振りかけてから煮ても、ホクホク

なべに適当に切ったかぼちゃを入れて、砂糖を振りかけたまま約3時間。砂糖の浸透圧で、かぼちゃの水分がじんわり出ます。あとは焦げない程度に水を足してコトコト煮ましょう。仕上げにしょうゆで味つけすれば、ホクホクのかぼちゃ煮に。

甘みを出すなら塩をちょっと振って隠し味に

お汁粉やすいかに、ちょっと甘みが欲しいときは、少量の塩を加えてみましょう。お汁粉のような甘いものに、ごくわずかの塩けを足すことによって、甘みが引き出されるという、〝味の対比効果〟が生まれます。肉じゃがにもOK。

魚焼きグリルの熱でなべを保温する

魚焼きグリルを使うときは、ふき出し口で保温するチャンス！　小なべに水を入れて、グリルのふき出し口の上においておけば、小さな泡がふつふつ出るほど温まり、次の調理に即使えます。余った熱でガス代節約！

煮物じょうずは、なべをバスタオルで包んで保温調理

煮物はなべが沸騰したら５～10分弱火で煮て火を止め、新聞紙にくるみ、上からバスタオルで包んで20分おけば、味がよくしみ込みます。タオルの間に新聞紙をはさんで包む手も。

ゆでている卵のひび割れ防止には酢が効く

ゆでている最中、殻にひびが入ると、白身が外に出てしまい悲惨な状態に。そこで、タンパク質の凝固を促す働きのある酢を少々、お湯の中に入れておくと、万が一ひびが入っても白身が流出するのを避けられます。

フライパンの直径よりパスタが長いときは、パスタを半分に折って入れて。

蓋をしたら火を止めて蒸しゆでに。熱を逃がさないよう、フライパンにぴったり合った蓋を。

パスタは〝蒸しゆで〟で、簡単アルデンテ

沸騰した湯に塩とパスタを入れたら、蓋をして火を止めます。あとは表示時間待つだけで、しこしこのアルデンテに！　これなら、ふきこぼれやゆですぎの失敗もありません。

cooking
もっとおいしく！

焼く、いためる、でひと工夫

プレーンオムレツは、マヨネーズ使いでフワフワ

プレーンオムレツを作るときは、割りほぐした卵１個に対して、小さじ１のマヨネーズを加えてまぜ、いつもと同じ要領で焼きます。すると、ふんわりフワフワ！です。やや焦げやすいので、火かげんは気持ち弱めで。塩分は控えめに。

こねる前の塩一つまみで、ふっくら肉だねに

焼き上がったハンバーグは、こんなにふっくらとして、ジューシー！

ハンバーグやギョーザを作るとき、野菜を入れる前に、肉に塩一つまみを入れてよくこねると、塩が肉のうまみを閉じ込め、素材の味をぐんと引き出します。ひと手間で味に大差！

フライパンにアルミホイルを敷いて小魚をキレイに焼く

冷凍ししゃもなどの水けが多い小魚は、軽く丸めてから広げたアルミホイルをフッ素樹脂加工のフライパンに敷き、その上で焼くとキレイに仕上がります。スーパーの試食販売などでも使われている焼きワザです。

冷凍干物はアルミホイルをかぶせてふっくら焼く

冷凍干物をパサつかずに、ふっくらと焼き上げるにはコツがあります。アルミホイルを上にふんわりかぶせて、〝蒸し焼き〟状態で焼くのです。焼き色をつけたい人は、仕上げにアルミホイルをはずして焼けばOK。

解凍えび、いかのくさみ抜きにかたくり粉が大活躍

冷凍保存しておいたえび、いか、たこは、解凍すると生もの特有のくさみがとても気になります。そこで、かたくり粉の出番です！　解凍する前にかたくり粉をまぶして水洗いすると、独特のくさみが抜けます。

合わせ調味料にかたくり粉を入れる、簡単とろみづけ

水どきかたくり粉でとろみをつけるときに、だまになって失敗しない方法です。合わせ調味料の中に、かたくり粉を入れてまぜ、一気に調味ととろみづけをしてしまえば、手間もかかりません。

青菜いための油に塩を一つまみで、色鮮やかな緑色に

いため油やあげ油に塩を一つまみ合わせると、おかず作りにいろいろな効果を発揮します。青菜いためを彩りよく仕上げるうえに、油はねを防ぐという働きも。ぜひ今晩から試してみて。

いため油やあげ油に塩を一つまみ加えると、素材を入れてもパチパチはねないので安心。

青菜をいためる前に油に塩を入れ、さっといため、最後に湯を入れてゆがくと色鮮やかに。

ギョーザをくっつかずに焼くには、オーブンシート使いがおすすめ！

ギョーザを焼くとき、フライパンに皮が焦げつくこと、ありますよね。そんな悩みを解消してくれるのがオーブンシート。シートの上で焼けば、油を引かなくても、焦げつかないから安心。フライパンはフッ素樹脂加工でも鉄でもOK！

フライパンの直径よりやや大きめに、クッキングシートを丸くカットする。

シートの上にギョーザを並べて焼きスタート。油はいっさい不要！軽く焦げ目がついたら、12個に対して水50mℓ入れて蒸し焼きに。

シートの上で焼けば、皮がやぶれる心配もなくスルスルととれる！

cooking

もっとおいしく！

調理前のひと手間で仕上がりに差！

なすは切ったら塩水につけて、変色を防ぐ

アクの強いなすは、ポリフェノールによる変色が起こるので、切ったらすぐに塩水に。水が黒ずんできたら、ざるに上げて流水で洗います。このひと手間が、おいしくし、仕上がりをキレイにします。

塩を入れれば、かきまぜなくてもゆで卵の黄身が真ん中にくる！

ゆで卵の黄身を真ん中にするには、湯が沸騰するまで卵を箸で転がしつづけるのも手。でも、水に塩少々を入れて沸騰させるだけで、かき回さなくても黄身が真ん中に！　手間がかからないので、その分ほかの調理にとりかかれます。

切る前につまようじを刺せば、玉ねぎがバラバラにならない

先につまようじを刺してから切るのがコツ。縦半分に切った玉ねぎにつまようじを放射状に５～６本刺してから、ようじとようじの間を切ります。そのまま衣をつけて揚げると……玉ねぎがバラバラなんてあわてることがなくなります。

半解凍状態なら、ひきわり納豆が簡単に作れる！

半分凍った状態の納豆なら、包丁で刻んでも糸をひきません。容器のまま冷凍した納豆を、切る20分前に冷凍室から出しておきます。牛乳パックを広げ、その上で納豆を刻めば、まな板も汚れません。

生のいかをまっすぐ、細く切るなら半冷凍にするのがいちばん！

生のいかやたこを、まっすぐ切るのは至難のワザ。ところが、切る30分前に冷凍室に入れて半冷凍にすると、わが目と腕を疑うほどまっすぐに切れます。これで、いかそうめんもおまかせ！

専用家電がなくても、電子レンジで簡単に、おもちをつきたて風味に

切りもちをボウルに入れ、たっぷりの水を張って約10分間つけておきます。水をほんの少し残して捨て、ラップをかけて、もち１切れに対して約30秒電子レンジでチンしてみて。グーンと伸びる、あのつきたてのおもちが再現できます！

(奥)「おろしもち」もちを熱々のうちに木べらでこね、手水をつけながら好みの形に丸め、おろし大根としょうゆをまぜる。
(中央)「そばがきもち」そば粉100ｇに対して、熱湯$\frac{2}{3}$カップで耳たぶ程度にねり、もち（２切れ分）とまぜる。そばつゆを張り、刻みねぎを添える。
(手前)「納豆もち」刻み納豆に、しょうゆ少々とねぎをまぶしたものをもちにかける。

ふかしいもは、ぬれた新聞紙に包んでからラップしてチン

さつまいもを電子レンジでふかすときは、びしょびしょにぬらした新聞紙で包み、その上からラップを。中くらいの太さなら1本10分程度電子レンジ加熱すれば、パサつかずにふかせます。

グラタン皿にバター塗りは不要！ぬらして焼くだけで焦げつかない

グラタン皿にはバターを塗って焼きますが、実は皿にさっと水をくぐらせるだけで十分。外側はふき、内側だけがぬれたままで具やソースを入れて。これならカロリーオフで、あと片づけもラク。

調理中のひと手間で仕上がりに差！

ラップとようじで作る、マヨネーズ極細しぼり口

マヨネーズをラップで包み、ようじで小さい穴を数カ所あけます。お好み焼きやグラタンなどのおかずに、マヨネーズをしぼり出すと、よりキレイな仕上がりに。マヨネーズ以外にも、ソースやケチャップでも使える便利ワザです。

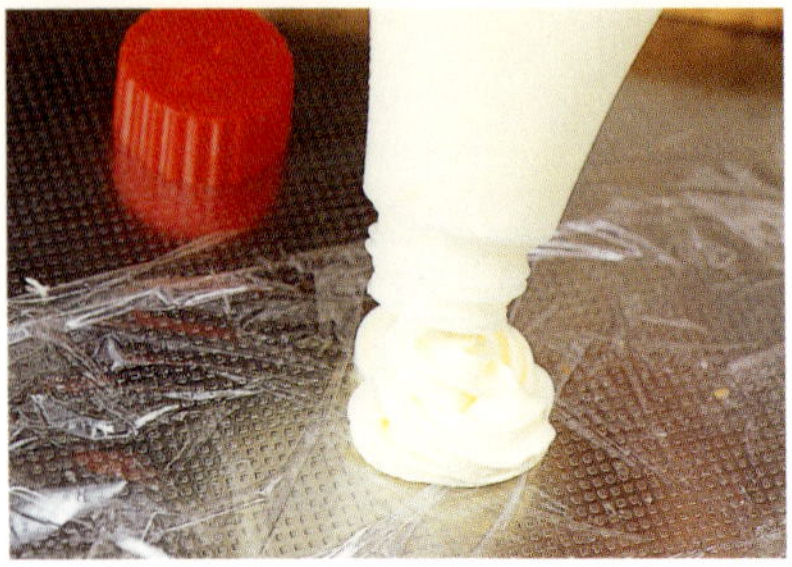
ラップを10㎝くらいの長さでカットし、真ん中にマヨネーズを大さじ１程度のせる。

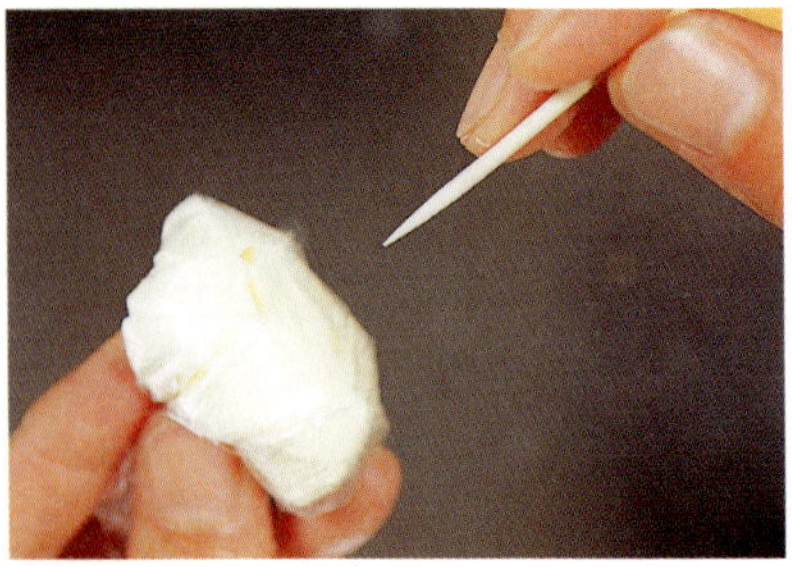
マヨネーズをラップで丸く包み、ようじの先で穴をあける。大きくあけてしまわないよう注意して。

ドレッシングはかけずにあえる！分量は半分ですむ

野菜サラダは、あえ物のようにボウルの中で野菜とドレッシングをからめたほうがベター。かけるより、ドレッシングが半量で十分味がなじむし、カロリーも抑えられてヘルシー。

あえる方法なら、少しずつ入れてまぜ合わせ、味を調節できるので、よりムダが少ない。

大さじ１

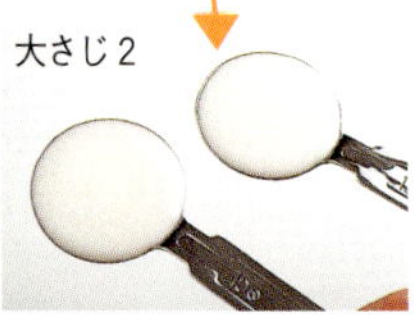
大さじ２

水どき小麦粉で、ギョーザをパリッと焼き上げる

お店で食べるように、ギョーザをパリッと仕上げるには、仕上げにコツが。ギョーザを焼いているフライパンに水を入れて蒸し焼きにするときに、水の中に小麦粉をごく薄くといて入れるのです。小麦粉が糊状になって焦げて薄い皮ができ、歯ごたえパリパリ。

お弁当にお役立ち！ あき容器で簡単飾りゆで卵

スーパーでおそうざいなどが入っているプラスチック製のフードパック。これを、ゆで卵の飾り切りに活用しましょう。あき容器だからお金もかからないし、繰り返し使えます。

1 プラスチック製のフードパック。蓋の平らな部分を5cm幅ほどに切りとる。

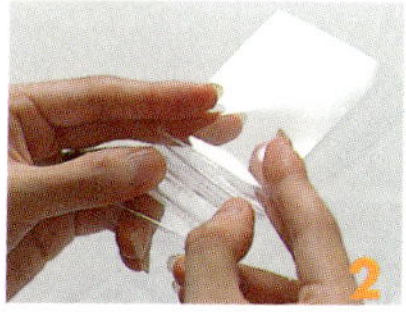

2 短いほうの辺に合わせ、5〜10mmの一定の間隔で、山折りと谷折りを繰り返す。

3 ジグザグの形になった横側を、ゆで卵に回しながら押しつけ、白身部分を切る。

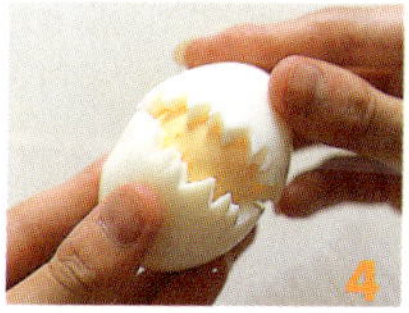

4 白身の上半分をはずすとギザギザに。はずした白身はお弁当のおかずカップに。

ペットボトルでかわいい花形のゆで卵を作る

六角柱形の500mlのペットボトルも、飾りゆで卵作りに使えます。注ぎ口の部分と底の部分を切り、六角柱になっている部分をゆで卵に巻くだけ。特別な道具もいらず簡単です。

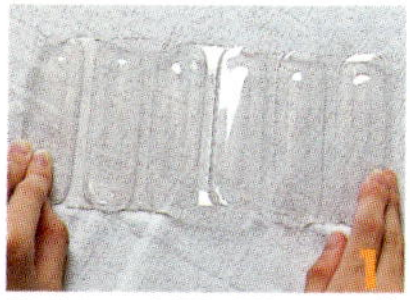

①ボトルを切り開き、六角柱の面をそれぞれ外側に半分に折ると、山谷折りに。

②ボトルを山一面を重ねた状態で丸めると、星形の筒状になる。これが「花形」。

③ゆで卵の回りにボトルを花形に巻きつけ、ズレないように輪ゴムで止める。

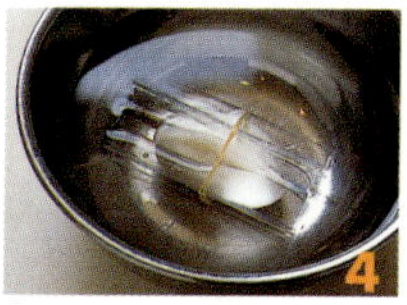

④そのままの状態で、水を張ったボウルに10分入れておくと、ゆで卵が花形に！

キッチンペーパーでロールサンドを作ると、キレイに巻ける、切れる！

キレイな形に巻くのがむずかしいロールサンドも、軽く湿らせたキッチンペーパーを「巻きす」がわりにして巻いてみてください。パンと具がなじむので、キッチンペーパーをとっても形がくずれず、包丁で食べやすく切るのも簡単です。

キッチンペーパー1枚は、しなっとするよう霧吹きで軽く湿らせる。

パンをおき、好みの具をのせて、手巻きずしのように手前から巻く。

パンと具がなじみ、ロール形に落ち着くよう、ペーパーを巻いた状態でしばらくおく。

cooking
もっとおいしく!

代用で本格味に

冷凍してあった食パンをすりおろしてパン粉を手作り

〝パン粉がない!〟というときは、冷凍室にある食パンを使いましょう。作り方は、凍った食パンをおろし金でガリガリすりおろすだけ。特売の食パンを使えば、驚くほど安上がりです。

すりおろした冷凍食パンのパン粉は余ったら再冷凍しても２週間程度ならだいじょうぶ。

トマトをまるごと冷やして、すりおろして隠し味に

トマトは凍っても、味や色に変化がないうえ、すりおろしやすくなります。いためた玉ねぎにすりおろして煮れば、本格トマトソースに。シチューなどに使うときは、まるごとなべに。皮とへたが浮き上がったら、とり除きます。

おつまみ用のさきいかが、中華スープのいいだしに

さきいかをお湯に入れると、いかの風味と塩味が出て、いいだしに。このだしに、塩、こしょうを加えて調味し、卵やわかめ、戻したあとのこまかく刻んださきいかなどを入れると、りっぱな中華の１品になります。

特別な材料がなくてもできる「皮なしウインナ」

フライパンとアルミホイルで作れる〝簡単・皮なしウインナ〟のレシピです。大きめサイズで豪快に作ったり、ハーブやスパイスをプラスしたり、好みのウインナを作ってみて。

材料は、豚ひき肉400ｇ、塩小さじ１と1/2、卵１個、パセリ１枝(片手の大きさ弱が目安)、小麦粉大さじ２、にんにく１かけ（またはチューブ入りのすりおろしにんにく大さじ１)、ナツメグ、こしょう各小さじ１。

1

ボウルに肉と塩を入れて手早くこねる。みじん切りのパセリ、すりおろしたにんにく、ほかの材料を加え、全体をよくまぜ合わせる。

2

20㎝×15㎝に切ったアルミホイル10～12枚に、薄く油を塗り、長さ７～８㎝を目安に肉だねをのせ、棒状にととのえてからホイルでくるみ、端をねじってキャンディー包みにする。

3

ホイルの合わせ目が上になるようにフライパンに並べる。底１㎝の高さまで水を入れて蓋をし、中火～弱火で約15分蒸し焼きにする。

4

ホイルをあけてみて、中まで火が通っていたら完成。パセリのかわりに、シソやバジル入りにしても！粒マスタードなどをつけて召し上がれ。

どう切っても味はかわらないけれど、おめでたいときやお弁当おかずには、がんばって「かまぼこの飾り切り」に挑戦を！　コツは、よく切れる包丁で、スパッと思い切りよく切ることです。

知得トピックス

かまぼこ飾り切りア・ラ・カルト

結び

ご祝儀袋の「結び切り」と同様のおめでたさが。7㎜厚さに切り、写真のように上下と真ん中に切り込みを入れ、上下を互い違いに通す。

市松

紅白2色のかまぼこで作る。それぞれ1㎝厚さに切ったら、縦半分に。紅白を互い違いに並べる。これ以上ないくらい簡単で、華やか！

松葉

「松竹梅」の松は、おめでたいモチーフの定番。かまぼこを7㎜～1㎝厚さに切り、互い違いに切り込みを入れ、軽くひねって重ね合わせる。

らん

1.5～2㎝厚さに切り、3～4㎜幅の切り込みを4つ入れる。真ん中の3枚を1枚ずつ、二つ折りにして間にはさみ込み、形をととのえる。

菊花

2㎝厚さに切り、半分に切る。下5㎜はつなげたまま、縦横2㎜幅（できるだけこまかく）の切り込みを上から入れる。

ばら

2～3㎜厚さに薄切りにしたかまぼこを、写真のように半分ずらして4枚重ねる。手前からクルクルと巻き、つまようじで止める。

冠

かまぼこを5㎜厚さに切り、下5㎜はつなげておくようにして、幅2㎜弱の切り込みを入れていく。

切り込みを1つおきに折り曲げ、はさみ込んでいく。手が込んでいるぶん、華やかさはいちばん！

松

5㎜厚さに切り、右半分は横、左半分は縦に、幅2㎜弱の切り込みを入れる。

つまようじなど先の細いもので、隣の切り込みに折り返す。こまかい作業なので、根気が必要？

うさぎ

かまぼこは1㎝厚さに。皮をむく要領で、5㎜くらいの厚さで⅔まで切り込みを入れる。

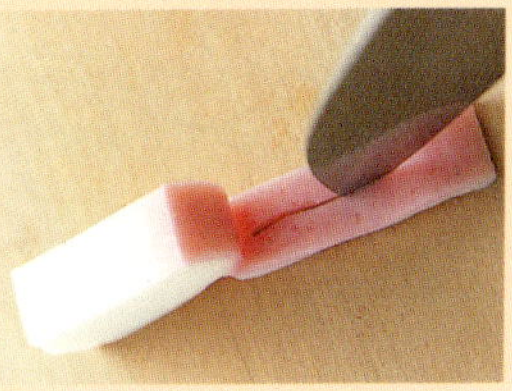

むいた皮の中央に1㎝の切り込みを入れ、端を切れ目にくぐらせて、うさぎの耳に。目はごまでも。

ちょうちょ

かまぼこは5㎜厚さに切り、いちょう切りにしてから中央に切り込みを入れる。

いちょう切りのかまぼこを横にして、2〜3㎜幅の切り込みを上下2カ所に入れる。

かまぼこを広げて、中央のつながっている部分を下へずらす。

盛りつけるときは、このように裏返しでもよい。表向きと裏返しのちょうちょを並べても。

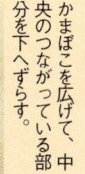

ひとワザでスピードup①

ドリンクの蓋でピーマンのへたとりがラクラク！

ピーマンのへたは、包丁だととりにくいけれど、ボトル缶の蓋をへたの部分にグリグリとはめ込めば、スパッとくりぬけます。特に栄養ドリンクなどのかための蓋がおすすめ。

切る前に玉ねぎを水につける。これでもう泣かずにすむ！

玉ねぎを切ると目にしみるのは、揮発性の催涙物質が含まれているため。ならば、この成分を水にとかしてしまえばOKです。切る前に水に10分つけておけば、もうへっちゃら。

トマトの皮むきは、じか火で焼く方法が早くて、手軽！

トマトの皮むきといえば湯むきが定番。だけど、もっと手軽で、簡単にできるのがコレ。へたをとってフォークに刺し、ガスコンロの上でじか火に当てると、すぐに皮がはじけて、むきやすくなります。

皮がはじけたら流水に当てると、おもしろいようにツルンときれいにむける。

完熟トマトを一晩冷凍して、皮をむく

完熟トマトの皮はむきにくい！ そんなときは、一晩冷凍室に入れてカチンカチンに凍らせておきましょう。水道の流水に当てるだけで、皮がスルッとむけます。

ビニール手袋でひとなですれば、薄皮がツルリと

むきにくいにんにくの皮も、ビニール手袋でなでればあっという間！ ビニールににんにくの皮が吸いつくようにくっつくので、おもしろいほどツルッと一気にむけます。

ごぼうの泥も皮も一気にとれるアルミホイル洗い

ごぼうは日もちと鮮度のよさを考えたら、泥つきを買うほうがお得。でもめんどうなのが、泥洗いや皮むき。クシュクシュッとさせて丸めたアルミホイルで、ごぼうの表面を上から下になでつけるだけで、皮も泥も一挙にとれます。

ピーラー使いで、ささがきのごぼうもササッとできる

ごぼうをささがきにするなら、包丁で縦に数本切り込みを入れてから、ピーラーで鉛筆を削るように回しながらむきましょう。包丁が苦手な人も、これならとっても簡単です。

大根の皮むきもピーラーでやれば断然早い

大根やにんじんの皮むきに、ピーラーを使うと便利。皮以外の部分も、ピーラーで薄くそいで、サラダやなべ物にどうぞ。途中で力かげんを変えずに、ピーラーを手前に引くのがコツです。

きゅうりの薄切りもつまようじでラクラク

きゅうりを薄くスライスするとき、包丁の側面にくっついてしまうと、手間がかかります。だったら、包丁の側面にようじをテープで止めてみて。包丁にくっつかずに、スパスパ切れます。

転がりがちな小口切りは、割り箸を使って防止

流しに転がりがちなきゅうりなどの小口切り。まな板の向こう側に割り箸をおいて切れば、割り箸が防波堤となってあちこちに転がりません。これで調理中のイライラもスッキリ！

長ねぎは表裏斜めに切り込みを入れてから刻むとスピードアップ

長ねぎのみじん切りの早ワザ。ねぎの半分の深さまで、斜めに切り込みを入れます。裏返して、同じ方向に斜め切り。これで表裏の斜め切りが交差します。あとは、端から刻んでいけば、あっという間にみじん切りができます。

cooking

もっと早く！

ひとワザでスピードup②

山いもの皮はスプーンでこそげ落とす

包丁で山いもの皮をむこうとすると、表面が凸凹しているのでむき残しがあったり、ぬるぬるして手元が危なかったり。包丁のかわりにスプーンでこそげ落とせば、へこみまできれいにむくことができます。

里いもはさっとゆでると皮がむきやすく、かゆくない

水で軽く洗った里いもを3分ほどゆで、いったん水にとってざるに上げます。いもにはまだ火が通っていないので、皮は包丁でむきますが、手が滑らないのでケガの心配もありません。

乾物を早くやわらかくもどしたいときは、電子レンジワザで

乾物を急いでもどしたいなら、耐熱容器にひたひたの水を入れ、砂糖を一つまみ振り、ラップをしてレンジで約3分加熱すればOK。ラップを落し蓋のように使うのがポイントです。

金属製のざるでじゃがいもの面とりができた！

金属ざるに、皮をむいてカットしたじゃがいもを入れ、上下にシェイク。簡単きれいに、面とりができます。肉じゃがを作るときにこのワザを使うと、味がよくしみ込みます。

野菜ネットでいかをこすると、皮が短時間できれいにむける！

野菜が入っていたネットを使って、いかの皮をむく方法も。えんぺらを胴のほうに引いてはがすと、胴の皮が少しむけるので、そこをとっかかりに表面をネットでこすります。皮がネットにからんで、きれいにむけます。時間もかかりません。

手を汚さず、いかのわたをとる方法

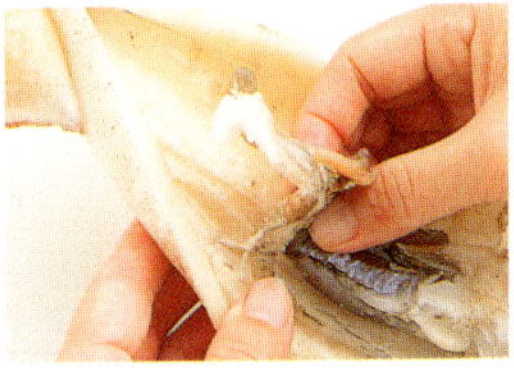

いかは下ごしらえせず、そのまま冷凍したほうがあとの処理がラク。使うときは凍ったままえんぺらを下にして、胴に縦に切り目を入れて開き、わたをはがします。

軍手をはめれば、いかの皮もスルスル

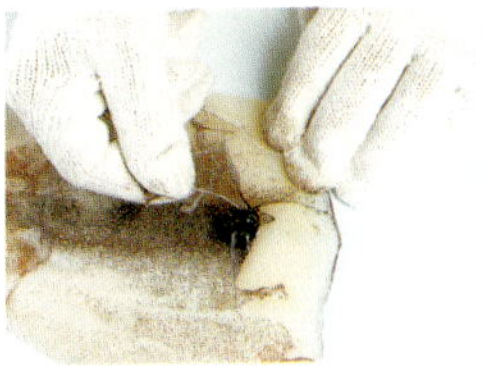

生いかの皮は素手だとツルツル滑ってむきにくいけれど、両手に軍手をはめれば、滑らずしっかり皮がつかめます。めんどうな皮むきがスルスル、スムーズにできます。

魚の皮は冷凍するとはがすのがラク

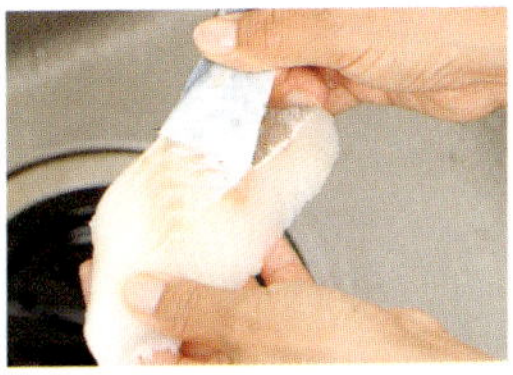

切り身魚の皮は、生の状態では身がくっついてはがしにくいけれど、冷凍するとスーッときれいにはがせて感動。冷凍室から出して、ちょっとおいてからはがすのがコツ。

塩を振っても、皮がむきやすい

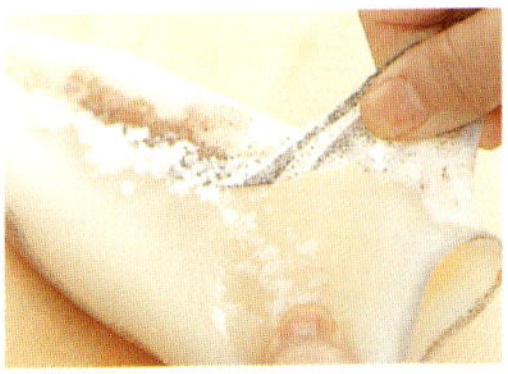

いかの皮むきには、塩を使うのもおすすめ。いかの表面に塩を振って、しばらくそのままに。ぬめりがとれてくるので、皮がスルリと簡単にむけるようになります。

塩は、卵をなめらかにほぐす働きが

塩を箸の先にちょっとつけてから卵をかきまぜると、卵白がほぐれやすくなります。ムラなくとけるので、厚焼き卵も色がきれいに。フライのときなどは、衣のパン粉がつきやすくなります。

大根の切れ端で魚のうろことり

大根の切れ端で、魚の尾から頭に向けてこすれば、うろこが大根に刺さって回りに飛び散らないので、あと片づけがラク。うろこをとったあとの大根で、ついでにシンクもみがけます！

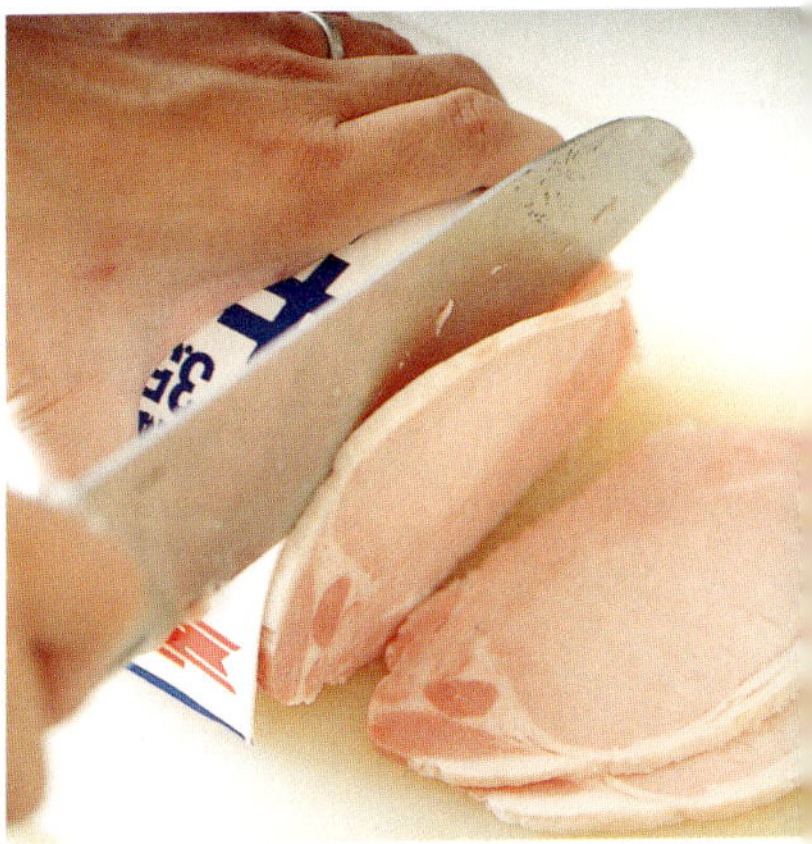

牛乳パックは即席ハム切り道具に

ハムを同じ厚さに切りたいときは、牛乳パックを使いやすい大きさに切り、ハムに巻いてずらしながら切りましょう。牛乳パックは防水加工されているので手も汚れず、衛生的です。

cooking

もっと早く!

少量をラク早に

少しだけだし汁がほしいときは、茶こしで作る

合わせ酢や一人前のすまし汁など、少量のだしを使いたいときは、このお助けワザで。茶こしにかつお節を一盛りし、熱湯をゆっくりと注ぎ、1分おくと、濃いだしがとれます。茶こしのかわりに、急須でも使えるワザ。

ホイルをかぶせ、おろししょうがを残さず使う

おろし金に、大きさを合わせたアルミホイルをぴったりつけて、しょうがなどをすりおろします。ホイルをはずせば、おろし金に繊維かすなどを残さず、おろした分がまるまる使えます。

100均の口細容器で油が少量ですむように

フッ素樹脂加工のフライパンは、少量の油で十分。100円ショップで買える、口が細い容器を使えば、少量の油でまんべんなく行き渡ります。容器を見直すだけで、食費の節約にも!

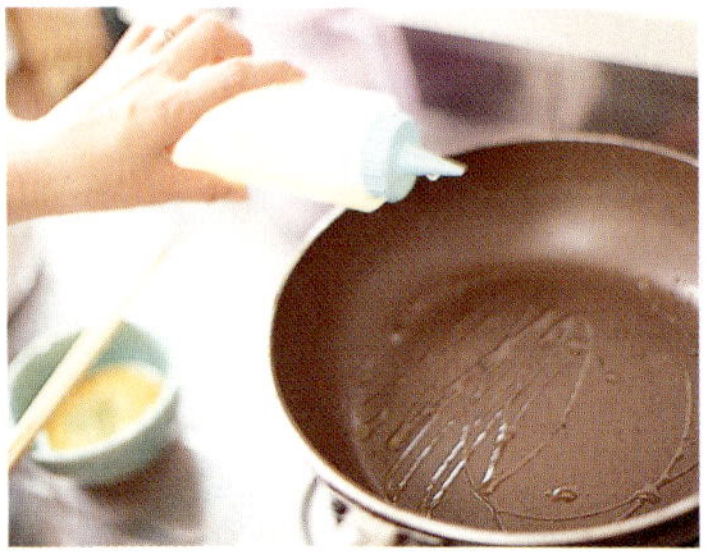

ボトル缶の蓋をねじ込んで、簡単レモンしぼり

少量ずつレモンを使うときに便利な方法。金属製の蓋にキリで8カ所ほど穴をあけます。先をカットしたレモンにねじ込み、レモンを押せば、必要な分だけしぼれます。

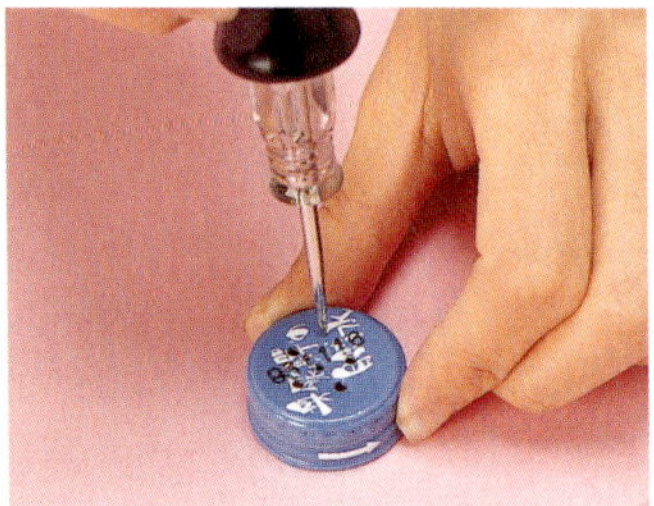

蓋の穴をあける道具は、とがったドライバーでも。このひと手間が、あとあと便利に!

小さくなった大根は、ようじに刺して最後まで使い切り!

すりおろしていくうちに小さくなった大根には、つまようじを2本刺してみましょう。つまようじを持ってすりおろせば、指をケガせず、最後まで使い切ることができます。

ゆで卵のみじん切りは、お玉の背で速攻

サンドイッチ用のゆで卵は、マヨネーズとあえる器に入れます。直接お玉の背で押しつぶし、白身はお玉のふちで切れば簡単にみじん切りに。包丁で切るより、手間いらず。

お弁当用の野菜やうずら卵はあき缶で手早くゆでる

ほんのちょこっとだけゆでたいものは、缶詰のあき缶でゆでます。普通のなべでお湯を沸かすより、水道代もガス代も節約！　ただし缶が熱くなるので、火にかけたら素手でさわらないで。

うずらのゆで卵は弁当箱でシャカシャカ

ふつうの卵よりかたいうえ、小さいからむきにくいのがゆでたうずら卵。弁当箱の中に入れて蓋をし、上下左右にシャカシャカ振れば、殻にひびが入っておもしろいくらいラクにむけます。

透明のびんなら、中の様子を見ながら振れるから安心

ゆでたうずらの卵を、ジャムなどの透明のびんに入れて振るのもよし。振るのは、卵の殻にひびを入れるのが目的なので、中の様子を見ながら振ると、振りすぎてつぶれる失敗もありません。

角がちょうど注ぎやすい！牛乳パックの卵まぜ容器

卵1個など少量の液体を箸でときほぐす容器なら、適当な高さに切った牛乳パックがピッタリ。液の容器ばなれがよく、角が注ぎ口にむいています。使い捨てでOKなので、洗う手間も省ける再利用グッズです。

ゆで卵が電子レンジを使って1分でできる！

「レンジでは作れない」と思っていた〝ゆで卵〟が、簡単にできます！　耐熱容器に割り入れたら、黄身に爆発を防ぐための穴を、つまようじで5～6カ所つついてあけるのがミソ。あとはラップをして電子レンジで1分くらい加熱するだけ。

卵白をレンジでチンすれば、力いらずでメレンゲ完成

メレンゲを手早く作りたいときは、乾いた耐熱ボウルに卵白を入れ、泡立てる前にレンジで10～15秒加熱します。すると、泡立て作業がラクになり、時間も短縮。砂糖はある程度泡立ててから加えると、力がいりません。

cooking

もっと早く！

まとめ作りでラク早に

これなら包むのも簡単！卵パックでシューマイ作り

シューマイを形よく、1個ずつがほぼ同じ大きさに包むのは至難のワザ。それなら、卵パックの底が平らなほうを下にし、シューマイの皮をおいて、具を均等に詰めていきましょう。皮が広がらないよう、具はスプーンでしっかり押し込んで。

ドレッシング作りの計量容器に

500㎖ペットボトルの側面に、10㎖ごとに油性マジックで目盛りをつけます。目盛りを見ながら、分量の液体調味料を加えていき、蓋をして振ればドレッシングのでき上がり。保存容器にもなって、一石二鳥。

レンジでチンで、レモン汁がしぼりやすく

皮がかたくてうまくしぼれないレモンは、電子レンジでレモン1/2個につき20～30秒加熱してみて。適度にやわらかくなって、加熱前の2倍近くの量のレモン汁がジュワーッとしぼれます。

ビニール袋で1週間分の即席みそ汁の素を作るワザ

1週間分の即席みそ汁の素をまとめて作っておくと、忙しい朝に便利。ビニール袋にだし入りみそ250g、かつお節パック（小）1袋、小口切りした長ねぎ1/2本分を入れてよくもみます。熱湯を注げば3秒でみそ汁は完成。

炊飯器でごはんといっしょにじゃがいももゆでて手間いらず

ごはんを炊くついでに、食べやすく切って水にさらし、アク抜きしたじゃがいもをアルミホイルでしっかり包んで、いっしょに炊飯器に。スイッチオンして、ごはんが炊けたときには、じゃがいももホクホクにゆで上がっています。

パスタをゆでるとき いっしょのなべで 同時に卵や野菜も

パスタも卵も野菜も、ゆでるのは1つのなべでまとめてゆでれば効率的。まずは時間がかかる卵からゆで始め、パスタ、野菜と投入。ゆで上がりをそろえるのがポイントです。

ブロッコリーなどの野菜は、みそこしなど柄つきのざるに入れてゆでると、野菜だけ別にとり出せて便利。

なべ＋菜箸でできる ラクラク茶わん蒸し

蒸し器がなくても茶わん蒸しは作れます。水を張ったなべに茶わんを入れ、菜箸を渡した上から蓋をするだけ。ふきんも、火加減の調節もいらず、失敗なしででき上がります。

今回は、抹茶入り茶わん蒸し。水を2～3cm張ったなべに、抹茶入り卵液を入れた茶わんを並べる。なべに菜箸を1本渡して、蓋をするのがポイント。一定の温度より上がらないので〝す〟が入らず、蓋が斜めの状態なので水滴が蒸し物の上に落ちない。約10分加熱すると、プルンとした口当たりの茶わん蒸しに。

簡易蒸し器で ごはんと野菜を同時に炊く

ごはんを炊くとき、ごはんの上に簡易蒸し器をおけば、野菜や卵も同時にゆで上げられます。簡易蒸し器はなべの直径に合わせて広げることができ、繰り返し使える点がおすすめ。

cooking
もっと早く！

ポリ袋でラク早に

ハンバーグをこねるとき、成形するときは、手袋がわりにポリ袋を使うと◎。手がベタベタにならず、使い終わったらそのまま捨てられます。手首部分を輪ゴムで止めればはずれにくくなります。

ポリ袋を手袋がわりにすれば、ハンバーグ作りがラクラク

隅を1カ所切るだけで分量調整もOKなギョーザだねチューブ

ポリ袋にひき肉、長ねぎ、にらなどの材料と調味料を入れ、よくもめばギョーザのたねが完成。あとは、ポリ袋の隅を１カ所切ると、皮の上に直接しぼり出せるので、手が汚れることはありません。分量の調節も思いのまま。

「たねチューブ」ワザは肉だんごだって作れる！

「ギョーザだねチューブ」の要領で、肉だんごを作ることもできます。〝こね、まぜ、もむ〟＋〝均一に具を押し出す〟の2段階の作業が一袋でできるワザで、朝のお弁当作りも大助かり！

ひき肉や刻んだ野菜、調味料など、肉だんごに必要な材料をすべてポリ袋の中に入れる。

たねが出てこないように口を軽くしばり、ポリ袋の上から手の中でよくもむ。

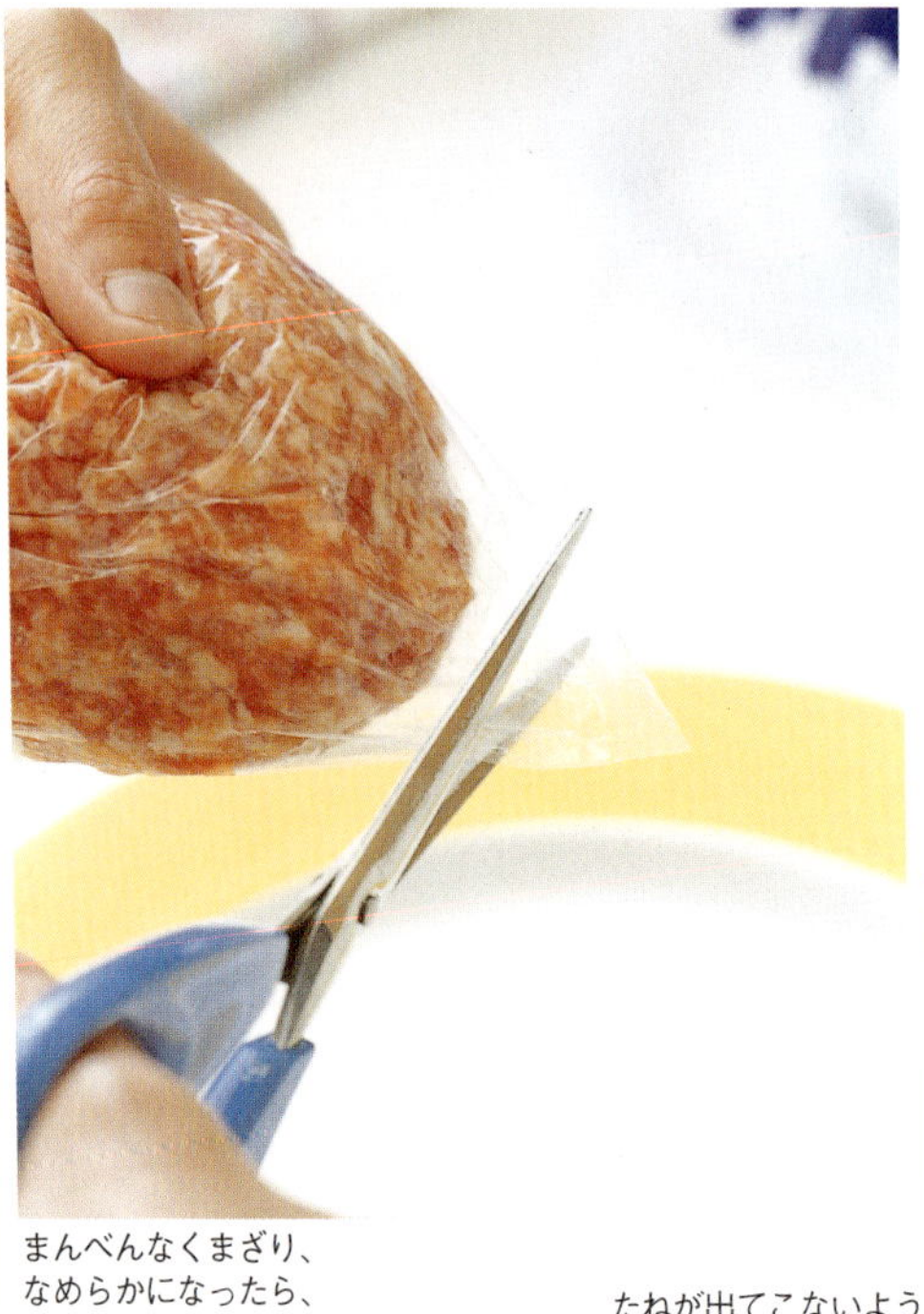

まんべんなくまざり、なめらかになったら、袋の底の片方の端をはさみでカットする。

端から中身を押し出せば、手を汚さずに、均等量をしぼり出すことができる！

ポリ袋もみもみで簡単浅漬けができる！

残り野菜が出たら簡単浅漬けに。まず、食べやすい大きさに切ってポリ袋に入れ、塩を少々加えてよくもみます。中の空気を出し、袋の口を結んで冷蔵庫へ。1～2時間すれば完成です。食べるときは袋の上から水けをしぼって捨てればラク。

ポリ袋ごとしゃもじつぶしで早ワザマッシュポテト

じゃがいもを一口大に切ってポリ袋に入れたら、電子レンジで加熱（または、ゆでてからポリ袋に入れてもOK）。そのまましゃもじを袋の外側から当てれば、手早くつぶせます。

小麦粉、パン粉……衣つけはポリ袋シェイクが簡単

揚げ衣をつけるとき、小麦粉とパン粉はそれぞれポリ袋に入れて、ここに材料を入れてシェイク！　これなら手も汚れないし、あと始末も簡単です。同じように、鶏から揚げのかたくり粉つけにも応用できます。

お菓子作りの粉物まぜ、生地作りにポリ袋が大活躍

ホットケーキ、ドーナツなど粉物をまぜて生地を作るときも、ポリ袋に入れて代用を。片手で口をしっかり握って、もう片手でもむようにすれば、手やボウルを洗う手間も省けます。

ケーキの材料をはかるときは、次回分もポリ袋に準備

材料の計量がめんどうなケーキ作りは、小麦粉や砂糖をはかるついでに、もう1～2回分計量。1回分ずつポリ袋に入れて輪ゴムで口を止め、密閉袋にレシピとともに入れて保存を。次に作るときには計量いらず。

cooking

もっと早く！

牛乳パックでラク早に

汚れても、においがついても牛乳パックのまな板なら平気！

牛乳パックを切り開くだけで、まな板に。厚手なので包丁が当たっても破れないし、水けにも強い！　魚や肉を切るときは、生ぐさいにおいやシミが下にしみ出さず、そのまま捨てられるので、まな板を洗う手間が省けます。

牛乳パックでキッチンペーパーがわりに油きり

牛乳パックは、内側のフィルムをはがせば油きり力バツグンの面が出現。フィルムは、パックを切り開いて注ぎ口からはがします。油の吸収がよいうえ、厚みがあるので、キッチンペーパー&トレーの役目を果たします。

水を凍らせてガチン！牛乳パックdeクラッシュドアイス

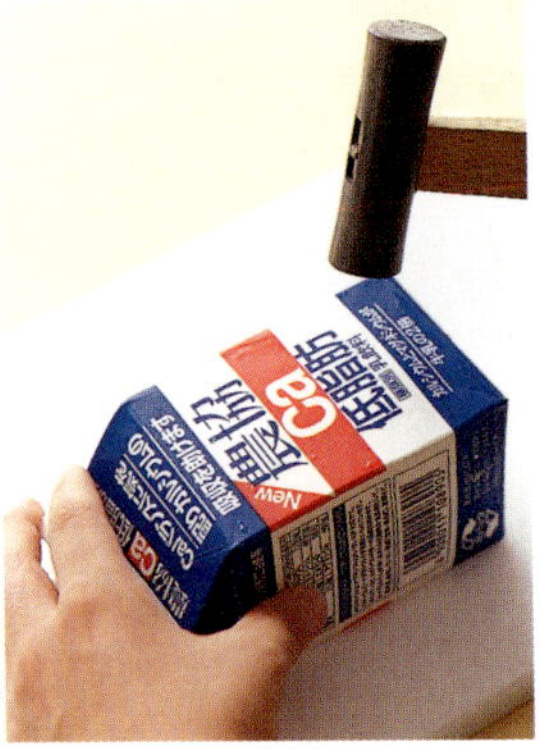

牛乳パックに七〜八分目まで水を注いだら、クリップなどで口を閉じて冷凍庫へ。凍ったらパックの上から金づちでたたいて砕けば、大ぶりのクラッシュドアイスのでき上がり。飛び散らず、製氷皿で作るより透明な氷ができます。

振るだけでできる！牛乳パックdeアイスクリームケーキ

特別な道具はいりません。ただひたすら牛乳パックを振って、凍らせるだけでおいしいアイスクリームができるなんて感動もの。ブルーベリーのジャムやココアクッキーなど、好みの材料をねり込んで。

振って凍らせる超簡単レシピ

①生クリーム（動物性）200mℓと砂糖大さじ4を牛乳パックに入れ、口を押さえて振る。

②もったりしてきたら、牛乳100mℓを加え軽く振りまぜる。

③ココアクッキー7〜8枚を砕いて入れ、さらに軽く振ったら口を止め、冷凍庫に半日入れて、しっかり固める。

④牛乳パックごと、好みのサイズに包丁でサックリ切り、パックをはがして器に盛る。

みごとな三角形に！ パックでおむすびメーカー

牛乳パックを切り開き、3面に水と塩を振って、ごはんと具をのせます。塩は多め、ごはんは4膳分で。前後左右同時にパックをギュッと押し、巻き込んだらOK。端から包丁で切れば、三角形のおむすびに。

1

2

3

4

5

牛乳パックのケーキ型で ふっくらケーキ

牛乳パックの1面だけ切り、飲み口としてあけた部分をホチキスで止めて、箱型にします。これをケーキ型として使えば、丈夫だし、オーブンに入れても燃える心配がありません。

牛乳パック型の超簡単ケーキレシピ
①常温で、バター60ｇに卵1個、砂糖大さじ6、牛乳大さじ1をすりまぜる。
②薄力粉1カップとベーキングパウダー小さじ½をふるいにかけ、①にさっくりとまぜる。
③牛乳パックのケーキ型に②を流し入れ、オーブンシートを敷いた天板にのせ、180度のオーブンで約30分焼けば、でき上がり。冷めて型からはずすときも、牛乳パックをはがすだけだから手間いらず！

cooking

もっと早く！

キッチン道具でラク早に

泡立て器なら ひき肉が ポロポロそぼろに

ひき肉を菜箸で必死にかきまぜても、かたまりのそぼろになってしまうことも。そんな失敗を防ぐには、泡立て器！ 火にかけたそばから、泡立て器でほぐすように撹拌するとポロポロになります。

熱々ごはんは 茶わん×2でおにぎり完成

熱々ごはんでおにぎりを作るときは、茶わんにごはんを軽く1杯分盛り、好みのふりかけをかけます。別の茶わんで蓋をして上下に軽くシェイク。蓋をはずせば、おにぎりが完成！ 冷めたら一握りするとさらによし。

手をぬらさずに、泡立て器で簡単米とぎ

冬場は水が冷たくて、米とぎがつらい時期。そんな時期も、そうでない時期も、米は泡立て器でシャカシャカとげばいいのです。泡立て器を使ったほうが、あっという間に米ぬかがとれ、とぐ回数も減らせます。

泡立て器でみそをとけば 意外にも手早い！

みそを泡立て器でとく方法は一見、針金にみそが入り込んでやっかいそうですが、やってみるとこれが大正解！ 泡立て器をゆっくりと回すようにすると、みそが汁になめらかにとけ出します。

ゆで卵をつぶすのも 泡立て器で一発！

サンドイッチやサラダなどに、ゆで卵を使いたいとき。食感をある程度残したいなら、泡立て器でザクザクッと数回押しが効果的です。卵のおいしさがストレートに味わえ、まな板&包丁いらず。時間がないときにも。

穴あきおたまで、ささ身の筋とりがすーっとラクに

ささ身の筋を手でとろうとすると、身の形がくずれてしまいがち。でも、穴あきおたまにささ身をのせ、穴に筋を通してひっぱれば、あら簡単！市販の筋なしささ身に負けないくらいきれいにとれます。

プロ級かきたま汁を作るなら網じゃくし

かきたま汁を作るときは、かたくり粉でとろみをつけただし汁に、よくといた卵を網じゃくしを通して流し入れます。目がこまかい分、卵が絹糸を流したように細く、きれいに仕上がります。

お弁当おかずはおたまをフライパンに代用してミニオムレツ

おたまをじか火で熱し、多めの油を引いて、ミニオムレツやうずらの目玉焼きを作りましょう。わざわざフライパンを出さなくてもだいじょうぶ。お弁当のおかず作りに重宝します。

卵白と卵黄を分けるときはフライ返しを使うとツルリといく

卵白と卵黄を分けるなら、フライ返しワザを使ってみて。卵をボウルに渡したフライ返しの上で割ると、卵白がフライ返しのすき間からツルリと落ち、卵黄だけが上に残ります。これで、黄身をつぶすなんてことは、もうありません。

cooking

もっと早く！

キッチングッズも別用途で◎

ギョーザがフォーク１本でラビオリ風に

ギョーザに飽きたら、ひだ寄せをするかわりにスプーンを使って、ラビオリ風に仕上げる手も。具を中央にのせて皮を二つ折りにし、フォークの背で端を押しつけるだけです。つけ水はいつもよりやや多めにして。

手についた衣のカピカピはスプーンでこそげ落とす

衣つけやパンをこねたあとは、手に粉や生地がついて、蛇口をひねるにもためらいが。そんなときは、グレープフルーツ用スプーンのギザギザした部分でこそげ落とせばOKです。

じゃがいもをフォークでつぶしてマッシャーがわりに

ゆでたじゃがいもやにんじん、ゆで卵をつぶすとき、手近にあって使いやすいのがフォーク。フォークの先で割ったり、底面で押しつぶしたり、使い方はいろいろ！　大きなじゃがいもも好みのあらさにラクにつぶせます。

にんにくつぶしは、木べらですべらず一発！

にんにくつぶしは、包丁の側面より、木べらを使ったほうが安全だし、すべらず確実です。木べらのへこみのほうを手のひら側にし、わずかな傾斜を利用しながら押します。このコツで、さほど力を使わずに、にんにくがつぶせます。

魚焼きグリルは油きりバツグンの揚げ物トレー

揚げ物用のトレーを用意するなら、コンロについている魚焼きグリルを使えば場所いらず。グリルを引き出し、新聞紙やキッチンペーパーを敷けば、揚げたてをつぎつぎにのせていけます。とりはずしができるので、洗い物も簡単。

蒸し器は金属製のざるでも代用できる

金属製のざるも蒸し器の代用におすすめ。なべに半分くらいの水を張り、ざるを入れ、その上に耐熱皿をおきます。皿に蒸したいものをのせて加熱すればでき上がり。なべの底に割り箸を2本おいて深めの皿をのせる方法もあります。

ボウルを二つ重ねるだけで、大量の即席漬けもおまかせ

ポリ袋で簡単に漬ける方法もありますが、大量に作るならボウルを二つ用意し、一つに刻んだ野菜と塩を入れてまぜ、もう一つに水をたっぷり入れて重ねます。途中で2～3回かきまぜ、半日から1晩すればおいしい即席漬けに。

粉ふるいとなべでインスタント蒸し器

蒸し器がなければ、なべ底3㎝まで水を注ぎ、粉ふるいをさかさにして入れ、上面にクッキングシートを敷きます。火にかけ、蒸気が上がったところへ、シューマイを並べて蒸せば、蒸し器顔負けのプリプリ状態に。

cooking

もっと早く！

意外なグッズも使いよう①

ペットボトルの底で、まるでファミレスのチキンライス型

1.5ℓ入り炭酸飲料用ペットボトルの底の形を利用した、ライス型。底から約8㎝の高さでカットします。ライスがカパッとはずれて、お子さまランチ風ごはんも楽勝です。

金属製キャップを型抜きに使えば、お弁当が華やか

栄養ドリンク剤や調味料などの金属製キャップは、にんじんやチーズ、かまぼこなどの型抜きに使えます。キャップのサイズもさまざまなので、用途に合わせて選べて便利。まさに、お弁当にピッタリ。

空気穴からつまようじを刺して押し出せば、形をくずさずスムーズにはずれる。

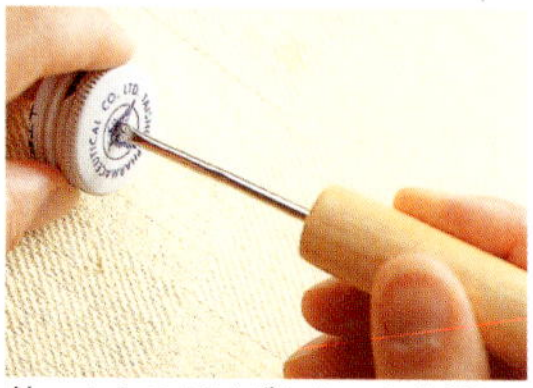

抜いたものがはずれないとき用に、キャップ中央にキリなどで穴をあけておく。

穴あき食品トレー2枚で野菜の水きりに

食品トレーに竹ぐしで穴をあけたものを2枚用意。水洗いした野菜をはさんでシャシャッと振れば、野菜の水きり器に早がわりします。トレーは深めのものが、水きりしやすくて便利です。

定番・揚げ衣つけは食品トレーがイチバン

揚げ物の衣つけをするとき、市販のバットは大きすぎて、小麦粉や卵などをムダにしがち。スーパーで肉や魚が入っているトレーのサイズが最適です。使い捨てできるから、洗いものもラク。

食パン袋のクリップでごぼうの皮そぎ

食パンの袋についてくるプラスチックのクリップ。かたくて安定感があって、ごぼうの皮をこそげ落とすのにちょうどいい！皮の薄い新じゃがの皮むきにももってこいです。

とうふ容器の重しで冷蔵庫に入れたままとうふを水きり

傷みやすいとうふは、冷蔵庫で水きりしたい。そこで、とうふの水を捨て、受け皿にのせたら、上にとうふのあき容器をのせ、中に缶詰めなどの重しを入れて冷蔵庫に。約20分で水きり完了。

ゆで卵のみじん切りは、みかんネットに入れてギューッ！

ゆで卵をこまかいみじん切りにしたい場合は、みかんのネットを使うのがおすすめ。洗っておいたネットにゆで卵を入れ、ギューッと一押しするだけで、びっくりするほどキメこまやかに仕上がります。

ラップの芯が使い捨てのめん棒に使える

ギョーザの皮やパンの生地作りに欠かせないのが、めん棒。その代用に最適なのが、ラップの芯です。軽くて丈夫だし、使い捨てにすればあと始末がラク。粉を振るだけで、そのまま使えます。

あき缶ケーキ型でプチケーキが焼ける

あき缶は、中にオーブンシートを敷けば、ケーキ型として使えます。クッキーのあき缶などを使うと、ホールサイズのケーキの焼き上がり。ツナ缶など小さい缶を使うとプチケーキになります。

ハンバーガーの包み紙がオーブンシートに

ハンバーガーを食べたら、包み紙は丸めて捨ててしまわないで。保温・耐水性のある紙なので、クッキーを焼くときのシートとして使えます。しばらくおいておくと、余分な油分を吸ってくれる効果も。

アルミカップの間仕切りの薄紙で油きり

お弁当のおかずにちょこっと揚げ物をするとき、キッチンペーパー1枚を使うのはもったいない。アルミカップの間にはさまっている白い紙を油きりに使うと、サイズも油ぎれもよくて便利。

cooking
もっとおいしく！

意外なグッズも使いよう ②

マヨネーズ容器に生クリームを入れれば、一発星形デコレート☆

生クリームの泡立てに、マヨネーズやケチャップの容器が使えます。生クリームを容器に注いで蓋を締めたら、振るだけでホイップ完了！ボウルで泡立てるよりスピーディ。そのまましぼり出せば、星形のデコレーションになります。

フィルムケースにミニタオルを巻いて入れれば、油引きに

ホットプレート料理に重宝する油引きは手作りできます。フィルムケースにタオルを丸めてギュッと入れるだけ。布が汚れたら交換すると、新品同様。逆さに立てておけるところも便利。

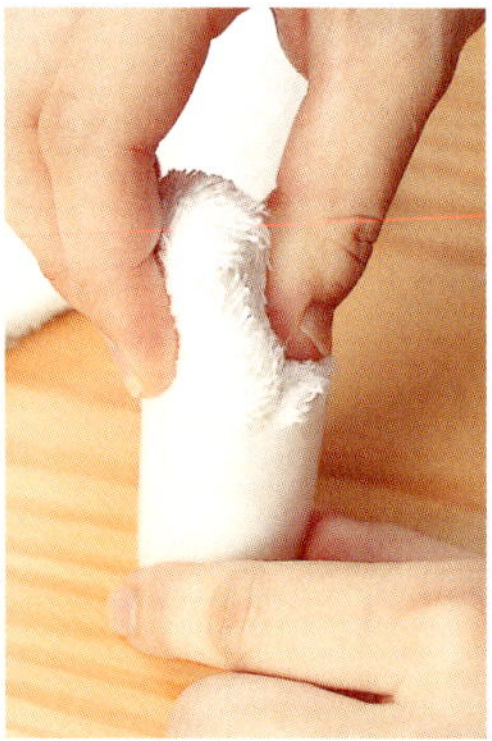

ガチャガチャ容器で、まんまるおにぎり

駄菓子屋おもちゃ・ガチャガチャの容器は、よく洗って、内側をぬらしてから、ごはんを大さじ山盛り２〜３杯分入れます。蓋をしてまんべんなく振れば、まんまるおにぎりに！

PART 2

消費期限長もちワザがどっさり！

食品保存

旬の素材や特売品。食費を節約するなら
まとめ買いが鉄則。でも、せっかく買った食材をムダなく
おいしく食べ切るには、保存、冷凍や解凍の
ちょっとしたコツやタイミングがたいせつです。
残ったおかずの再利用ワザも必見です。

keeping

得しておいしい

長もちひとワザ

レタスの芯に湿りペーパーを詰めて鮮度キープ

しなびがちなレタス。芯部分をくりぬき、湿らせたキッチンペーパーを詰め、レジ袋に入れて野菜室へ。水分が常に吸える状態だから、みずみずしいままパリッと使いきれます。

ポリ袋に息を吹き込めば青菜が長もち

青菜をポリ袋に入れたら、息を吹き込んで口をしっかり閉じて保存すると◎。息の中に含まれる二酸化炭素が青菜を日もちさせます。青菜の長もちなら、霧吹きした新聞紙に包んで野菜室に入れておくという方法もあります。

息を吹き込んだ青菜（右）と、そうでない青菜の5日後の比較。右はまだ葉先がピンピンしている。

節約お役立ち食材・No.1のもやしは、水につけて冷蔵庫に

もやしは買ったときの袋に入れっぱなしだと、すぐに傷んでしまいがち。水を張った密閉容器に移しかえ、冷蔵庫で保存すれば、シャキシャキのままです。容器の中の水は、こまめにとりかえて。

湿ったキッチンペーパーで青じそを1～2週間新鮮キープ

青じそは、ジャムなどのあきびんの底に水を含ませたキッチンペーパーを敷き、茎を下にして入れて、冷蔵庫で保存を。茎から水分を吸い上げるので、1～2週間は新鮮さをキープします。

バナナは針金ハンガーにつるすと傷みにくい

ゴロンとおいておくと、その部分から傷み始めるやっかいなバナナ。バナナを長もちさせるには、つるしておくのがいちばんです。針金ハンガーで作るバナナハンガーなら、どんな場所でも新鮮保存できます。

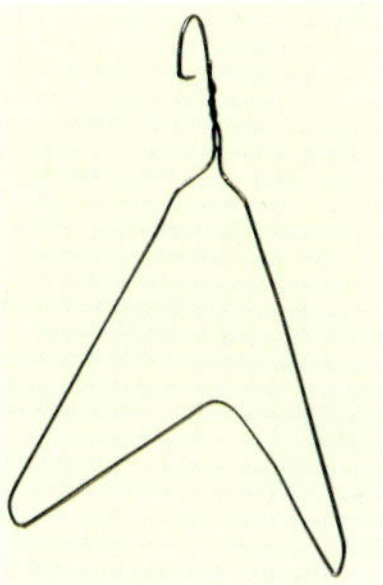

両端を持ち、中央から手前に90度折り曲げ、首の部分も少し手前に。

酒にいったんひたしたもちは、殺菌効果でカビが生えにくい

もちをいったん酒にひたしてからよくふいて、ポリ袋に入れて冷蔵庫へ。アルコールの殺菌効果が働いて、カビが生えるのを防ぎます。

もちといっしょにからしを入れて密閉容器で保存

手間いらずの簡単もちカビ予防法がこれ。表面の粉をよく払ったもちを密閉容器に入れたら、ときがらしもいっしょに入れ、冷蔵庫へ。からしの殺菌効果でカビを防止します。

じゃがいもはりんごのそばにおくと、1カ月ぐらいは芽が出ない！

じゃがいもはりんごといっしょに保存すると、りんごから出るエチレンガスがじゃがいもの発芽を遅らせます。買ってきて1カ月くらいは、芽が出ないまま保存可能。りんご1個をじゃがいもに埋もれるようにして、同じ容器に入れておくだけだから、簡単です。

もちは水につけてカビから守れば冷凍しなくてOK

昔からの保存の知恵がこれ。もちを水につけ、空気にふれさせないようにしてカビから守るという保存法です。長期保存でなければ冷凍保存しなくてもだいじょうぶ。水をまめにとりかえることが長もちのコツです。

常温保存の野菜は通気性のよい素焼きの鉢にin

常温保存の野菜は、素焼きの鉢に入れておくと、キッチンに放置するより、もちが1週間から10日間は違います。通気性にすぐれているので、中は周りより2～3度低く、じゃがいもの発芽も抑えます。

keeping

得しておいしい

冷凍びっくりワザ①

冷凍庫にアルミホイルを敷くだけで、急速冷凍パワーアップ！

アルミのすごいところは、熱伝導率のよさ。冷凍庫にアルミホイルを敷けば、冷凍効率はぐんとアップします。食品の自宅冷凍にはぜひ。扉の開閉回数が多くても、庫内温度が上がりにくいのも安心です。

ゆでほうれんそうはポリ袋一つで小分け冷凍できる

ゆでたほうれんそうを食べやすく切り、小分けした分ごとに、ポリ袋に入れたら空気を抜いて、輪ゴムで縛っていきます。調理するときは、ゴムのわきをポリ袋ごと切れば、ほしい分だけ解凍して使えるという超お手軽ワザ！お弁当など少量だけ使いたいときにピッタリです。

冷凍食品の小分けトレーに おかずを等分に入れて冷凍

コロッケやシューマイなど冷凍食品に使われている小分け用のトレー。1個分ずつの仕切りが、まとめ作りしたお弁当おかずを等分に入れるのにぴったりです。特に、ひじきの煮物や煮豆など、まとまった形のないおかずの冷凍保存に重宝。

余っただし汁の冷凍容器は お菓子パックが便利

煮物などで余っただし汁は、少量ずつ小分けにして凍らせておくと便利。保存容器にはビスケットなどお菓子のトレーが、底が深いので向いています。使いたいときは、底を押してはずして。しょうゆ系料理の隠し味に大活躍します。

卵のあきパックに 残りカレーを小分け冷凍

よく洗って乾かした卵のあきパックに、カレーやシチューの残りを冷ましてから入れて冷凍を。コロッケやパンの具に使うとき、この大きさがくるむのにピッタリサイズ。解凍せずに使います。下から押せば、パカッとラクにはずせてラク。

薬味の1回分ずつ 小分け冷凍は、卵の あきパックがピッタリ

しょうがなどの薬味は、1回に使う量はほんの少し。そこでおすすめなのが、卵のあきパックに1回分ずつを入れる小分け冷凍です。必要な分だけをとり出して使えます。1カ所に、しょうがとねぎなど組み合わせても◎。

おろしたしょうがは コーヒーミルク容器で冷凍

いため物などにおろししょうがを少しだけ使いたい。そんなときのために、コーヒーミルクのあき容器におろししょうがを詰め、密閉容器やポリ袋に入れて冷凍保存しておきます。底を押せばすぐはずれるので、凍ったままフライパンに入れて使えます。

keeping
得しておいしい

冷凍
びっくりワザ②

とうふを冷凍すれば、自家製高野どうふのでき上がり！

使い切れなかったとうふは、軽く水きりして、ラップに包んで密閉袋に。冷凍庫へ入れておくと、とうふの中の水分が凍って高野どうふ風になり、ふつうのとうふとひと味違う食感が味わえます。凍ったままなべに入れて、煮びたしにして食べるとおいしい！

汁物おかずの冷凍保存なら、破ってすぐ解凍できる牛乳パックが◎

カレーやシチューなど汁気のあるおかずが余ったら、牛乳パックに入れて冷凍保存するのがいちばん。口を閉じて立てておけばもれる心配はありません。解凍、再調理するときも、ビリビリとパックを破いて、なべにポン。手を汚さずにサッと使える手軽さがいい！

アイスのあき容器を使えば、コロンと丸い氷ができる

「雪見だいふく」など数個入り丸型アイスのあき容器も、製氷皿として活用できます。カップが小さいので、小さな氷が作れるのが、お役立ちポイント。これも容器の底を押すだけで、氷がラクにはずせます。

100円かき氷のあき容器で氷をラクに作る！

かき氷の空き容器は、製氷皿よりスグレもの！　あの薄さとギザギザの溝のおかげで、力を必要以上に入れなくてもカポッと氷をはずせます。蓋つきなので積み重ねて収納できるのもうれしい！

フライパンにアルミホイルを敷いて、2〜3倍の急速解凍

アルミホイルの熱伝導率のよさは、冷凍だけでなく、すばやく解凍させたいときにも使えます。フッ素樹脂加工のフライパン（これも熱伝導率が高い）にアルミホイルを敷いた上におけば、通常の2〜3倍早く解凍できます。

沸騰させた水で作る氷は長もち＆クリアー

沸騰後に冷ました水で氷を作ると、ぐんと長もち。それは、沸騰で水分中の空気が抜けて、氷の密度が濃くなるためです。空気が少ない分、氷の温度は上がりにくくなり、白く濁った部分の少ない氷のでき上がり。

旬の野菜、安くまとめ買いした野菜を腐らせずに、すべておいしく使い切るには、冷凍ワザが欠かせません。正しい方法を覚えておけば、野菜も、時間も、手間も、食費も、まとめてカットできます。

知得トピックス

野菜の冷凍ワザ32

トマト　まるごと冷凍して湯むきがラク

新鮮なうちに、へたをとって水洗いし、水けをふいてからまるごと冷凍。ざく切りでも可。凍ったまま湯にくぐらすと一瞬で皮むきができる。半解凍後、ソースなどに。

大根　薄切りにしてそのまま冷凍

1～2㎜厚さのいちょう切りやせん切りにし、生のまま冷凍。水分が多いときは、ふきとって。凍ったまま汁物や煮物に。自然解凍し、水けをしぼれば即席漬け風に。

なす　軽くゆでて水けをしぼる

皮をむいて4～5㎝長さで八つ割りに。アク抜きして3～4分ゆで、水けをしぼってから冷凍。使うときは自然解凍してからがベター。煮びたしなら凍ったままでも。

にんじん　薄切りにしてそのまま冷凍

1㎝程度の薄切りなら、加熱しないでそのまま冷凍でOK。使う形に切っておいても便利。使うときはスープやチャーハンに凍ったまま、いため物やサラダは半解凍で。

セロリ　小口切りにしてそのまま冷凍

すぐ使わない分は、筋をとってから1～2㎝の小口切りに。生のまま保存袋に入れて冷凍。煮込み料理やスープに使うなら凍ったまま。中華いためなどには自然解凍で。

もやし　サッといためてから冷凍

サラダ油かごま油でサッといため、表面に油膜を作ってから冷凍を。塩分を加えると水分が出るので×。凍ったままほかの野菜といためたり、ラーメンや焼きそばの具に。

にら　ざく切りにしてそのまま冷凍

水洗いしたあと水けをしっかりふきとる。1～2㎝か4～5㎝長さにざく切りにして保存袋へ。解凍するとベタつくので、パリパリに凍ったまま、みそ汁やいため物に。

玉ねぎ　スライスしてそのまま冷凍

1～2㎝厚さにスライスして冷凍。水にはさらさないこと。みじん切りにし、いためてから冷凍も可。煮物や汁物には凍ったままポン。冷凍すると、味の通りが早くなる。

ねぎ　使う料理に合わせて切り分け

2～3㎜の小口切り、斜め薄切りなど、大きさを切り分けて、そのまま冷凍。小口切りはみそ汁や吸い物に、斜め薄切りはいため物やグリル焼きに、凍ったまま使う。

白菜　塩もみか塩ゆでの下ごしらえが必要

水分が多く、冷凍すると食感が変わるので、冷蔵で食べ切るのがおすすめ。冷凍するなら、ざく切りにして塩もみするか、かために塩ゆでし、水けをきって保存袋へ。

かぼちゃ　一口大に切り加熱しておく

薄くスライスしてそのままか、一口大に切って加熱後に冷凍を。調理ずみの煮物も冷凍できる。スライスしたものは凍ったまま、一口大は自然解凍して使う。

じゃがいも　加熱してからつぶして冷凍を

生で冷凍はザクザクした食感になるので×。ゆでるか電子レンジでチンしたあと、マッシュして冷凍する。カレーなどのじゃがいももマッシュ。自然解凍してから使用。

万能ねぎ　水けをふいて密閉容器に

5㎜～1㎝幅の小口切りにして、冷凍中くっつかないよう、水けをふいて密閉容器に。これなら、凍っていても使いたい量をスプーンですくえて便利。

ごぼう　アク抜きして加熱後に冷凍

皮をこそげ落として、ささがきに。切りながら酢水に放って、アク抜きをする。1分間ゆで、冷ましてから冷凍を。使うときは、凍ったまま煮物、汁物、いため物に。

れんこん　切り分けて酢水でゆでる

用途に合わせて輪切りや半月切りに。酢水を入れたなべで5～6分ゆで、冷ましてから冷凍。凍ったままなべに入れ、煮物などに使うのがいちばん。

ピーマン　調味なしでサッといためる

1㎝以下の角切りかみじん切りにし、サッといため、冷ましてから冷凍。調味すると水分が出るのでNG。凍ったままフライパンやなべに入れて、調味しながら解凍を。

絹さや　筋をとり ゆでて冷凍

筋をとり、塩一つまみ入れた熱湯でサッとゆで、冷水にとってから冷凍。いため物には、凍ったまま調理の最後に。解凍してこまかく切って、まぜずしの具にしても。

ブロッコリー　小房に分けて 軸まで冷凍

小房に切り分け、軸は外側のかたい部分だけ除いて棒状に切る。塩を入れた熱湯でゆで、冷めたら冷凍。凍ったままスープやシチューなど、自然解凍でサラダにも。

やまいも　すりおろして 平らに冷凍

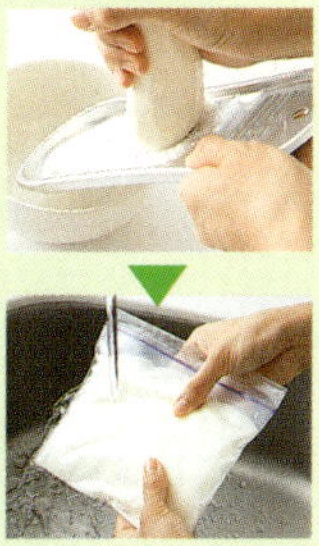

皮をむいてすりおろし、2～3滴の酢をまぜる。保存袋に平らになるように入れて冷凍を。袋ごと流水で解凍し、とろろごはんに。凍ったままお好み焼きに入れても。

パセリ　刻みパセリにして 小分け冷凍

刻んで小分けにする。指で葉を集め、ハサミで切るとラク。凍ったままスープやパスタに。時間がなければ枝のまま冷凍しても。使うときは手で砕いて。

いんげん　かためにゆで 切ってから冷凍

絹さやと同様にゆでて水にとり、冷めたら使いやすい大きさに切って冷凍。凍ったまま汁物やソテーに。半解凍してから、あえ物や煮びたしに使って。

アスパラガス　サッと塩ゆでしてから冷凍する

使う大きさに切り、塩少々を入れた熱湯で約30秒ゆでる。冷めてから冷凍を。凍ったまま、中華スープやいため物、パスタソースに。ミニアスパラガスも同様に。

生しいたけ　みじん切りや 薄切りにする

石づきをとり、汚れをふいて2～3㎜幅にスライスして冷凍。さいの目切りやみじん切りでも可。凍ったままスープやいため物、煮物、パスタソース、茶わん蒸しなどに。

たけのこ　みじん切りや 薄切りにして

水煮たけのこは、5㎜以下の薄切りか、みじん切りやせん切りに。使うときは、そのまま自然解凍を。煮物や炊き込みごはん、ギョーザ、いため物などに重宝する。

しょうが　すりおろして 棒状が便利

すりおろしてラップにくるくる包み、約20㎝長さの細長い棒状に。使いたい分だけポキンと折って使える。ほかにも薄切りやせん切りも○。凍ったままいため物などに。

オクラ　板ずりして サッとゆでる

塩をつけて産毛をこすり落としたら、へたを落とし、サッとゆでて冷凍。切り口を生かす料理なら小口切りで。凍ったまま いため物に、自然解凍して刻んであえ物に。

しめじ えのきだけ　ほぐして そのまま冷凍

どちらも石づきをとり、えのきは根元を切り落とし、ほぐして冷凍。洗わなくてもだいじょうぶ。まいたけも同様に。凍ったままパラパラとほぐし、みそ汁や吸い物に。

さつまいも　しっかり煮て 冷ましてから冷凍

1㎝厚さの輪切りにし、調味なしで煮る。水けをきり、冷ましてから冷凍。凍ったままみそ汁や煮物、解凍してスイートポテトに。調味後のものは冷まして汁ごと冷凍を。

にんにく　使いやすい形に 切って冷凍

薄切りやみじん切りなど、よく使う大きさに切り分けて、1回分ずつラップに包んで冷凍。もちろん、すりおろし冷凍もOK。使うときは、凍ったままフライパンに。

ほうれんそう　ゆでて水けを しぼって冷凍

塩一つまみ入れた熱湯でサッとゆで、冷水につける。しぼって水けをきり、使いやすい大きさに切って冷凍。凍ったまま汁物やいため物、自然解凍してあえ物に。

なめこ　パックごと 冷凍庫へ

袋に入れたまま、まるごと冷凍して問題なし。半分残った場合も、袋の口を閉じておけば袋ごとでも。みそ汁や吸い物に、凍ったままポン！　あえ物には自然解凍して。

里いも　加熱して 皮つきのまま

皮をよく洗い、レンジでチンするか蒸し器でやわらかく蒸す。冷めたら、皮つきのまま密閉容器で冷凍。レンジで解凍すると、皮がスルリとむけて調理がラク。

知得トピックス

魚・肉・加工品などの冷凍ワザ32

コツを押さえて冷凍すると、解凍後のおいしさや風味に格段の違いが出る魚、肉、加工品。ポイントは、どんな調理に使うかを決め、使いやすい状態で冷凍することです。

油揚げ　油抜きしてからカットして冷凍

足が早いので、買ってすぐ冷凍保存を。熱湯をかけて油抜きし、よく使う大きさにカットして冷凍。使うときは凍ったまま汁物や煮びたしなどに。あえ物は自然解凍で。

うなぎのかば焼き　そのままでもカットしてもOK

人数分のかば焼きなら、切らずにラップ包みで冷凍。半端に残ったら、一口大に切って冷凍すると重宝。そのまま冷凍ならレンジ解凍。一口大は自然解凍して調理に。

貝　砂抜きし、よく洗って密閉容器へ

しじみやあさりなど殻つきの貝は、砂抜きして流水でこすり洗い。ざるに上げて水けをふき、密閉容器へ。凍ったまま調理、が基本。みそ汁や吸い物は熱湯に入れる。

一尾魚　流水で洗って、塩水で下処理する

あじやいわしなどは内臓とえらをとって洗い、塩をすり込んだら、水けをとってラップで包んで冷凍。冷蔵室で解凍してからか、3％の塩水につけて半解凍してから調理。

納豆　パックごと冷凍OK

すぐに食べないときは、パックごと冷凍室に。ポリ袋などに入れておけば、におい移りの心配もない。前日に冷蔵室へ移して自然解凍。まぜれば粘りもしっかり出る。

こんにゃく　冷凍で変化する食感を楽しんで

ゆでて水けをきって一口大に切り、冷凍保存袋へ。凍ったまま煮物やいため物などに使える。水分が抜けて味がしみやすく、コシのある歯ごたえになる。

えび たこ　くさみ消しに酒を振って冷凍

冷凍えびや冷凍いかは一度解凍したら再冷凍は避け、加熱調理して冷凍。生は酒少々を振って冷凍。使う前日に冷蔵室へ移して自然解凍する。水けをよくふいて調理。

切り身魚　1切れずつラップで包み、保存袋へ

鮭などは水けをよくふきとり、1切れずつラップで包み、冷凍保存袋へ。解凍せず凍ったままグリルなどで焼く。みそを塗ってから塩を振って冷凍し、焼き魚にしても。

カレー　じゃがいもはつぶしておく

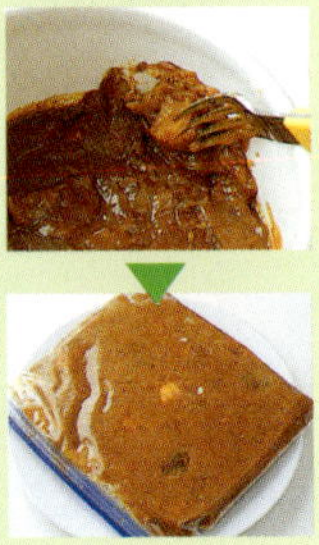

じゃがいもは冷凍後にザクザクするのでつぶしておく。あると便利な冷凍食材で、たくさん作ってストックが○。使う半日前に自然解凍し、レンジで加熱する。

ちくわ はんぺん　切ってから冷凍で調理しやすく

もとの形のままでも冷凍OKだが、5㎜厚さに切っておくと調理がラク。まとめて冷凍保存袋に入れて冷凍。凍ったまま汁物の実やいため物に。あえ物などは自然解凍で。

明太子 いくら　小分け冷凍がおすすめ

明太子やいくら、たらこはそのまま冷凍OK。一口大に切るか、カップなどに小分けし、つぶれないように。使う前日に、使う分だけ冷蔵室に移して自然解凍する。

まぐろのさく　ラップ＋保存袋できっちり密閉冷凍

空気が入らないようラップで包み、冷凍保存袋へ。解凍時に色が変わりやすいので、しょうゆづけにしても。冷蔵室に移して、自然解凍。傷みやすいので早めに食べ切って。

ギョーザ　加熱前なら粉をまぶして冷凍

凍るまでに皮が具の水分を吸うと、調理が失敗しがち。かたくり粉の上に並べ、上からもかける。焼きギョーザはホイルに包み、冷凍室へ。ホイルごとトースター加熱可。

かに風味かまぼこ　切りほぐしてから冷凍が便利

長さ1㎝ほどに切り、ほぐして冷凍。1回分ずつラップ包みにしておくと、サッと彩りに使えて○。凍ったまま汁物の実、いため物の具などに。サラダは自然解凍して。

ちりめんじゃこ　ラップに包んで小分け冷凍する

少量ずつ食べることが多いので、小分け冷凍向き。ラップできっちり包み、空気を遮断して冷凍室へ。使う30分ほど前に室温解凍するか、凍ったまま調理してもよい。

干物　水分が少ないのでそのまま冷凍できる

ドリップの出ないあじなどの干物は生のまま冷凍。1枚ずつラップに包み、ポリ袋に入れ冷凍室へ。保存は2週間がメド。解凍せず、アルミホイルに包んで焼く。

めん　ゆでめんは袋ごとで冷凍OK

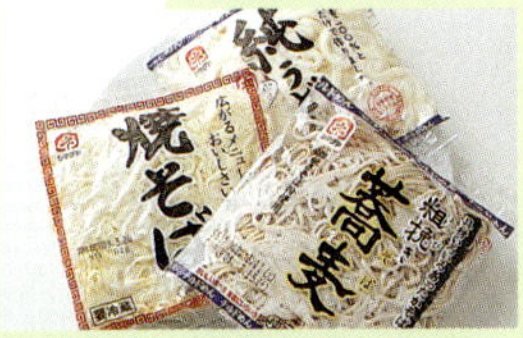

そばやうどん、焼きそばなどのゆでめんは、袋ごと冷凍室へ。冷蔵室に移して自然解凍するか、煮込みうどんなどなら凍ったまま熱い汁に入れて調理してもだいじょうぶ。

手羽先　加熱後冷凍でうまみが倍増

生のまま冷凍もOKだが、焼く、揚げるなどの加熱後に冷凍すると、肉のうまみが閉じ込められる。トマト煮などには凍ったまま。半解凍後、カレーや甘辛味にソテーも。

厚切り肉　1枚ずつラップ包みで冷凍

1枚ずつラップで包み、冷凍保存袋へ。下味をつけたり、衣をつけてからも可。半日ほど前に冷蔵室に移し、自然解凍。下味や衣をつけたときは、解凍後に調理する。

ウインナ　袋ごとでも切って冷凍でも○

まとめ買いしたら、使わない分はすぐ冷凍。袋ごとでもくっつく心配はなし。薄切り、さいの目切り、格子状に切れ目を入れるなどして冷凍すれば、凍ったまま調理OK。

パスタ　オイルやバターをからめておく

ゆですぎたり、余ってしまったパスタは、オリーブ油やバターをからめて冷凍。マカロニも同様にする。自然解凍かレンジであたためると、くっつかずに解凍できる。

卵①　薄く焼くか厚焼きは1食分に

割りほぐし、薄く焼いて1枚ずつラップに包む。厚焼きにして1食分ずつ切り分けて冷凍も。薄焼き卵は凍ったまままはさみでカットして使える。厚焼き卵は自然解凍で。

かたまり肉　ゆでてから汁ごと冷凍

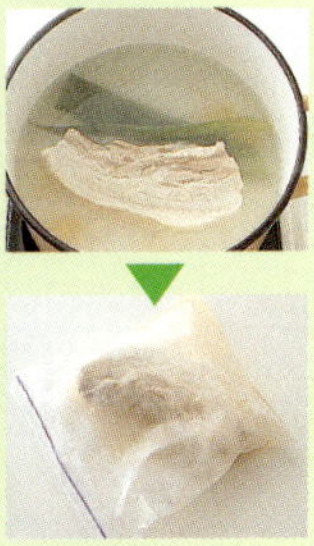

冷凍に時間がかかるので、ねぎの青い部分などを入れてゆで、中まで火を通す。冷ましてゆで汁ごと冷凍。使う前日に冷蔵室で自然解凍。スープなどで煮て冷凍も○。

ベーコン　1枚ずつでも切ってでも

重ねて冷凍しては、くっつくので、ラップに1枚ずつのせ、パタパタとたたんで冷凍。凍ったまま1枚ずつはがして使える。1㎝幅、3㎝幅などに切っておいても便利。

パン　すぐトーストできる形で

食パンは袋ごと、バゲットなどは食べやすい厚さに切って。クリームが入っていなければ、菓子パンも○。凍ったまま、トースターや魚焼きグリルで加熱する。

卵②　錦糸卵にしても。生は分ければOK

錦糸卵はまとめて作って小分け冷凍が便利。そのままではNGの生卵も、卵黄と卵白に分けて、小さめの容器に入れれば冷凍できる。冷蔵室で自然解凍する。

ささ身　1本ずつラップで包む

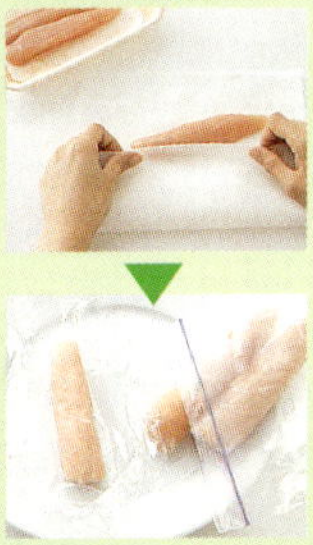

水けをふきとって1本ずつラップで包み、冷凍保存袋へ。使いやすく切って小分けも○。塩、こしょう、酒を振り、レンジ加熱してからの冷凍も可。冷蔵室で自然解凍。

ひき肉　平らにして、筋をつけて冷凍

冷凍保存袋に入れて、薄く平らに伸ばし、空気を抜いて密閉。菜箸で筋をつけておくと便利。使う半日前に必要な分だけポキッと折り、冷蔵室に移して自然解凍する。

和菓子　包装のままかラップ包みで

ようかん、おはぎ、だんご、大福など、米やあんこで作られる和菓子は、元の包装かラップ包みで冷凍できる。食べる半日ほど前に冷蔵室へ移して、自然解凍する。

ごはん　1食分にして冷凍が便利

茶わん1杯分など、使いやすい単位でラップに包み、冷凍保存袋に入れる。冷凍後は、レンジであたためて。時間がたつと風味が落ちるので、加熱後は早めに食べ切る。

鶏皮　棒状にクルリと巻いて冷凍

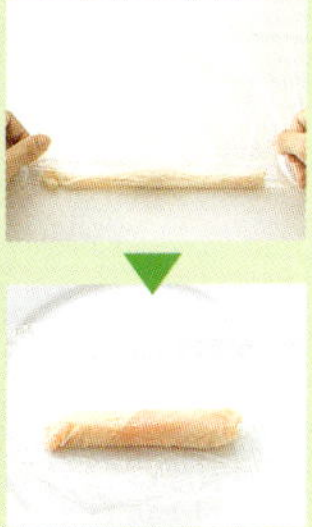

棒状に丸め、ラップでぴっちり巻き冷凍。使うとき、扱いやすくなる。解凍は使う分だけ切って自然解凍で。パリパリに焼いておつまみに。煮込み料理のコクだしにも。

薄切り肉　ラップに1枚ずつか下味をつけて

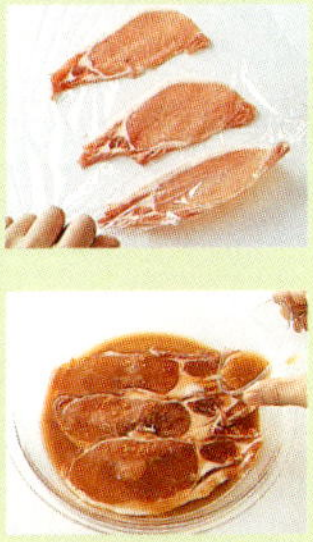

広げたラップに1枚ずつ間をあけて並べて包み、保存袋へ。使うときパッとはがせる。しょうゆ、みりん、しょうが汁で下味をつけて冷凍も○。解凍後、しょうが焼きに。

keeping

得しておいしい

残り物リニューアルアイディア

こびりついたみそは袋ごとみそ漬け容器に

みそ汁１杯分も残っていない袋にこびりついたみそも、けっこうな量。この袋に、塩を一振りして軽くしぼったきゅうりなどの野菜を入れてしばらくおくと、本格味のみそ漬けになります。

なべのこびりつきカレーでもう1品できた！

カレーがこびりついたなべに、ごはんを入れてカレーをからめとります。このカレー味ごはんを薄焼き卵で包めば「オムカレー」。なべの汚れも少なくなって、洗い物の水も少量ですむので一石二鳥。

冷やごはんは、ざっと水洗いしてチン、がふっくらのコツ

かたくなった冷やごはんは、ざっと水洗いしてから、ラップをかけてレンジで１分間加熱します。水洗いで水分が均等に行き渡り、ふっくらごはんに。冷めるとかたくなるので、レンジ加熱は食べる直前にします。

残りごはんを揚げると、揚げ油がきれいになる

揚げ物をしたら、大きなカスをとって火を止め、２～３分待ちます。温度が下がってきたところで残りごはんを投入。箸でごはんをほぐしていくと、１粒１粒に汚れがくっついてきて、揚げ油はきれいになります。

パスタは酒一振りで翌日もゆでたて状態

残ったスパゲッティをおいしく保存する方法です。スパゲッティに油をかけたら（くっつき防止のため）、酒スプーン1杯くらいを振り、手早くまぜて冷蔵庫保存。一晩おいても、弾力はそのまま、プリプリです。

捨てるつもりの油が梅干し１個で元気によみがえった！

何度か揚げものに使った油は、泡が出てきます。それは油が疲れた証拠。こんなときは、梅干しを１つ入れて、濃いきつね色になるまで高めの温度で揚げます。粘りの出ていた油が、不思議なほどサラサラになります。

1.5ℓペットボトルの底がスイーツカバーに

ほこりがかからないようにするフードカバーは、ペットボトルでも作れます。大きな皿はムリですが、カップケーキやクッキーにはこれで十分。1.5ℓボトルを底から5㎝くらいの高さでカットします。

髪留めのボンボンゴムを中央にボンドでつけると取っ手に。切り口にビニールテープをはっておけば、手を切る心配なし。

シャワーキャップで大皿料理もしっかりカバー

シャワーキャップを皿にかぶせると、ラップがわりに。かなりの大皿もぴったりカバーできます。旅先のホテルのアメニティグッズならタダ！　汚れたら捨てられます。ただし、このまま電子レンジ加熱はできないので注意。

湯を注げばOKのもなかde超簡単即席おしるこ

一人分だけおしるこが食べたいというときにうってつけなのが、もなか。お椀に小豆もなかを入れて湯を注ぎ、スプーンなどでくずせば、甘さ控えめの「懐中しるこ」になります。あれば白玉だんごも入れると、さらに豪華に。

残った黒豆で作る、簡単なのに絶品アイスクリーム

お正月などに甘く煮た黒豆は、アイスにも使えます。作り方は、黒豆をミキサーにかけたら冷凍庫に入れ、途中で何度かかきまぜながら凍らせるだけ。砂糖や生クリームを加える必要はありません。

keeping

得しておいしい

保存容器ぴったんこワザ

■500㎖のペットボトルに米3合がちょうど入る

洗って乾かした500㎖のペットボトルに、飲料が入っていた高さまで米を入れてみたら……ちょうど3合！ 特に一度に3合ずつ炊くことが多い家なら、何本分かまとめてはかっておくとさらに便利です。

■ペットボトルの注ぎ口はパスタ1人分

ペットボトル入れたスパゲッティをさかさにすると、注ぎ口からサッと出てくる量が、だいたい100g。これは、1人分の目安量です。ペットボトルをスパゲッティキャニスターとして使えば、計量もできて、密閉性もバッチリといいことずくめ。

■粉ミルク缶に小麦粉1kgがピッタンコ

使い終わった粉ミルク缶（950～980g入り程度）に、1kg袋の小麦粉を移しかえてみたらピッタンコ。密閉性が高いうえ、口が大きく、すりきりつきで使いがって満点。添付のスプーンも、計量に役立ちます。

後期ミルク用スプーンなら、一度に大さじ1強がすくえる。さじの八分目くらいで大さじ1。

初期ミルク用スプーンは、一度にちょうど小さじ1.5（大さじ½）量がすくえる。

■詰めたてのお弁当は焼き網の上にのせて冷ます

暑い季節、炊きたてごはんを詰めたお弁当箱にすぐ蓋をすると、食中毒のおそれがあります。お弁当は冷ますのが鉄則。急ぎのときは、お弁当箱をコンロのグリルについている焼き網にのせ、下にも空気の流れをつくれば、冷ましスピードアップになります。

■保冷剤をお弁当にのせて温度上昇を防ぐ

夏場のお弁当は、傷みが心配。刺し身やケーキなどについてくる保冷剤を冷凍庫に常備し、カチカチに凍らせたものをお弁当箱の上に添えて包みます。これで、食べるときまで温度の上昇が抑えられ、食中毒の予防に効果あり。

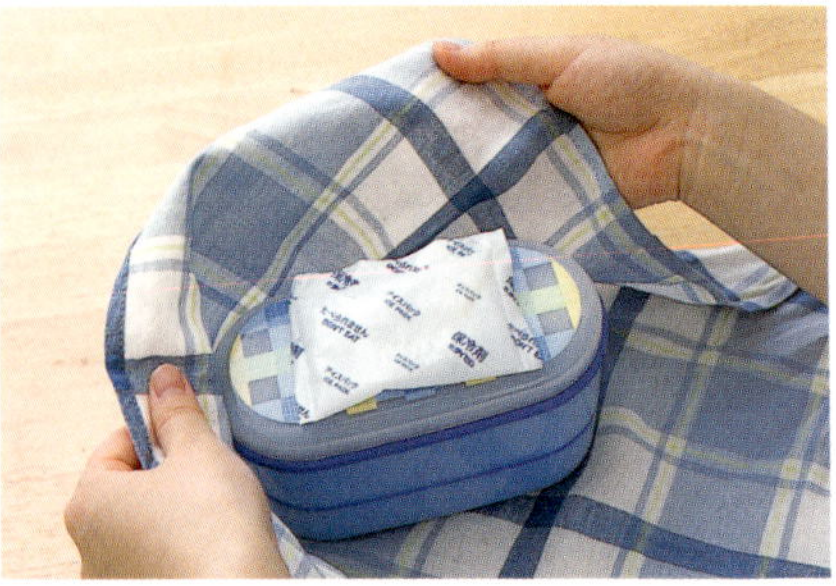

■子ども弁当なら、凍らせたデザートで保冷対策

保冷剤を使うかわりに、デザート用のゼリーを凍らせておき、お弁当に添えると、クールダウン効果あり。おかずといっしょにお弁当箱の中に入れるより、添えたほうが衛生的です。

■凍らせたトレーにのせて、お弁当を急速に冷ます

すぐに冷ましたいお弁当は、ひんやり凍ったトレーにのせるのも手。アルミ製なら熱伝導率が高いので、よりスピーディーにクールダウン。トレーがなければ、冷却枕でもOKです。

PART 3

主婦の城が広く使える、汚れない！

キッチン回り

調理グッズの使い方を工夫すると、
あと片づけが楽になる。しまい方を変えただけで
キッチンが広くなる。きれいになる。
一日に何度も立つキッチンだからこそ、
アイディアしだいで、驚くほど使いやすくなります。

kitchen

待ったなし!
でもあわてない

キッチンの困った!一発解決①

アルミホイル1枚で包丁の切れ味がスパッとよみがえる!

包丁は二つ折りにしたアルミホイルに差し入れ、スパッと切る。はさみはアルミホイルをジョキジョキ切る。これだけで鈍った切れ味が復活します。アルミホイルは、使用ずみのもので十分使えます。

端のわからなくなったラップは、輪ゴムでさがせばOK

ラップを使おうとして、切り端がわからなくなった。そんなときは、輪ゴムを手のひらに巻いてラップを握り、ぞうきんをしぼる要領で左右に3回ほどねじると、端がペロッとはがれてきます。

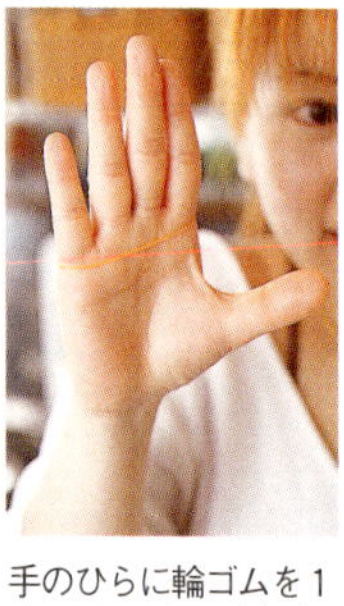

手のひらに輪ゴムを1本かけるだけ。輪ゴムの摩擦力で、簡単に端がさがせる。

切れ味の悪い包丁は茶わんの底を砥石がわりに

切れ味が悪いけれど、砥石を出すのはめんどう……。そんなときは茶わんやお皿の底に、ぬらした包丁の刃を当て、表裏それぞれ10回程度、砥石でとぐ要領でこすれば切れ味が復活します。応急処置はこれで十分。

卵の転がり防止には輪ゴムを敷いて

キッチン台においた卵が転がり落ちて、割れたことはありませんか？　卵の転がりは輪ゴムが解決。キッチン台に輪ゴムをおき、その中に卵をおけば転がりません。

カチカチに固まった砂糖には、一晩食パンを入れておく

スプーンでガリガリやっても削れない、固まった砂糖。そんなときは、食パンを一口サイズにちぎって、砂糖の容器に入れて6時間ほどおいておくだけ。食パンの水分が乾燥した砂糖に働きかけ、砂糖はサラサラになります。

すり鉢のミゾの汚れは野菜くずでキレイすっきり！

野菜くずをあらく千切りに刻んですり鉢に入れ、すりこ木でこするようにすると、野菜くずがミゾの中の汚れをとり除きます。あとはたわしで軽く水洗いすればＯＫ。

ソースの液だれは容器に巻いた輪ゴムでガード！

ソースやしょうゆのボトルは、輪ゴムを巻いておけば、万一、液だれしても輪ゴムがキャッチ！　下にたれるのを防ぎます。何重かにするとさらに効果アップ。テーブルや冷蔵庫内を汚さないので、掃除の手間も省けます。

調味料容器の蓋に乾燥剤をはればいつでも中身はサラサラ！

湿気で固まりがちな砂糖やだしの素にはコレ！　容器の蓋の裏に、乾燥剤1個を両面テープではっておけば容器内にこもった湿気を吸いとって、サラサラをキープします。

kitchen

待ったなし!
でもあわてない

キッチンの困った! 一発解決②

あけにくいびんの蓋は輪ゴムを巻けばラクにあく

「蓋があかない!」 そんなときは、輪ゴムを数本束ねて蓋に巻きます。ゴムが滑り止めになって、どんなに力を込めてもビクともしなかった蓋が、おもしろいくらい簡単にパカッとあきます。

金属製の蓋は湯につければ一発オープン!

なべに湯を沸かし(沸騰しなくてもOK)、びんをさかさまにして蓋部分を5〜10秒つけます。これは、金属を温めると、ガラスと膨張の度合いが違うため、すき間ができてあきやすくなるから。湯からとり出したびんは、水分をふきとってからひねると簡単にあきます。

ゴム手袋を使えばかたいびんの蓋があく

びんがあかないときは、蓋をつかむほうの手にゴム手袋をはめて持ち、いつものように蓋を回せば一発。ゴム手袋のおかげで手がすべらず、頑固にしまっていた蓋も軽い力でカパッとあけることができます。

かたくり粉をパラッ! これだけで、輪ゴムのくっつきが防げる

まとめておいておくと、いつの間にかくっついて、使いづらくなる輪ゴム。かたくり粉を一つまみまぶしておくと、ゴム同士がくっつきません。特にくっつきやすい夏場でも、サラサラのまま使えます。

はげたほうろう製品はマニキュアを塗って応急処置

カップなどのほうろう製品は、落としたり、ぶつけたりすると、表面がはげてしまいがち。そんなときはサビ止めするのがいちばんですが、応急処置でマニキュアを二度塗りする手も。一時的ですが、長もちにつながります。

調理中の手のかゆみには塩が効く

里いもやえびを調理すると、決まって手がかゆくなる……。そんな悩みは塩が解決。手に塩を一つまみとり、両手でこすり合わせてから水で洗い落とすと、かゆみは一瞬で消えます。魚料理のあとは、手のにおいもとれて一石二鳥。

魚の処理で手についたにおいは、コーヒーかすで消す

コーヒーかすは天然の消臭剤。指先にしみ込んだ魚のにおいとりにも重宝します。手に一つまみとって、指先でこすり合わせるだけ。魚を処理したまな板も、洗剤で洗ったあと、コーヒーかすを手ですりこんで洗い流せばOK。

油でベタベタの手は、砂糖でこすれば落ちる

油で汚れた手は、砂糖を小さじ1ほどつけてこすってから水で洗い流すと、一発で気持ちいいほど、きれいに落とせます。しかも、手についた砂糖を流す前に、ボウルなどをこすれば、ボウルの油汚れも落とせる！　あとは普通に洗います。

ゴキブリ発見！　そんなときは台所用洗剤で一発退治！

殺虫剤が見当たらないときは、液状の台所用洗剤やシャンプーで代用することができます。どちらも液に粘着力があるため、液がかかったゴキブリが呼吸できなくなり、窒息死させる効果があります。

せっけんに輪ゴムを巻けば泡立ちが◎

せっけんに輪ゴムを2本ほど巻きつけておけば、強くこすらなくてもしっかり泡立ちます。しかもこの泡、キメこまかくてフワフワ。泡はキメこまかいほど、汚れをよく落とすのです。せっけんと水、両方の節約にも役立ちます。

kitchen
目ざせ! ピカピカ台所

調理道具の汚れがラク落ち

油汚れのフライパンもティーバッグ１袋できれいになる

油でベトベトになったフライパンやなべは、出がらしのティーバッグ1袋でスッキリ！　湯をふくませ、軽くこするだけで、気持ちいいほど油分が落ちていきます。使い終わったら、そのまま捨てられるので、あともラク。

油を吸収するみかんの皮で、フライパンの汚れふき

みかんの皮の内側にある白い部分は、油の吸収にすぐれています。いため物のあとフライパンをふくと、油汚れがとれるだけでなく、油くささも吸いとります。水洗いの時間も短縮でき、水道代の節約にも効果的！

米とぎ汁で魚焼きグリルの油汚れがペロンッ！

魚を焼くときは、魚焼きグリルの受け皿に、水のかわりに米のとぎ汁を入れておきます。魚からしたたり落ちる油もとぎ汁が吸収。あと始末も、ぬめりがしつこく残らず、洗いやすくなります。

木製のまな板が塩クレンザーで新品同然に！

塩クレンザーとは、塩をクレンザーがわりに使って洗うこと。木製のまな板に塩を適量振りまき、たわしで木目の方向に沿ってこすります。あとは、水で洗い流すだけ。においも雑菌もとれたまな板は、清潔そのもの。まるで新品のようです。

調理道具の油汚れも一ぬぐい！牛乳パックの三角スクレーパー

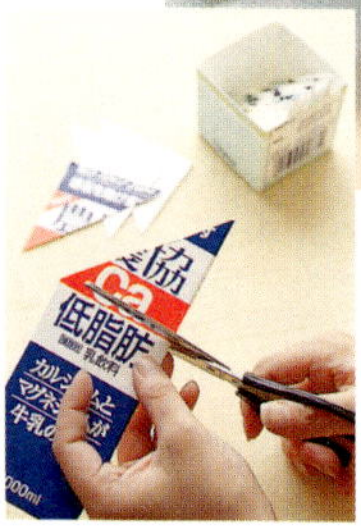

フライパンなどにこびりついたカスや余分な油は、洗う前に落としたい。牛乳パック1/3の高さの三角形になるようカットした三角スクレーパーは、つまみやすい形で汚れ落ち抜群です。

なべの黒ずみはりんごの皮を入れて煮れば落ちる

りんごに含まれる酸には、汚れや黒ずみを分解する効果あり。焦がしたなべにりんごの皮1個分と水を8分目入れて煮立ててから、クレンザーでみがくとラクに落とせます。カレーのしつこい汚れやアルミなべの黒ずみにも。

焦がしてしまったなべは、米のとぎ汁に一晩つける

アルミ、ほうろう、ステンレス製のなべを焦がしてしまったら、米のとぎ汁に一晩つけておきます。翌朝には焦げがポロポロとはがれるようにとれて感動！　あとはかためのスポンジでこすれば、こまかな汚れもきれいにとれます。

天ぷらの衣の残りでなべの焦げつきや黒ずみがきれいに

天ぷらを揚げたあとに残った衣は捨てないで！　少量をスポンジにとってなべをみがけば、衣がクレンザーがわりになり、焦げや黒ずみがきれいになります。ついでに、水道の蛇口やシンクをみがいてもOK。

アルミ製のなべの黒ずみは、トマトを煮れば解決！

トマトの水煮を作ったあとのなべがきれいになるって知っていますか？これはトマトに含まれる有機酸の働きで、汚れを分解するから。梅干しを数個煮るのも、同様の効果があります。ステンレス製よりアルミ製のなべに向くワザです。

なべの油汚れは小麦粉をとかしたお湯を煮立てて

なべやフライパンの油汚れは、新聞紙で汚れをサッとふきとったあと、水をはり、米のとぎ汁程度の濃さになるよう小麦粉を振り入れて沸かします。少し煮立てたあとに洗えばすっきり。小麦粉のデンプン質が油を吸着して、ラクに汚れが落ちるのです。

kitchen

目ざせ! ピカピカ台所

食器の汚れがラク落ち

「タワー洗い」が食器洗いをラクにする

大→小の順で食器を積み上げ、上の食器から洗いながら、すすぎ水を下の食器にかけていくのが「タワー洗い」。すすぎの水で、あとから洗う食器はあらかた汚れが落ちているので、食器洗いが簡単に。水道代も節約できます。

皿の汚れはまず新聞紙でふきとるのが鉄則

食器や調理道具の汚れは、洗う前に古新聞でふきとっておくのが家事のコツというもの。このわずかなひと手間で、少ない水や洗剤できれいに洗い上げることができ、水道代とガス代の節約も期待大！

古電話帳で油汚れを落とせば洗い物が10倍ラクになる

頑固な油汚れには、油を吸収しやすく、強度のある古電話帳が威力を発揮！ 1ページ分を破り、四つ折りにして食器をふくと、油汚れがしっかりとれ、洗いやすくなります。

チラシを皿の間にはさめば、汚れ半減

食べ終わった皿は、そのまま重ねず、チラシを皿と皿の間にはさんで流しへGO！ 皿の底に汚れが移らず、洗うのは片側だけですみ、チラシで汚れをぬぐっておけば、皿洗いがグーンとラクになります。

日本手ぬぐいをタワシがわりで洗剤いらず！

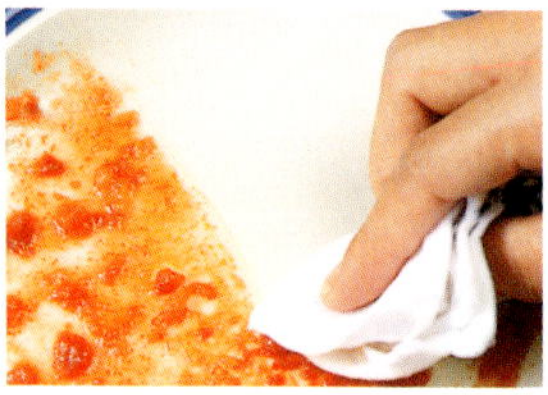

日本手ぬぐいの生地は、アクリルタワシより目がこまかく、汚れをからめとる力が強力。水でぬらし、軽くしぼった手ぬぐいでさっとふけば、洗剤なしでも食器はピカピカです。

茶わんについた納豆のぬるぬるはバランでこするとキレイに

納豆のぬるぬる落としに便利なのが、お弁当などの仕切りに使う樹脂製バラン。バランを指にまきつけ、端を洗濯バサミで止め、その指でぬるぬるをこすると、驚くほどきれいにとれます。

米のとぎ汁は捨てずに食器のつけおき洗いに利用

米のとぎ汁は、油汚れに威力を発揮。洗いおけにためて、汚れた食器や調理道具をつけておくと、しつこい汚れもラクに落とせます。米のとぎ汁で床をふけば、つや出し効果も。

ミートソースのギトギトはパスタのゆで汁が効く

パスタだけでなく、うどんのゆで汁にも油汚れを吸収する働きが。捨てずに活用を。

パスタのゆで汁は、油汚れがついた食器洗いに大活躍。ミートソースがついた皿やなべも、古新聞や電話帳などでぬぐって、ゆで汁につけておけば、洗剤なしできれいになります。

古パンスト＆卵の殻が万能タワシに変身！

クレンザーの役目を果たす卵の殻と、パンストの繊維のダブル効果で、コップのくもりや茶しぶなどの汚れが落とせる万能タワシ。少量の水を加えてこすれば、洗剤も不要のスグレモノです。もちろんパンストは伝線したもので。

卵の殻の量は、普通の大きさのコップなら1〜2個分が目安。2〜3㎝に砕いておく。

ひざあたりで切ったパンストに殻を入れ、両端を結ぶと「万能たわし」の完成。

グラスの外側も内側もおまかせ！100均トングで便利アイテム

トングの先端にスポンジを巻きつけ、輪ゴムで全体にかかるように止めれば、グラス洗いはおまかせ。グラスの内側はトングを閉じてグルグル。グラスを挟んで回せば、外側もきれいに。

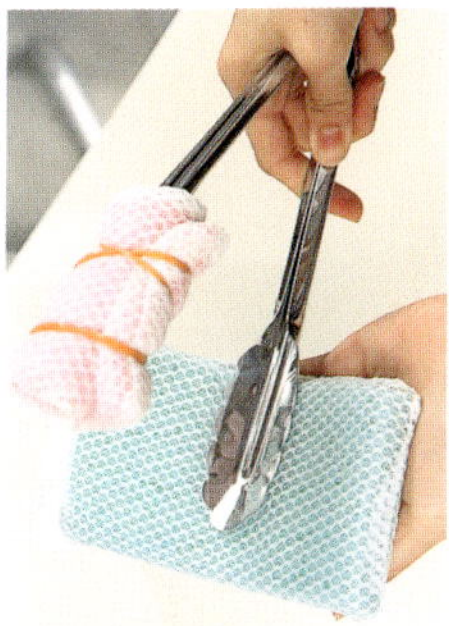

グラスの底洗いは卵の殻を入れてシェイク

グラスに2〜3㎝に砕いた卵の殻と、殻がかぶる程度の水を入れ、手で蓋をして30秒ほどシェイク。水で流せば底の汚れがとれています。殻はグラス1個に卵1個分が目安。

卵の殻で茶しぶが簡単に落ちるワザ

急須の中に、砕いた卵の殻（2〜3個分）と容量の半分程度の水を入れ、シャカシャカ振るだけで、茶しぶがきれいに落ちてしまうから驚き。奥まで手が届きにくい水筒などにも使えます。

ちぎった金ダワシでグラスはすみずみまでピッカピカ

金ダワシをちぎってグラスに入れ、台所用洗剤を2〜3滴たらしたら、手で蓋をしてグラスを振ると、底の汚れはもちろん、くもりもきれいになります。金ダワシは、グラスの大きさにあわせて3〜4片をちぎって使って。

とっくり洗いは毛先が直接届く絵筆におまかせ

見えているのに落とせないとっくりの内側の汚れは、柄の長い絵筆を使うと便利。洗剤を数滴たらし、絵筆で洗うと、毛先が直接届き、サラサラと汚れが落とせます。深さのある水筒や麦茶ポットにも。

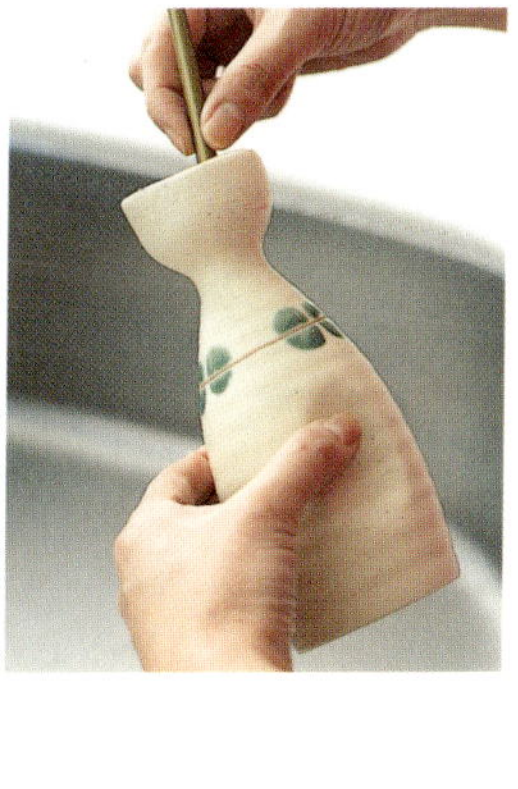

kitchen
目ざせ！ ピカピカ台所

調理道具のカンタン手入れ

魔法びんの汚れはじゃがいもの皮できれいになる

じゃがいものデンプンは、茶しぶをこそげ落とす効果大。じゃがいもの皮を魔法びんに3～4片入れて（皮が乾燥しているときは水も入れる）、栓を閉め、上下にシャカシャカ。気になる茶しぶも簡単にとれます。

じゃがいもの皮がグラスのとれにくいくもりをとる

しつこいグラスのくもりは、じゃがいもの皮の切り口でこするだけ。水で洗い流せば、まるで新品のようなくもりのないグラスに生まれ変わります。鏡のくもりは、じゃがいもの皮でこすったあと、からぶきします。

洗いにくかったデコボコグッズにオクラネットのタワシ

食器洗い用スポンジに、オクラが入っていたネットをかぶせて洗うだけで洗浄効果アップ。オクラネットはほどよくやわらかく、道具が傷つかずに隅々まで洗えます。ほかの野菜や果物が入っていたネットよりも網目がこまかく、泡立ちも抜群！

まな板の徹底除菌は漂白剤＋ラップパックで！

台所用漂白剤を指定の濃度に薄め、まな板にまんべんなく塗ったら、ラップでぴっちり包みます。30分ほど放置し、水でよくすすげば除菌完了。ラップすることで、まな板表面の傷やへこみに漂白液が入り込み、除菌効果アップ。

新聞紙＋クレンザーで包丁がとげる

新聞紙は3～4枚をきつく丸め、上と下の端をそろえて、テープで止める。

包丁にクレンザーをつけ、丸めた新聞紙の先を水でぬらしてから、刃元と刃先の間をこすりつけるように10往復させれば、トマトもさくさく切れるように。砥石がなくてもだいじょうぶな便利ワザ。

カトラリーのくすみはアルミホイル＋重曹液でとれる

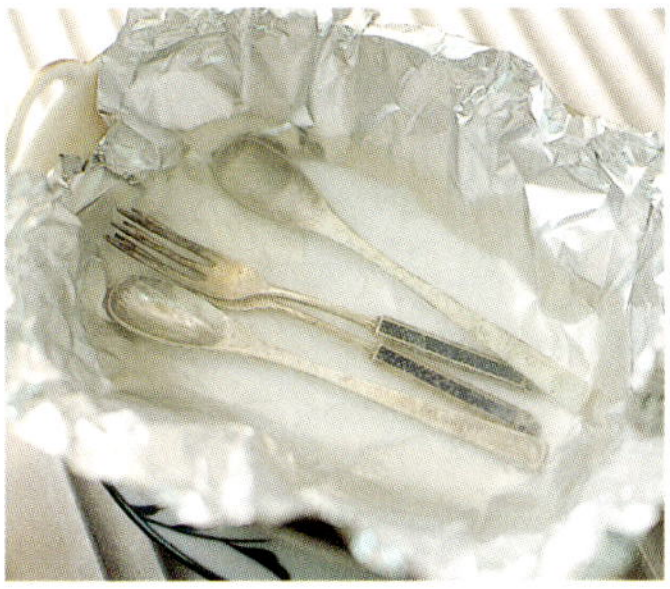

まず、皿の上にアルミホイルを敷き、端を折り曲げて器状にします。そこに、沸騰直前の湯200㎖と重曹大さじ1を入れてとかし、カトラリーをまとめて浸すこと約4時間。水洗いすれば、新品同様の輝きになります。

キッチンにおいてある容器の油汚れは重曹でスッキリ

キッチンの調味料容器や置き物がベトベトに。その汚れには重曹が効きます。水でぬらしたぞうきんに少量の重曹をつけてゴシゴシ。少し力を入れれば、黒っぽいカスもきれいになります。

洗いにくいミキサーの手入れは卵の殻が効く！

卵の殻が粉々になるまでシェイクするのがポイント。ミキサーに卵の殻3個分と水400㎖、食器用洗剤を入れ、シェイク。殻が手では洗いにくいミキサーのこまかい部分に行き渡り、徹底的に汚れとり。ミキサー洗いのストレスも解消。

電子レンジの汚れは水を入れてチン！こびりつき汚れにも効く

電子レンジの内側にこびりついた食品の飛び散り汚れには、耐熱容器に水を入れてチン。庫内に蒸気がつき、汚れがゆるむので、あとはさっとふきとるだけです。ターンテーブルははずして中性洗剤でまる洗いします。

汚れを吸収する「備長炭」は、ポット内部の汚れ防止に大活躍

炭には汚れやにおいなどを吸着する働きがあるので、ポット洗浄にもお役立ち。夜、電源を切り、新しい水と備長炭を入れ、翌朝、備長炭をとり出します。水がおいしくなるだけでなく、汚れがつきにくく、清潔なポットがキープできます。

飲んでおいしいお茶や紅茶、コーヒーは、出がらしや茶がらになっても家事に活躍。しかも、その効果は大きいからほうっておけません。掃除に、洗い物に、調理に試して、威力を実感しましょう。

知得トピックス

茶がら、コーヒーかすはスゴい!

魚焼きグリルの受け皿に緑茶！ においもつかず、煙も少ない

緑茶カテキンには、においの成分や菌にくっついて働きを抑える「吸着」効果あり。受け皿に、水のかわりに濃い目の緑茶を張って魚を焼くと、煙も出にくく、生ぐささも大幅ダウン。使用後に受け皿をよく洗い、再度緑茶を張って加熱すれば、におい消しは完璧です。

緑茶スプレーで 雑菌がつきやすいまな板を抗菌

緑茶の渋みを作るカテキンは、O-157もかなわないほどの抗菌作用あり。出がらしでも、その効果は十分期待できます。出がらし茶葉で煮出した緑茶を霧吹きに入れ、まな板全体にスプレーすれば、食中毒の予防に役立ちます。生ものを扱ったあとのまな板には、ぜひ。

グリルの頑固な汚れは、 茶がらで一挙解決。においもとれる！

茶がらの成分には、油を吸収する作用あり。魚焼きグリルを使ったあと、熱いうちに受け皿に茶がらをまんべんなくまいておくと、消臭できます。冷めたら、今度は茶がらを入れたオクラネットで受け皿をゴシゴシ。油汚れも一掃できます。麦茶パックでも同じ効果があります。

紅茶のティーバッグを スポンジがわりに洗い物

使用ずみの紅茶のティーバッグは、捨てる前にもうひと働き。スポンジがわりに食器をぬぐえば、ベトベトの油汚れもきれいに落とすことができます。あとは水で軽くすすげば食器はピカピカ。大きな麦茶パックなら、使いがってもより◎です。

茶がらをチン！で電子レンジ庫内のにおいが簡単に消せる

茶がらは、落ちにくい肉や魚、カレーなどのにおいをとり去るスグレモノ。電子レンジ庫内にしみついたくさみも、水けをとった日本茶の茶がらを耐熱皿にのせ、約1分間加熱するだけで解決。ほのかな茶の香りがレンジ内に広がり、においが消えます。

麦茶パックがあれば、シンクの汚れに洗剤不要！

使い終わった煮出し用麦茶パックは、シンク掃除に最適。麦茶パックは丈夫で、スポンジがわりになります。お茶の成分には、油を分解する働きがあり、洗剤を使わなくても、汚れやくもりがとれて、シンクはピカピカ。紅茶や緑茶のバッグでも。

手についた魚の生ぐささは、茶がらで洗い流せば、すぐ消える

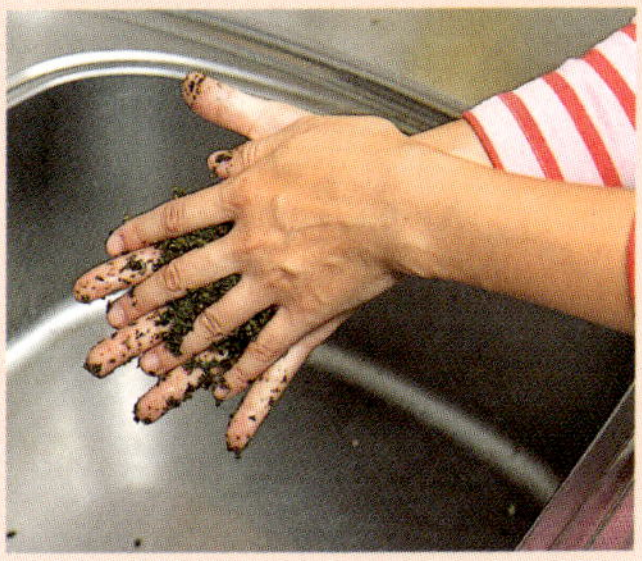

魚を調理した手の生ぐささは、せっけんで洗ってもなかなかとれません。そんなときには、日本茶をいれたあとの茶がらを両手でよくもめば、うそのように生ぐさいにおいが落ちます。にんにくのにおい消しにも使えるワザです。

コーヒーかすを冷蔵庫に入れれば庫内の脱臭ができる

生ゴミにかけるなど、オールマイティーに消臭するコーヒーかす。このコーヒーかすを耐熱皿にのせ、ラップせずに電子レンジで1～2分加熱して、乾燥させたものを、皿や蓋をとったあき容器、だしパックなどに入れ、冷蔵庫に入れておくとにおいとりになります。

生ゴミのにおいはコーヒーかすでシャットアウト

コーヒーをいれたあとに残るコーヒーかすは、古新聞の上で乾燥させ、あき容器でストックしておくと、ゴミの消臭に便利。生ゴミが出たら、この乾燥コーヒーかすを振りかけ、古新聞で包んで、ゴミ箱へ。コーヒーの消臭作用が生ゴミのにおいを解消します。

kitchen
目ざせ! ピカピカ台所

シンク回りの汚れ激落ちワザ

使用ずみラップは、捨てずにシンクのお手入れに

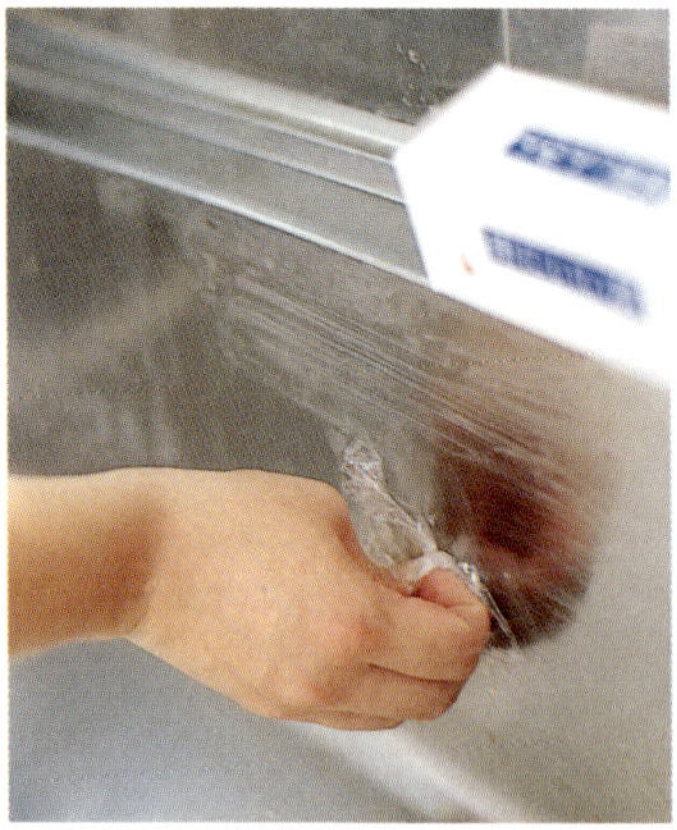

水あかや油汚れなどステンレスのシンクについた汚れは、使用ずみラップを丸めたものでゴシゴシ。洗剤をつけなくても、くもりがどんどんとれます。使用ずみラップが出るたびにこすっておけば、シンクはいつもピカピカ！

シンクの油汚れは、みかんの皮でこすると気持ちよく落ちる

油を中和する、つやを出すなどの働きがあるみかんの皮。皮をそのまま丸めてシンクをキュッキュとふけばピカピカに。ベトベトになったスポンジも、みかんの皮をギュギュッともみ込むようにして洗い流せばきれいになります。

シンクのくもりとりにはじゃがいもの皮が効く

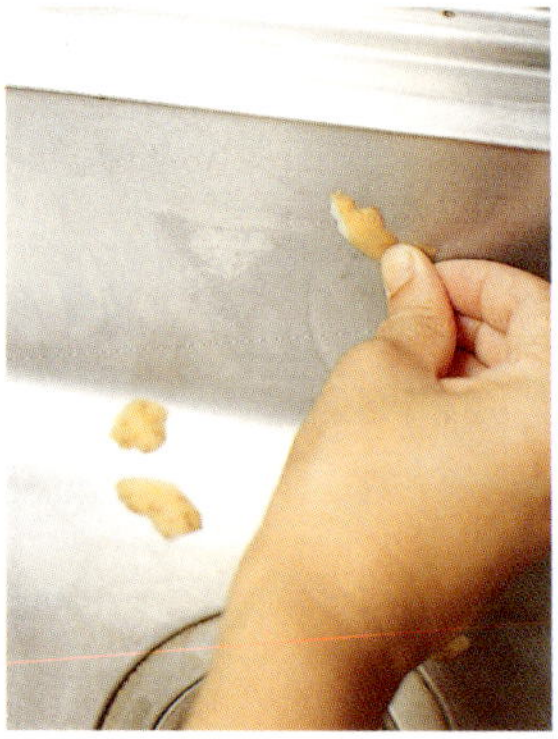

カレーやシチューなど、じゃがいもを使う日は、食器洗いのあと、皮の裏側（白いほう）でシンクみがき。ステンレスのすみや蛇口の回りも忘れずに。みがいたあとに、サーッと水で流せば、くもりがきれいに落とせます。

使い終わったアルミカップは排水口のヌメリ防止に

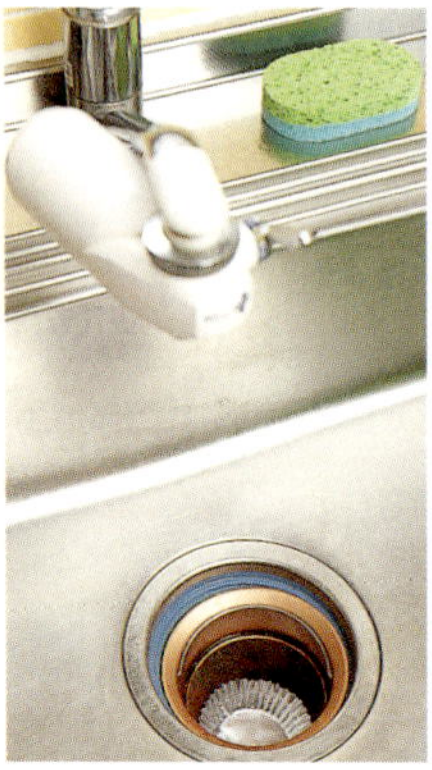

お弁当などで一度使ったアルミカップは、捨てずに、軽くすすいで排水口へ。おいておくだけで、水と反応して発生する金属イオンがヌルヌルの原因となるバイ菌を撃退し、汚れをつきにくくします。

排水口に10円玉をおけば、ヌメリがつきにくくなる

花びんに入れておくと、花が長もちする10円玉。そんな銅の殺菌・防汚作用を利用して、排水口のストレーナーに10円玉を数枚おけば、ヌメリがつきにくくなります。10円玉が黒っぽくなったら、とりかえどき。

余った小麦粉は捨てないで、シンク掃除に

小麦粉は、クレンザーがわりに使えます。調理後に残った小麦粉をスポンジにつけてシンクの内側をこすれば、油やこびりつきを吸着する働きで、シンクはあっという間にきれいになります。

飲み残しの炭酸飲料がシンクを見違えるほどきれいにする

ペットボトルにわずかに残ったサイダーなどの炭酸飲料を、シンクに振りかけてスポンジで軽くこすります。不思議なことにシンクがピカピカに！ 炭酸が抜けてしまった飲料でも、同じ効果が得られます。

ポリ袋＋古靴下を手にはめて手を汚さずに排水口掃除

掃除が終わったら、ポリ袋ごとクルンと裏返してはずせば、汚れが手につかずに、そのまま捨てられる。

ヌメリやすい排水口は、こまめに掃除したいもの。でも、素手ではちょっと……という人におすすめ。使い捨てできる古靴下をはめた手で排水口をぬぐうとラクに掃除ができます。最初にポリ袋をはめておけば、手もぬれず、捨てるのも簡単。

シンクのしつこい汚れはテープタワシで泡立ちよく落とせる

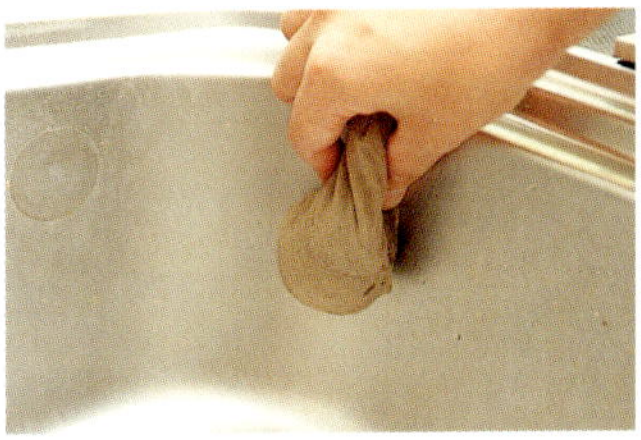

カセットテープやビデオテープは、捨てる前にテープを引き出して、パンストの足先部分に詰めてシンク洗いに。シンクを傷めず、水あかも泡立ちよく落とせます。あのシャリシャリとしたかたさが、汚れ落ちのポイント！

排水パイプの詰まりはドライヤーで温めれば解決

台所の排水パイプが詰まってもあわてないで。S字パイプをドライヤーの温風でしばらく温めて、内側についた汚れをとかし、仕上げに勢いよくお湯を流すのがコツ。たいていの詰まりは解消します。

卵の殻＋パンストで、三角コーナーみがき

つま先部分から20〜30㎝ほどで切った古パンストに卵の殻を入れて、三角コーナーをゴシゴシ！　砕けた殻の角がうまく三角コーナーのすき間にフィットし、こびりついた汚れを落とします。その威力はスチールタワシレベル。蛇口やシンクみがきにもおすすめです。

kitchen

目ざせ！ピカピカ台所

レンジ回りの汚れ激落ちワザ

うどん・パスタのゆで汁でガス台の油汚れがスルッと落ちる

うどんやパスタのゆで汁は、ガス台の油汚れに効果バツグン。それは、汁にとけ込んだ小麦粉が油を包み込むから。ゆで汁がまだ温かいうちにかけると、固まった油汚れもラクに落とせます。

油汚れ落としに最適！残った衣用の小麦粉の掃除ワザ

天ぷら衣用の小麦粉は、水がまざっているのでほどよいかたさ。コンロや壁などの油汚れ部分にこすりつけ、指先でこすれば、汚れを包み込んではがします。小麦粉と水を１：１の割合でまぜてもOK。

ガスレンジみがきは飲み残しビールが大活躍！

飲み残しのビールは、ガスレンジ掃除に利用してみて。ビールの糖分が油汚れを分解するため、布につけてこするだけで、驚くほど汚れが落ちます。頑固な汚れにはつけおきも効果的。ビール独特のにおいは10分ほどで消えます。

むきたてのみかんの皮でこすれば、油汚れが落ちる

食べ終えた皮の、白い面をガスレンジにこすりつけるようにしてふくだけ。しつこい汚れには、外側の面をキュッとしぼって、皮の精油成分を出してから白い面でふきます。仕上げに布で水ぶきすれば、ベトベトした油汚れもきれいに！

古フリースなら、レンジ回りが洗剤なしでピカピカに！

着古したフリースを適当な大きさに切り、水でしぼってふくだけ。油汚れが洗剤なしでも落とせます。

ほこりと油がまじったレンジフードの汚れも、フリースの水ぶきでスッキリ。2度ぶきいらずです。

食パン袋のクリップがコンロ掃除にとっても重宝

食パンの袋の口をとめるプラスチックのクリップは、五徳などのガスコンロにこびりついたがんこな汚れをこそげとるのにピッタリ。適度なかたさがあるので使いやすく、へらがわりにカリカリこすって、使い捨て。すみの汚れもよくとれます。

こびりついた油汚れはジーンズの切れ端が効く

ジーンズの切り落としたすそや、着なくなったジーンズは15㎝角ぐらいに切ってストック。適度なかたさと繊維のざらつきがあるので、クレンザーを少しつけるだけで、レンジ回りの油汚れがよく落ちます。

みかんの皮の煮汁が食器棚のガラスみがき洗剤になる

かんきつ類の皮にふくまれる「リモネン」は、汚れを分解する成分。煮出し汁は洗剤がわりになります。皮をカラカラになるまで干し、なべで数分煮て、冷めたら容器に入れて保存。布にしみ込ませてガラスや家具をふけば、汚れが落ちます。

知 得 ト ピ ッ ク ス

酢はスゴい!!

酢の物、サラダなど料理に欠かせない「酢」には、強力な除菌効果があるから、キッチン回りで活用したいもの。除菌に効くだけでなく、雑菌がもたらすにおい消しにも威力を発揮します。

手についた漂白剤のヌルヌルは酢で洗うと瞬時にとれる！

漂白剤が手につくと、手がヌルヌルしてせっけんで洗ってもなかなかとれません。そんなときは手に大さじ１の酢をたらし、指をこすり合わせてから水で洗い流せば一発！　さらりととれて、漂白剤特有のにおいもいっしょに消えています。

まな板についた生ぐささは酢水を含ませたふきんをかけてとる

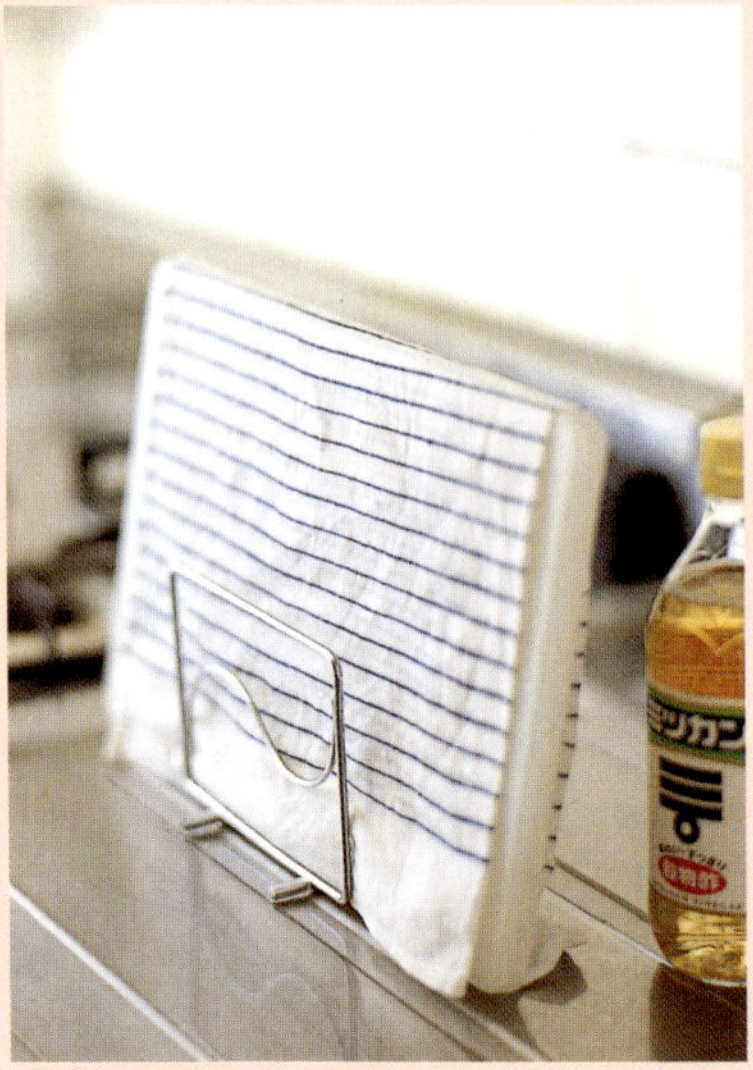

水1カップに酢大さじ1で酢水を作り、ふきんをひたして軽くしぼります。それをまな板にかければ、約1時間で生ぐささは解消。ふきんの脱臭&殺菌にもお役立ち。漂白剤と違って、食品という安心感があり、水洗いの手間もなくそのまま使えて便利です。

保存容器にしみついたにおいは酢をかければ簡単に解決

プラスチック製の保存容器は、においがしみ込みやすく、洗っても完全にとれなくてイライラ。そんなときに便利なのが酢。においが気になる部分に酢を直接かけ、3分たったら水洗い。これだけで、頑固なにおいもすっきりとれます。

なかなか落ちないグラスのくもりは酢＋塩でこすればきれいになる

いつもの食器洗い用の洗剤とスポンジでは、なかなか落とせないグラスのくもり汚れも、酢＋塩で驚くほどきれいになります。酢と塩を１：１でまぜたペーストを作り、古歯ブラシにつけてこするだけ。汚れはすっきり落ち、ピカピカになります。

コーヒーメーカーの汚れや湯あかは酢で簡単にとれる

コーヒーポットに水を定量入れ、大さじ２の酢を加えてからスイッチをオン。水あかやフィルターにしみついていたコーヒーの色素などが湯にしみ出し、きれいになります。仕上げに、もう一度水だけを入れて運転し、すすぐのを忘れずに。

電気ポットの水あかも酢が安全＆安上がりに落とす

電気ポットが汚れてきたら、九分目まで入れた水に酢を大さじ２入れて沸騰させ、電源を切って１時間放置。酢の酸が水あかをとかします。仕上げにスポンジでこすってすすげば完了。酢は安上がりで、食品なので安心。やかんの湯あかにも。

酢水＋新聞紙で生ゴミのにおいをがっちりガード

酢と水を２：１でまぜて、新聞紙にまんべんなくスプレー。これを生ゴミ用のゴミ箱の底に敷くだけで、においがしなくなるからびっくり。酢には殺菌効果があり、腐敗が防げるのも○。ひんぱんにゴミ箱を洗う手間も省けます。

酢スプレーで三角コーナーのヌメリ＆においとり

三角コーナーには酢を水で５倍に薄めてスプレーし、排水口には原液を大さじ２杯分回しかけて一晩おきます。翌朝になったら、さっと水で流すだけ。ヌメリがすっきりとれるだけでなく、つきにくくする効果も大。同時に、生ゴミくささも消せます。

生ゴミがにおってきたら酢をかけてゴミの日までしのぐ

燃えるゴミの日まで捨てられない生ゴミは困りもの。くさい生ゴミには、酢を少々振りかけておくとにおわなくなります。これは、酢の強力な殺菌作用に生ゴミの中の微生物を抑える働きがあるから。前もってゴミ袋やゴミ箱に酢をかけておくと、より効果的です。

省スペース収納㊌ワザ

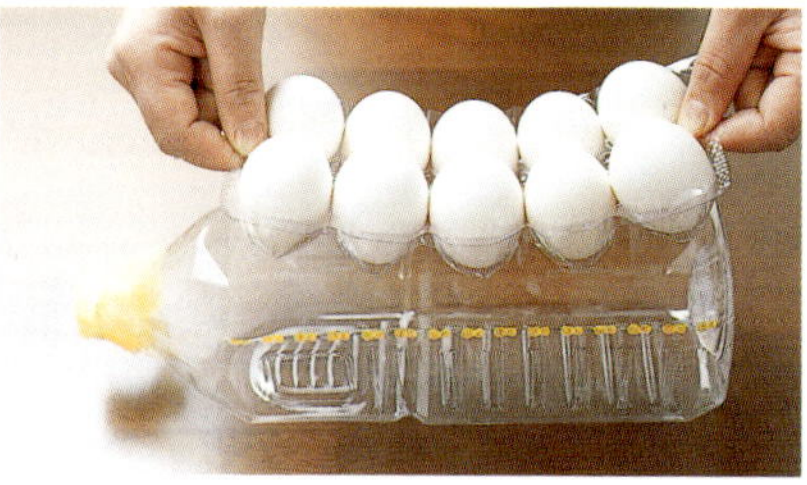

ペットボトルに卵パックごと収納で冷蔵庫の出し入れがラク

2ℓペットボトルの側面（大きいほう）を切りとり、卵はパックに入った状態のまま蓋を切りとり、ボトルにスポッと入れます。冷蔵庫に入れておけば、ボトルの蓋部分を持ち、引き出すだけで、卵がすぐとれます。

2ℓペットボトルに缶ビール3本がぴったりおさまる

缶ビールを横にして冷蔵庫に詰め込むと、1本とり出すたびにゴロゴロ……。そんなことを簡単に防げるのがペットボトル収納。1面を切りとるだけでいいし、口の部分が取っ手になるのも○。透明なので、何を入れても中身が一発でわかります。

食品の在庫管理はマグネットで省スペース

調味料の在庫チェックは、手作りマグネットを冷蔵庫にペタッ。メーカーのホームページの画像を印刷したら厚紙にはって切り抜き、裏にマグネットをつければ完成。余分な在庫をもたずにすみます。

野菜は、牛乳パックで立てて収納すれば長もち

大根などの根菜やほうれんそうなどの葉物は、牛乳パックを利用して、畑に生えているように根を下にして立てて保存すると、鮮度が保てます。野菜庫内に仕切りができ、在庫が一目で確認できるうえ、野菜がとり出しやすくなって便利です。

ラップ類は箱にマグネット板を入れ、冷蔵庫にペタッと収納

ラップやアルミホイルは、台所で迷子になりがち。マグネット板を箱の面１枚分の大きさにカットして入れると、冷蔵庫のドアにはれて便利。調理中にもサッととれます。シンプルだけど、いちばん使いやすい収納ワザ。

アイスの棒＋手さげフックで皿すっきり収納スタンド

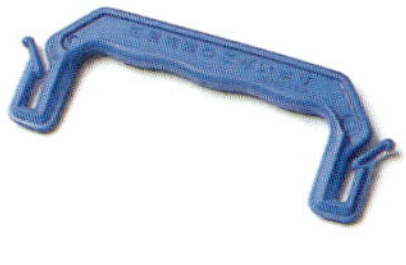

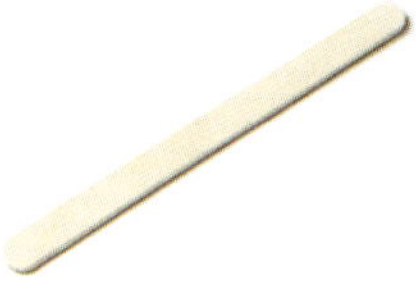

手さげフックのひっかけ部分にアイスの棒をはめ込むだけで、皿がすっきり収納できるスタンドが作れます。長さ15㎝くらいの棒なら手さげフック5個。12㎝程度なら3個を目安にしてください。

ラップの芯にレジ袋を詰めておくと出し入れがスムーズ！

買い物のレジ袋をそのまましまっておくと、意外とスペースをとるし、子どもがいたずらしたら、たいへん。レジ袋は小さく丸めて、ラップの芯にギューギュー詰めて、棚のすき間などに保管しておきます。とり出すときもスムーズ。広げればすぐ使えます。

皿に輪ゴム十字かけでキズなし＆清潔収納が実現

重い皿やどんぶりを収納するとき、輪ゴムを十字にかけて重ねると、食器同士が密着しないので、キズがつく心配がありません。しかも、完全に乾くので、収納棚の湿気防止にも。たいせつな食器収納に、ぜひ。

針金ハンガー＋吸盤フックでペーパータオルホルダーに

針金ハンガーは端から約５㎝のところでカット。短いほうを丸め、もう一方の先端を90度に曲げてひっかけられるようにしたら、ペーパータオルをかけます。吸盤フックで冷蔵庫につければ超便利！

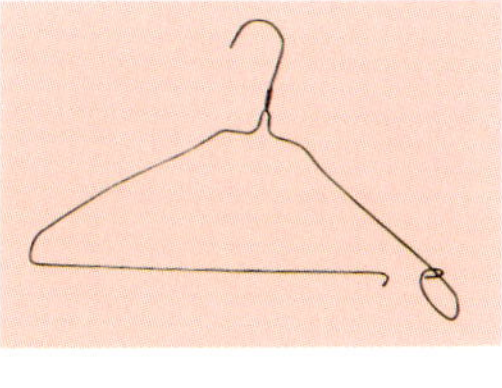

ペットボトルでマグカップを縦置き省スペース収納

円柱タイプの1.5ℓペットボトルを利用した、マグホルダー。注ぎ口の半円部分をカットしたら、持ち手を通す幅４㎝くらいの溝を側面に切り込むのがポイント。切り口をビニールテープでおおえばでき上がりです。

においはこの手でシャットアウト!

プラスチック容器のイヤなにおいが塩の力で消える

殺菌効果のある塩は、防臭にパワーを発揮。プラスチック容器に水と塩を入れてよく振れば、しみついたにおいが消えます。塩は、自然から生まれた洗剤。キッチンの汚れとりにお役立ち。

とぎ汁つけおきで密閉容器の汚れ&においなし

カレーなど香りの強い食品を入れておくと、密閉容器ににおいがしみついて、なかなかとれないことがあります。そんなときは、米のとぎ汁に30分ほどつけおきします。とぎ汁に含まれる米ぬか（フィチン酸）が汚れをとり除き、においも消し去ります。

日本酒の消臭パワーは◎ 口にするものだから安心して使える

密閉容器のにおいには、日本酒も効きます。キッチンペーパーに日本酒をしみ込ませて、蓋をふいたあと、サアーッと水洗いするだけ。洗剤で洗うよりも、においがすっきりとれるから不思議です。口にするものだから、食品を扱う容器の手入れには安心。

ペットボトルキャップを使って、カンタン密閉袋が作れる

キムチや漬け物を買ったとき、においうつりや汁もれを防ぐのが、これ。ペットボトルキャップの密閉効果を利用し、ビニール袋を装着すると、密閉袋になります。買い物に持っていくと重宝します。

1

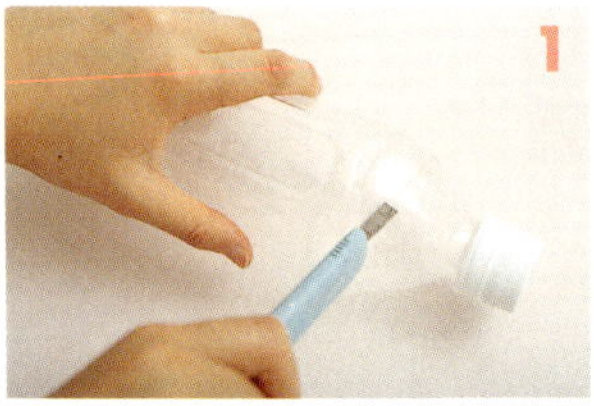

500mℓペットボトルは、ボトルの口から5cmほど下、容器のやわらかい部分をカッターでぐるっと一周切りとる。

2

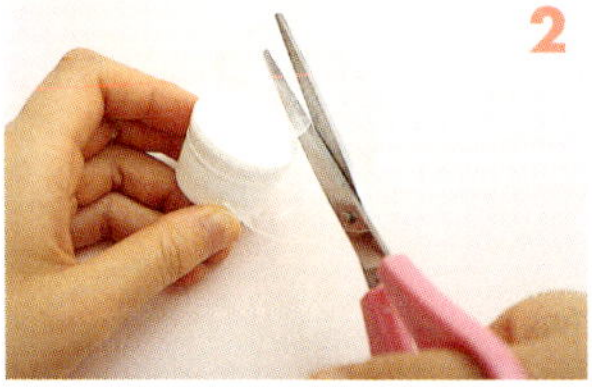

切りとったキャップ側の、透明な容器部分を、キャップのつけ根に沿ってはさみでカットする。

3

ビニール袋に食品を入れ、切りとったキャップの下部に袋の口を5cmほど通したら、口全体をくるりと折り返す。

4

ボトルの口にビニール袋をかぶせた状態のまま蓋をすれば、密閉袋の完成。袋の余分な空気を抜いてから蓋をするとよい。

黒焦げパンが冷蔵庫で活躍する脱臭剤になる

賞味期限が切れたり、焼きすぎて真っ黒になった食パンも、まだ捨てないで！　さらに炭になるほどオーブントースターで焦がせば、冷蔵庫の中に入れて脱臭剤がわりに使えます。炭のように、中まで真っ黒に焦がすのがポイントです。もちろん、パンの耳でもOK！

1 パンは火がよく通るように幅2～3㎝に切り、焼き網に間隔をおいて並べたら約10分焼く。

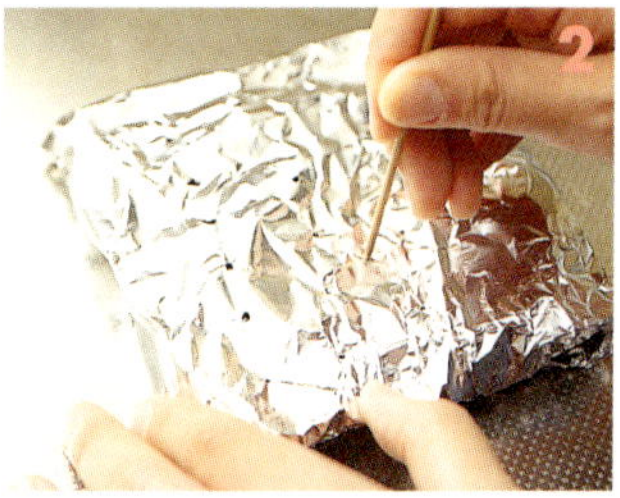

2 冷めたらホイルで包む。空気の通りをよくするため、ようじで表面や裏面に穴をあける。

3 冷蔵庫のあきスペースにスッと入る。よほどひどいにおいでなければ、1日で消臭できる。

レモンの皮をチンするだけでレンジ内のにおい消しができる

しぼったレモンやオレンジなど、かんきつ類の皮を皿にのせ、1分間チン！　香りの成分「リモネン」が蒸気とともに庫内に行き渡り、こもったにおいがとれます。いい香りもキッチンに。レモン汁大さじ1でも代用できます。

冷蔵庫の気になるにおいは、大さじ2杯の重曹がスピーディーに解決

重曹の脱臭効果は、冷蔵庫内の消臭に最適。重曹大さじ2を深さのある皿に入れ、においが気になる食品のそばにおくだけです。「キムチのにおいが30分で消えた！」という声も。水分を吸って固まったら、クレンザーがわりにも使えます。

必勝! カビ&虫よけの極意

わさび水は冷蔵庫をカビから守る魔法の水

わさびの辛み成分「アリルイソチオシアネート」には、抗菌作用があり、カビ防止の効果が。使い切ったわさびチューブをバケツ1杯の水の中ですすいだわさび水は、冷蔵庫はもちろん家じゅうのカビ防止に大活躍です。

冷蔵庫内やパッキンの汚れを洗剤でふきとり、わさび水にひたし、かたくしぼったふきんでふくと、カビが生えにくい。

小鉢に出したわさびで食品+冷蔵庫本体のカビ予防

深めの小鉢にねりわさびを1cm分しぼり出し、蓋をせず冷蔵庫のなるべく上段におきます。わさびの殺菌成分が庫内に広がり、食品+冷蔵庫本体のカビ予防になります。効果は、わさびが乾燥するまで。

米びつにとうがらしを入れるだけでコクゾウ虫が寄りつかなくなる

とうがらしに含まれる「カプサイシン」という辛味成分のにおいには、虫を寄せつけない効果あり。米びつに赤とうがらし（鷹の爪）を入れておくと、コクゾウ虫の発生が防げます。虫がわく前に実行するのがコツ。

砂糖ポットに輪ゴムを巻くだけでアリよけ効果あり

アリは1匹がエサを見つけると仲間を呼ぶ習性があり、集団で甘いものに群がります。でも、アリはゴムのにおいが大嫌い！ 砂糖ポットやハチミツなど甘いものが入った容器に輪ゴムを3〜4本グルリ。たったこれだけで、アリが近寄ってこなくなります。

ゴキブリ退治には ちまたで話題のホウ酸ダンゴ

フェロモンを分泌し、仲間を呼びよせるゴキブリ。1匹見つけたら、すぐ退治することがたいせつです。ホウ酸ダンゴは、買いおきの食材や冷蔵庫裏など、ゴキブリが出そうな場所におくだけ。食べたゴキブリは、消化器官がやられて脱水症状を起こしコロリ。効果はたまねぎの香りがある約1カ月間。

材料はホウ酸250g、玉ねぎ200g、小麦粉70g、砂糖大さじ1、牛乳大さじ½。

玉ねぎはみじん切りに。ボウルに材料をすべて入れて、粘りが出るまで手でこねる。

生地を五百円玉くらいの大きさに丸め、日の当たるところにおき、表面が乾燥したら完成。

油を吸収する電話帳で、なんと！ゴキブリよけができる

ゴキブリ大好物の油は、床や調理台に液だれさせないのがポイント。缶蓋十電話帳を油容器の底に敷いて、液だれを防止します。万一液だれしても、その部分のページだけをちぎって捨てればOK。

粉末からしの香りで ゴキブリを寄せつけない

小さじ½杯分の粉末からしを、お茶パックなどに入れて、ゴキブリの出やすい食器棚においておくだけ。ゴキブリは、からしの香りが嫌い。近寄らなくなります。ゴキブリはごく少量の水分でも生きられるので、食器をしまうときは水分を完全に乾燥させるのも大事。

生ゴミの捨て方ひと工夫①

生ゴミ収集日までの防臭対策は冷凍庫が解決

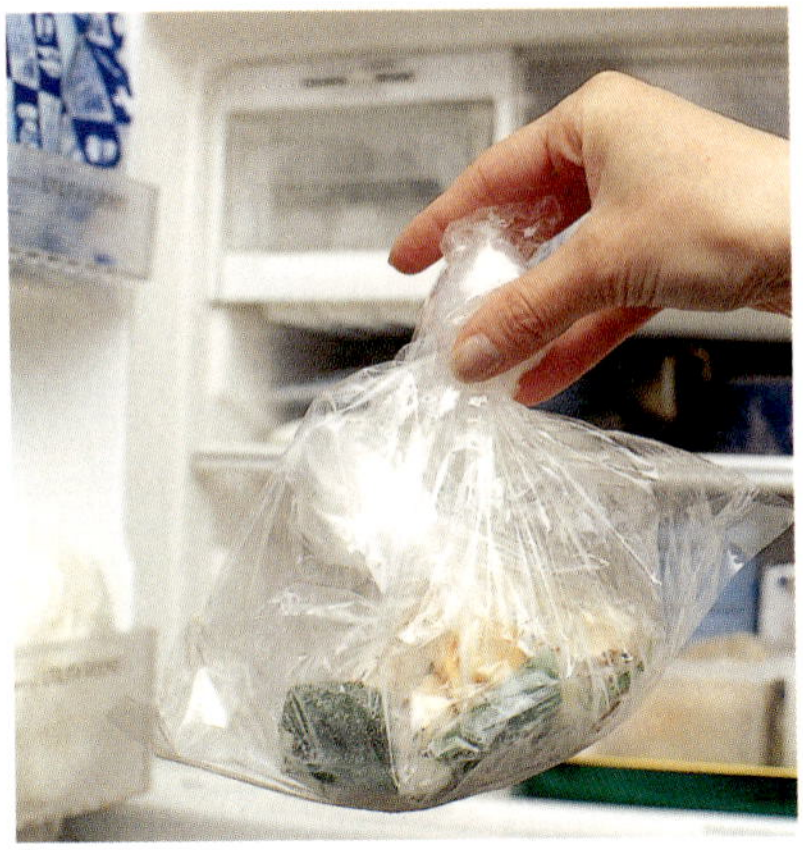

魚の内臓など、においのきつい生ゴミはをゴミ箱に捨てると、悪臭発生の元凶に。そんなゴミは、冷凍するに限ります。二重にしたビニール袋に入れ、口を縛って、生ゴミ収集日まで冷凍庫へ。ゴキブリ予防にもなります。

ごぼうのアク抜き水が生ゴミのにおいを消す

ごぼうのアク抜きに使った水は、三角コーナーの生ゴミにサッとかければ、たちどころににおいが消えます。霧吹きに入れかえて、冷蔵庫で保存しておけば、常備の消臭剤に。

たまった生ゴミは重曹をかけてにおいを予防する

三角コーナーや排水口のゴミ受けにたまった生ゴミに、小さじ1の重曹をかけるだけ。重曹にはにおいを吸着する作用があるので、その上から生ゴミを捨てても、においません。

生ゴミは牛乳パックの四角コーナーで使い捨て

三角コーナーはこまめに手入れしないと、ヌルヌルして気になるもの。でも、牛乳パックの四角コーナーなら、使い捨てだから手入れの手間いらず。底の４つの角をはさみで切り落とせば、水きり効果もバッチリです。

古パンストで作った水きりネットでシンクはいつも清潔

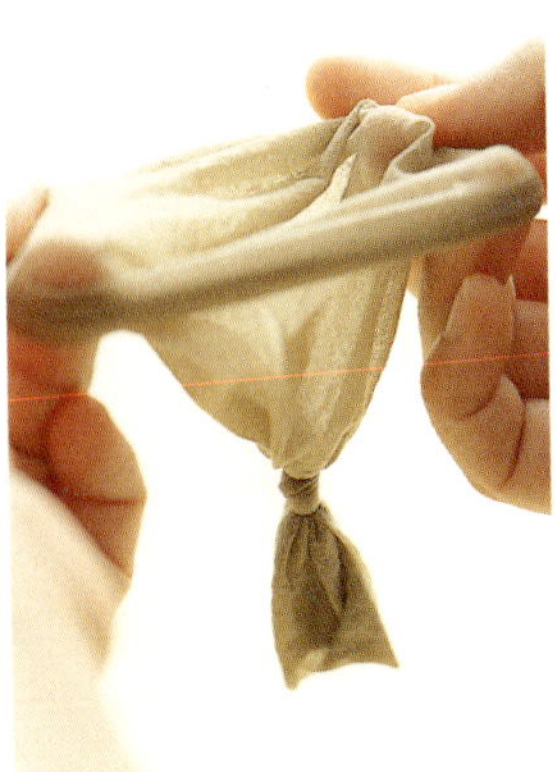

伝線などで着用しなくなったパンストは、足の部分を3等分に切り、つま先以外は片側を結んで袋状にすれば水きりネットに。1足で6枚分のネットができ、こまめにとりかえれば、いつもシンクは清潔です。

揚げ物あとは油を吸収する小麦粉を使えば片づけも簡単！

あと処理がやっかいな揚げ油。少量なら衣つけで余った小麦粉を火を止めたなべに振り入れ、牛乳パックのへらなどでまんべんなくまぜると、油を吸収してそぼろ状に。あとは、古新聞などで包んで生ゴミとして捨てます。

牛乳パックの油処理パックなら安心ゴミ出し

何度も使って汚れてきた油の処理は、牛乳パックがおすすめ。パックの四辺を15cmほど切り開いて、古新聞やティッシュなどを詰め、そこに油を流し込んだら、ガムテープで蓋をすればもれる心配なし。安心して捨てられます。

乾燥剤をゴミ箱の底に敷いて ゴミの強烈なにおいにサヨナラ

ゴミ箱の底に乾燥剤（水けのあるゴミ箱は必ずシリカゲルで）を2~3個敷き、その上にビニール袋をかぶせてゴミを捨てます。乾燥剤がゴミの湿気やにおいを吸いとるので快適。シリカゲルは粒の色が変色したら、効果がなくなった目安（メーカーによって異なる）。

炭が生ゴミ箱のにおいを消す

炭には消臭効果や防湿効果などがあり、生ゴミ箱のにおい消しにはピッタリ。炭をオクラなど野菜のネットに入れ、ゴミ箱の蓋にセットしておけば、イヤなにおいが発生しません。

炭を入れたネットを蓋の内側につけたフックにひっかけ、あき缶のプルリングで固定する。

kitchen

快適! クリーン台所

生ゴミの捨て方 ひと工夫②

古新聞紙の「便利袋」で生ゴミ処理が簡単

水けのあるゴミや、野菜の皮をまとめるとき、重宝するのが古新聞紙で作った「便利袋」。作りおきして、キッチンに常備しておけば、生ゴミの片づけが簡単になり、掃除の時間も短縮できます。あらかじめ三角コーナーにセットしておいたり、ポリ袋などにまとめた生ゴミを包んだり、使い方はいろいろ。

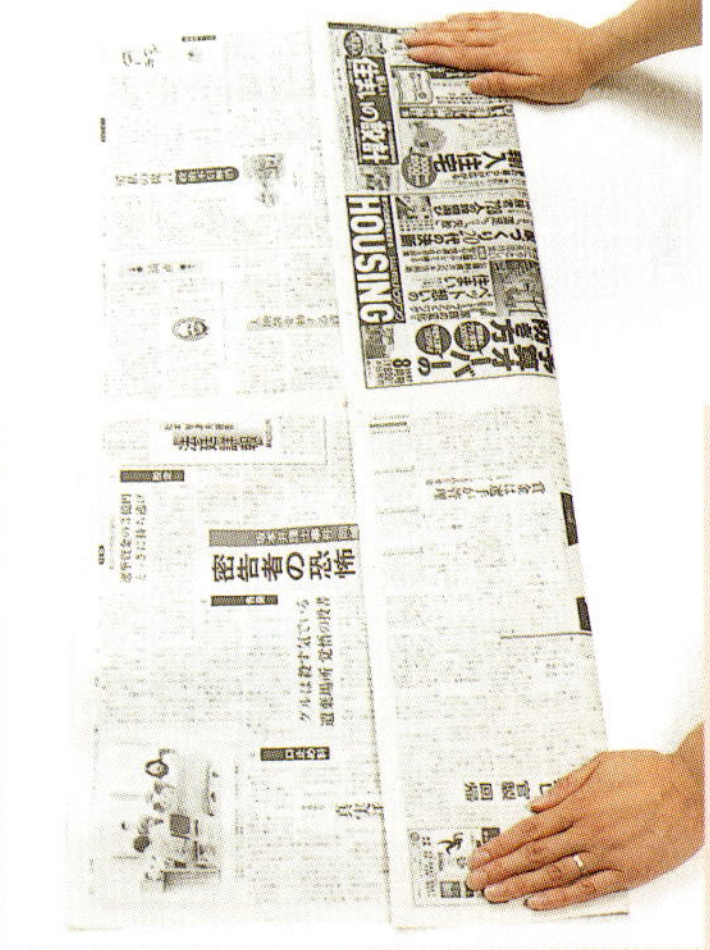

1 見開きに広げた新聞紙を2枚重ねたら、下から4分の1くらいのところで上に折り返す。

2 ①をそのまま裏返しにして、縦に3等分の折り目をつけたら、左右を内側に折り込む。

3 上になったほうの下の角を、もう一方の折り重なった部分にはさみ込む。

4 再び③を裏返し、上下をひっくり返して、下を三角に折る。

5 ④で作った三角の部分を上に折って、先を上の二重になっている部分に差し込む。

6 キャベツがまるごと入るサイズの袋が完成。これをいくつも作ってストックしておく。

PART 4

同じ家が広く、きれいに見違える快適ワザ

収納

狭いから、とあきらめてはいけません。
床にスペースがないなら、すき間や壁面を活用する。
横に積み重ねていたものは、縦に並べてみる……
発想の転換と工夫しだいで、モノのストレスから解放されて
家の中がすっきりと、気持ちよく変わります。

storage

二度と散らからない!

リビングの片づけ収納アイディア

DMのチョイ置きピンナップボード

DMや請求書など、しまいこむほどではないけれど、捨てられないものの〝チョイ置き〟収納に便利なのが、これ。コルクボードに5本のヘアゴムをピンで張ったピンナップボードです。ヘアゴムにはさむだけで落ちません。どこにでも立てかけられて、便利。

テーブル裏のタオルハンガーがマガジンラックに

デッドスペースになりがちなテーブル下も、収納スペースとして活用できます。テーブル裏にタオルハンガーを2本つけるだけで、新聞や雑誌の専用スペースに早変わり。ハンガーは、粘着テープではるだけの簡単なタイプで十分です。

ビデオケース2つでキッチンの扉裏に古新聞ストック

半分にカットしたビデオケースを、両面テープでシンク下などキッチンの扉裏に固定。中に古新聞を入れれば、キッチンが汚れたときに、サッととり出してふけます。内側ならじゃまにならず、ふだんはまったく目につきません。

ペットボトルを重しにinした牛乳パックのブックエンド

手近におきたい家計簿や雑誌、本などのブックエンドは牛乳パックで作れます。ポイントは牛乳パックの中に隠した500㎖ペットボトルの重し。牛乳パックを2本ずつはり合わせ、好みの布を両面テープではればサイズフリー収納が実現します。

書類スタンド2個使いで、シンプルなマガジンラックに

100均の書類スタンドは使いみちが豊富! 同じものを2つ交互にかませてリビングにおけば、サイズ自在のマガジンラックになります。メッシュ状のものが、はめやすくて便利。

置き場に困りがちなフロアワイパーの専用収納箱

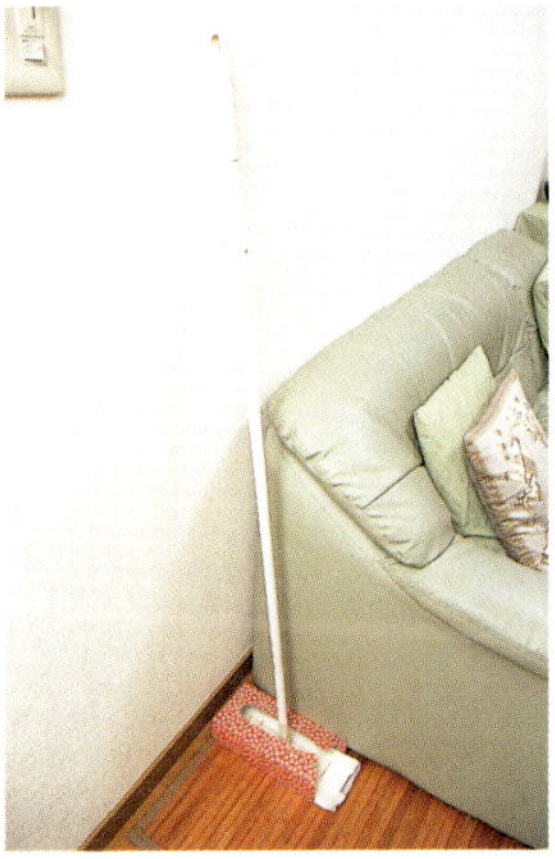

立てかけておく場所に困るフロアワイパーは、ティッシュ箱の横の部分をカットし、好みの布をはった専用収納箱がおすすめ。ティッシュ箱とワイパーの横幅はピッタリなので、掃除のあとはサッと収納箱に入れられ、ゴミも視界に入りません。

カラボをレンガで連結すれば、すき間収納力アップ

格安カラボは、横にして2つ重ねるだけじゃ物足りない！　脚の部分と連結部分にレンガをはさめば、すき間収納スペースが生まれます。ここに雑誌を差し込んだり、かごを入れてこまかいものをしまったり。レンガを使うだけで、収納スペースが20％は広がります。

トイレットペーパーの芯で長いコードをひとまとめに

たまにしか使わない家電のコードをまとめるには、トイレットペーパーの芯が最適。長さ、やわらかさ、太さのすべてがピッタリです。芯の回りに好みの布をはってもよいでしょう。

100円ショップにある布テープは、裏に接着剤がついているので、布はりが簡単。

パン袋クリップでプラグの区別が一目瞭然！

テレビ、ビデオ、コンポにテレビゲームと、ごちゃごちゃ錯綜する電気コード。パン袋のクリップに家電の名前を書き、パン袋のクリップにめばスッキリ整理できます。コードにはさめばプラグを抜きさしできるから、まめにプラグを抜きさしできるから、電気代の節約にもつながります。

フィルムケースの電気プラグ収納で待機電力カット

使わない家電はプラグを抜いて、待機電力を節約したいけれど、何のプラグかわからなくなることも。名前を書いたフィルムケースを壁にはって、抜いたときにすぐ入れておけば、一目で何のプラグかわかります。

値段も手ごろなカラーボックス。これでプチリフォームすれば、家じゅうの収納力がグーンとアップすることまちがいなし。組み立て簡単なカラボなら、初心者でもラクにプチ家具作りができます。

知 得 ト ピ ッ ク ス

カラボはスゴい!

キャスターつきカラボのコロコロ引き出しで押入れが整然！

カラボに取っ手とキャスターをつけます。このひと手間で、カラボがスッと引き出せて、ますます便利に。コロコロ引き出しを押入れ収納に使えば、一気に整然として使いやすくなります。作業はカラボの組み立てと同じで、ネジで止めていくだけなので簡単です。

コロコロ引き出しの奥には、本棚がズラリと並んでいた！　コロコロ引き出しならすぐに押入れから引っぱりだせるので、奥にある本がデッドストックにならずにすむ。

コロコロ引き出しの上の段は、大きなものやバッグなどを。下の段はホコリが侵入しやすいので、ピッタリサイズの箱を用意し、引き出し風に。これならこまかいものでも収納できる。

引き出しの向きがバラバラだと、引き出しの中をのぞくのが不便になってしまう。向きは統一したいので、取っ手つけの位置をまちがえないよう注意が必要。

カラボ２つと天板を組み合わせて子ども机ができた！

カラボ２つを説明書どおり組み立てたら、あとは板１枚をくぎで打ちつけるだけと、とっても簡単な子ども机。これなら、手作り収納の初心者でも、１脚30分で作れます！

1 カラボ２つをふつうに組み立てる。ここはデスクの収納スペースになる予定。

2 用意する工具は、金づち、クギ、ペンチ、ドライバー、メジャーとノコギリ。ネジはいろいろなサイズがセットになったものがベター。

3 板(30×140㎝)をカラボ２つにのせる。背中側にはみ出させ、壁とカラボの間はカビにくく。

4 板の上から、カラボの四隅になる８カ所にクギを打って固定。クギは板をつらぬくように、５㎝以上のものを使用。

1 カラボの横板に、取っ手をつける位置を決めて、印をつける。取っ手を実際に当ててみて、ネジの位置を丸く囲んでおくとわかりやすい。

2 高さは上段から6㎝のあたりがベスト。ネジを入れる印の場所に、まずはクギを打ち抜いて、軽く穴をあけておく。

3 クギを打ってあけた細い穴を、さらにドライバーを使って広げる。これで、クギより太いネジが入りやすいようになる。

4 板の裏からネジを巻いていき、ネジが表に出たら取っ手をつけてみる。さらにネジを巻き、しっかりと固定させる。

5 助っ人がいるなら、ぜひ手伝ってもらって。特に初心者の場合は、押さえてもらいながら組み立てられると安心。

6 助っ人がいない場合は、最初はまん中の棚からつけ、まん中の棚をひざで支えつつ、ほかの棚をとりつけていく。

7 取っ手をつけないほうの側面の板に、まん中の棚、上下の板の順番でとりつけ、背後を入れたら最後に取っ手つきの板をつける。

8 仕上げに、底面にキャスターをつける。安定をよくするため、できるだけ外側につけるのがポイント。

storage

二度と散らからない！

衣類＆小物のピッタンコ収納

パジャマは丸めて、かごの中で縦収納が選びやすい！

パジャマやTシャツなど出し入れが頻繁な日用衣類は、くるくる丸めて、かごで縦収納するのが便利。これならひと目で選びやすいので、上のほうにあるものばかり着ている、なんてことはありません。深さのあるかごに入れておくのがベター。

引き出し高さの下敷きで洗濯物ピッタンコ折りたたみ収納

引き出しの収納量をふやすには、衣類を立ててしまうこと。それには、洗濯物を引き出しの高さピッタリサイズにたたむことです。厚紙を引き出しの高さ×左右20㎝程度にカットし、ひっかけ穴をあけた下敷きがあれば、いつも同サイズに洗濯物がたためます。

シャツを背中側を上にして、床に広げる。特製下敷きを背中の上の部分に置く。

下敷きの左辺に合わせて、シャツの左側を右に折り返す。同様に右側を左に折り返す。

下側を下辺に合わせて二つ折りし、下敷きを抜く。下段をもう一度折り返してでき上がり。

セーターやトレーナーは、丸めてゴム止めで引き出しに

かさばるセーターやトレーナーをタンスや収納ボックスにしまうときは、丸めて筒状にして収納するのが正解。衣類の２カ所を輪ゴムで止めておけば、中で広がるのが防げ、量もたっぷり入ります。

折り目知らず！ラップ芯のズボンかけ

針金ハンガーの下を端から約15㎝のところを１カ所、ペンチで切り、ラップの芯を通します。丸みのあるラップ芯のおかげで、よけいな折り目がつきません。さらに芯に輪ゴムを巻けば、ズリ落ち防止に効果あり。

ふきんハンガーがネクタイかけに

クローゼットの壁にふきんハンガーをとりつけて、ネクタイかけにすると便利。アームが複数本あるので、たくさんあるネクタイを重ねてかけずにすみ、さがしやすい！　アームの先にストッパーがついているので、スルリと落ちることもありません。

毛布は古シャツにくるんで押入れコンパクト収納

オフシーズンや来客用の毛布の押入れ収納は、たたんでクルクルと巻いたら、ボタンをはめた古Yシャツをかぶせます。両腕部分を結べば毛布カバーに。コンパクトになるうえ、ほこりよけにもなります。

ティッシュ箱をMD入れに。42枚収納できる

小さくて場所をとらないかわりに、散らかりやすいMD。あきのティッシュ箱にMDを入れると、42枚もすっきり収納できます。ティッシュ箱の回りに好みの布をはれば、出しっぱなし収納もOK。

幅ぴったり！ポケットティッシュは17個も入る

ティッシュ箱の縦幅とポケットティッシュの横幅はぴったり！　街でもらっているうちに、たまってしまったポケットティッシュも、こうやってストックしておけばスッキリします。

連結したたばこのあき箱で、デジタルビデオテープ入れ

ボックスタイプのたばこのあき箱はデジタルビデオテープのサイズにピッタリ。あき箱をいくつか両面テープでくっつければ、1本ずつ仕切りつきのテープ収納ケースができます。

文庫本の押入れ収納はスニーカー箱で

文庫本を押入れなどに収納するなら、蓋がついているスニーカーの箱がおすすめ。丈夫なので、重ねても平気です。本の厚さにもよりますが、スニーカーのあき箱1つに文庫本が約20冊入ります。

洗剤箱がCDボックス。取っ手つきなら持ち運びもラクラク

しっかりとした作りの洗剤のあき箱。CDを入れると、大きさがぴったりで8枚も収納できます。取っ手がついているものを選べば、まとめて持ち運びができて便利。車にもラクにのせられます。

栄養ドリンク剤の箱はハガキの整理収納にピッタリ

栄養ドリンク剤のあき箱にハガキを入れてみれば、なんと700枚も入ります！　いただいた年賀状や暑中見舞いも数年分保管でき、年代順に並べて保管しておけば、さがすのもラクです。

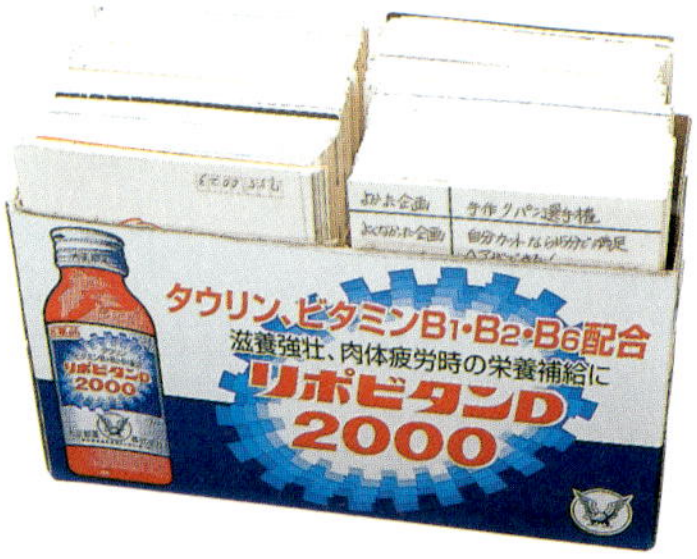

ビール箱を縦切りにして文庫本棚に

丈夫な缶ビールの段ボールは、重い本を入れてもだいじょうぶ。350㎖缶の高さと、文庫本の背の高さはほぼ同じなので、ビール箱を縦にカットすれば、文庫本ボックスになります。

斜め切りにすればマガジンラックにもなるビール箱

350㎖の缶ビール箱を斜めに切り分ければ、マガジンラックとしても使えます。しっかりした箱なので、安定性もバッチリ。1つの箱で2つできるから、かなりの量を収納できます。

storage
二度と散らからない!

キッチンの片づけ収納アイディア

すのこ2枚を抱き合わせた、ミニラック

こまごま物が多いキッチン収納は、壁面を生かすのがポイント。すのこ2枚のゲタどうしを木工用ボンドでつけ、片側にS字のヒートンをつけたミニラックなら、計量スプーンや泡立て器などのひっかけ収納ができます。すのこの間はふきんやラップなどの収納に。

100均書類ケースでシンク下の調理道具をコンパクト縦収納

積み重ね収納しがちなフライパンやなべ蓋は、プラスチックの書類ケースを使って縦収納します。出し入れがスムーズになるだけでなく、狭いシンク下が有効に使えます。汚れたらまる洗い。100円ショップの定番グッズです。

書類ケースとヘアゴムで手作りラップホルダー

シンク下の扉裏にフックをつけて、100均の書類ケースを設置。ヘアゴムを上下に2本渡せば、ラップやアルミホイル収納にピッタリです。立ったままでも出し入れ簡単。

ミニタオルハンガーでクロスのすき間ストッカー

冷蔵庫や食器棚の側面など、ちょっとしたすき間こそ、収納スペースとして活用したい。すき間には、ミニタオルハンガー2本を縦に接着し、間にキッチンクロスを渡して、クロスストッカーにします。1枚ずつ軽く巻いて重ねて入れると、調理中でもサッととれて便利です。

透明ビデオケースは扉裏にはってこまごま物入れ

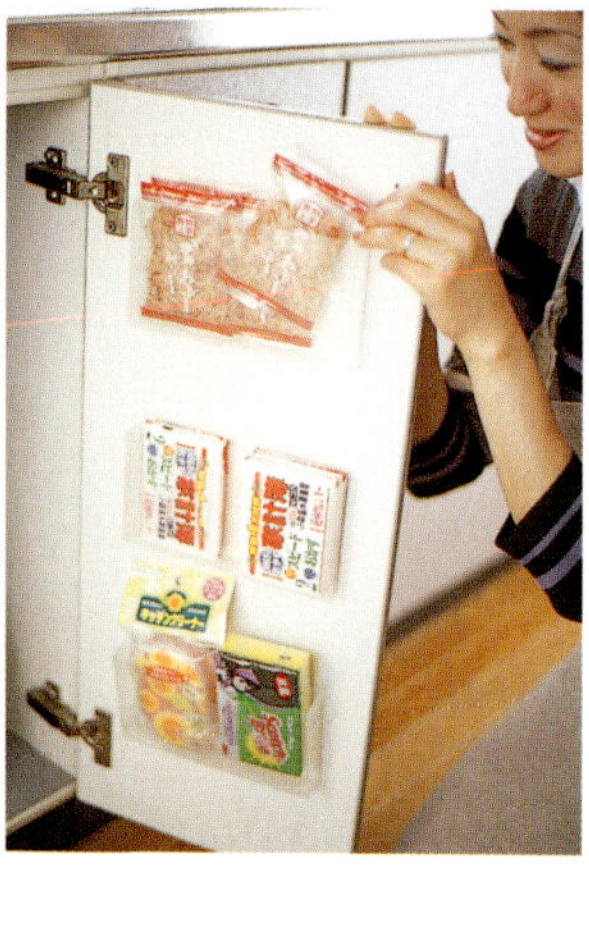

シンク下の扉裏など目につかないところに、ビデオケースを両面テープで接着。削り節パックやスポンジのストックなど、こまごま物を保管します。中身がわかる透明ケースが◎。

シャンプーラックで調味料&調理道具入れに

ステンレス製が多いバス用品は、キッチンでの使いがってでも◯。シャンプーラックは、調理台奥の狭いスペースにもおけて、調味料の〝見せる収納〟にピッタリです。

缶詰め収納は輪ゴムかけで転がらない

横にすると転がってしまう、丸い缶詰め。そんな缶詰めの中央に輪ゴムを1本かけておくだけで、横にしても滑らないようになります。ラベルが側面に巻いてある缶詰は、横に収納したほうが在庫確認しやすいもの。とり出すときは、輪ゴムをグイッと引っぱれば持ち上がります。

トレイはマグネットシートで冷蔵庫にペタッと収納

出し入れ頻繁なわりに、収納場所に悩むトレイ。トレイの大きさにあわせてカットしたマグネットシートを裏に両面テープではれば、冷蔵庫にペタッと収納が実現。マグネットシートは100円ショップやホームセンターで。

吸盤フックで冷蔵庫に！焼き網レシピホルダー

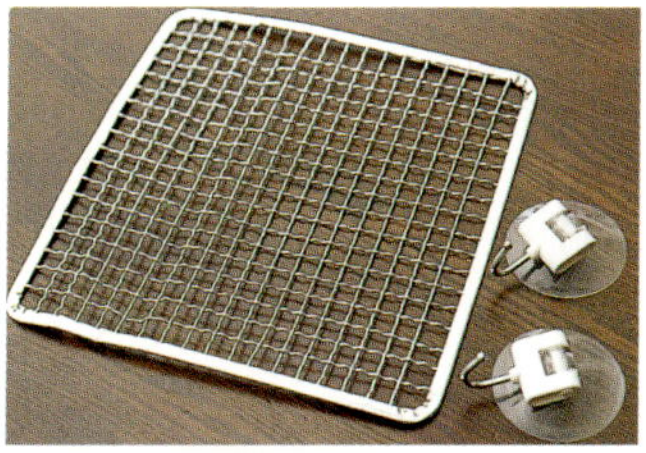

用意するものは、アルミ製の焼き網（23㎝四方）と、耐荷重量1・5㎏のフックつき吸盤2個。

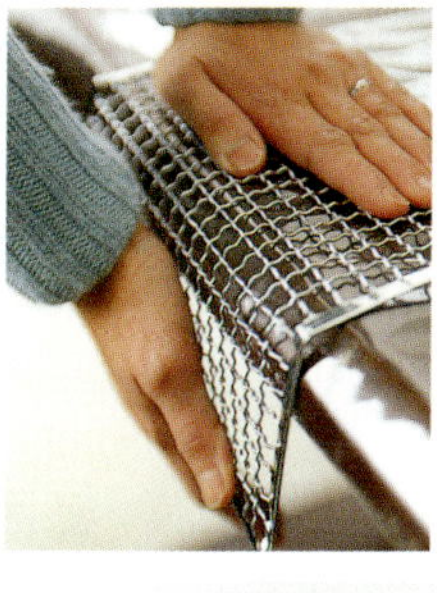

網の端から8㎝の部分を机の角に当て、90度折り曲げたら、本を受ける2㎝分を作るように折り返す。

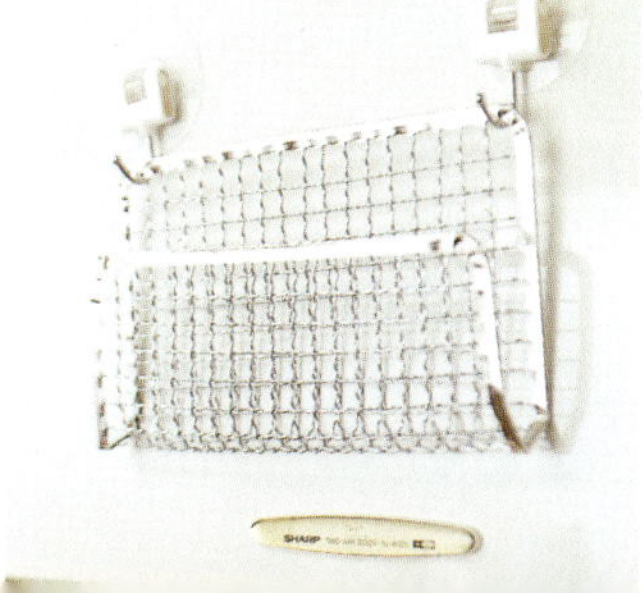

フックつき吸盤2個を冷蔵庫につけ、焼き網をつるすだけで、レシピホルダー完成。

ポイントは、焼き網をググッと折り返すこと。この折り返した間にレシピ本をはさめば、パタンととじることがありません。吸盤フックで冷蔵庫の目線の高さにとりつければ、調理の手を止めずにレシピが読めて便利！

storage

二度と散らからない！

キッチン、玄関、浴室、トイレの片づけ収納アイディア

粉ミルク缶が密閉＆分類収納にお役立ち

粉ミルク缶は蓋があって密閉性もバッチリ。立てても、横にしても、積み重ねてもよいスグレ収納グッズです。調味料やお茶などを入れて鮮度をキープ。サッと出したいものは蓋なしで。ラベルや包装紙をはればさらに使いやすく。

包装紙をじょうずにはる方法。ミルク缶の口から底へ、4カ所に両面テープをはっておく。

缶の側面に合わせて包装紙を切る。短いほうの両端にも両面テープをつける。

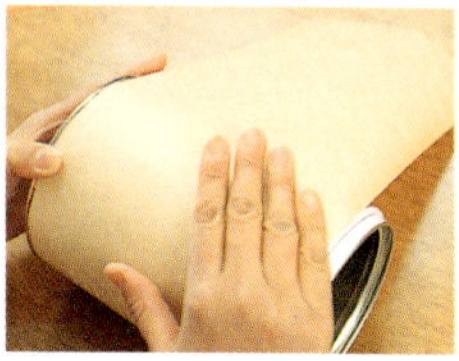

缶の周囲にグルリと巻く。できるだけきつめにピタッとはるのがポイント。

シンク上の棚は取っ手つき箱収納で奥行き活用

手が届かないから、奥の奥まで使い切れないシンク上などの高所スペース。棚などの高さに合わせたあき箱に、荷造りひもなどで取っ手をつければ、引き出し式で使いやすくなります。

スーパーの袋のつなげ方。持ち手を腕に通し、つなぐほうの袋の持ち手を片方持つ。

そのまま腕を引き抜くと、こんな感じにつながった！ これなら結び目もできない。

底をカットしたペットボトルへ。最後につなげた袋の持ち手を下に向け、口から出しておく。

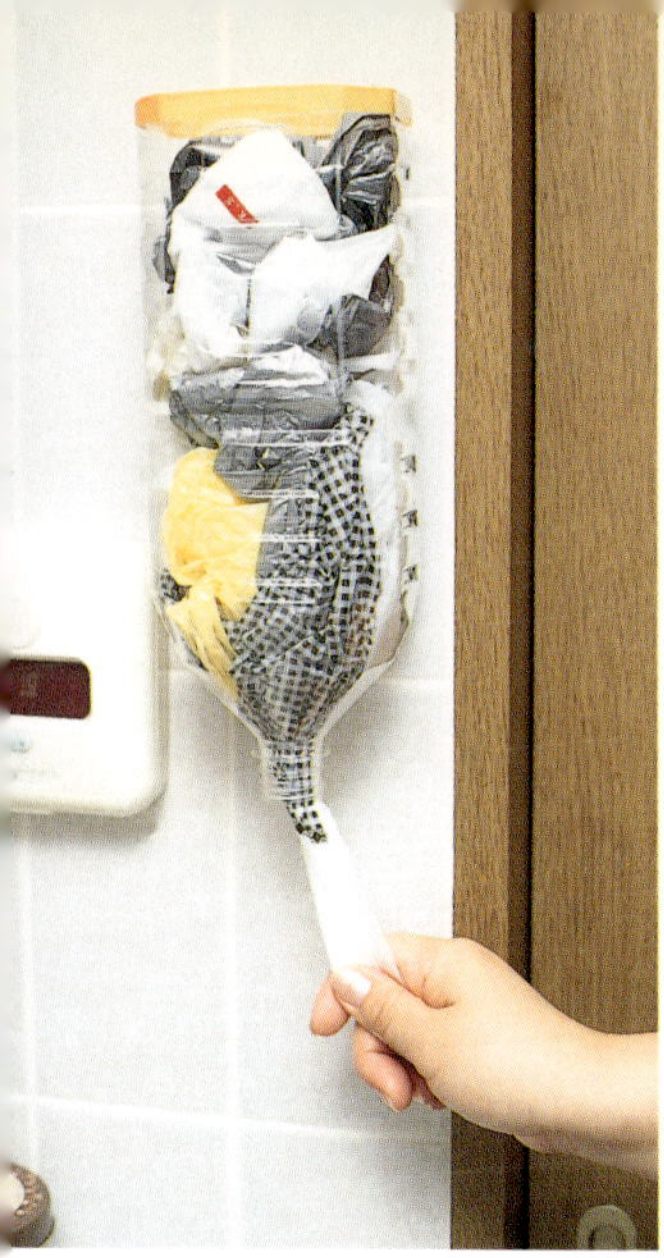

1枚ずつスルッととれるペットボトルのレジ袋ホルダー

ストックしているスーパーのレジ袋を、1枚ずつラクに引き出すワザがこれ。レジ袋を連結して、底の部分をカットした2ℓペットボトルに入れるだけです。口から1枚引き出せば、次の袋の先が出てくる、出てくる！

突っ張り棒2本のスペース2倍活用ワザ

すき間などの空間に、突っ張り棒を2本渡して仕切りをつくれば、収納スペースが2倍に使えます。箱をのせれば引き出し収納になり、小物をしまえるのも○。収納するものに合わせて位置が決められるのも便利です。

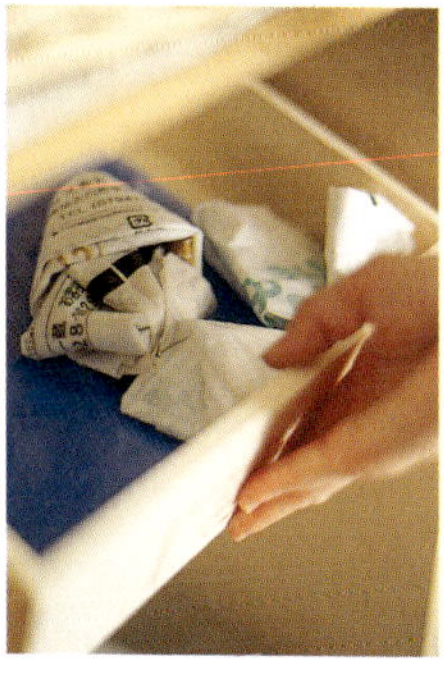

トイレタンク上は突っ張り棚でトイペ収納に限る

トイレのタンク上は、収納に使いにくいスペース。だからこそ、突っ張り棚を使ったトイレットペーパー収納にぴったりです。モノは使う場所のそばに収納、が鉄則。突っ張り棒とカーテンで目隠しすれば、来客時も問題ナシです。

洗面器やホースかけなど水回りグッズの水きりハンガー

針金ハンガーを手でググッと曲げれば、水きりハンガーに！　ハンガーの下部分を下方向に引っぱって伸ばし、伸ばした部分を中心付近で45度くらい上に折り曲げるだけ。洗面器フック、ホースフックなどとして大活躍です。

サビない針金ハンガーが水回りにぴったり。物干しにかければそのまま天日乾燥できる。

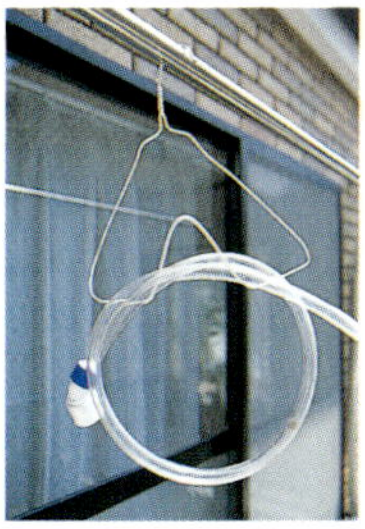

ふろで使うおもちゃは洗濯ネットに入れて、水きり収納

子どもがふろで遊ぶおもちゃは、大きめの洗濯ネットにひとまとめにすると、すっきり片づきます。吸盤フックでつるしておけば、ネットの間から自然と水きりができるので、衛生的です。

子どもの靴はネットハンガーでひっかけ収納

小さくて軽い子ども靴は、100均のネットハンガーにS字フックをつけ、ひっかけ収納が便利。かかとをフックにひっかけるだけの簡単収納です。壁に立てかけたネットハンガーで、玄関の省スペースも実現。

古パンストのオールマイティー靴カバー

シーズンオフの靴を保管するとき、古パンストをかぶせれば、こまかい網目のおかげでほこりを防ぐうえ、通気性も抜群。靴の高さにカットすれば、子ども靴からブーツまでなんでもカバーできます。箱なしでこのままくつ箱に。

すのこ2枚合わせワザで、壁面傘立て

玄関先でじゃまになりがちな傘の収納。壁にぴったりくっつけた「すのこ傘立て」なら省スペースになります。すのこ2枚を合わせ、ゲタを木工用ボンドで接着するだけ。すき間に傘をスポッと立てれば、たくさん入るし、通気性もバツグンです。

storage

二度と散らからない!

まとめる、集めるはこれがピッタンコ

レジ袋を縦に裂いてビニールひも

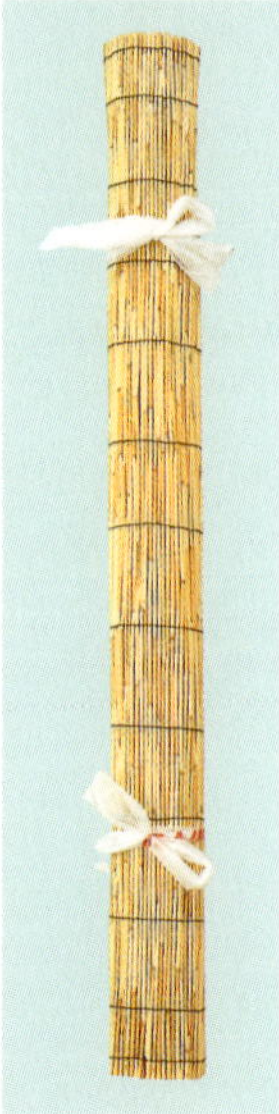

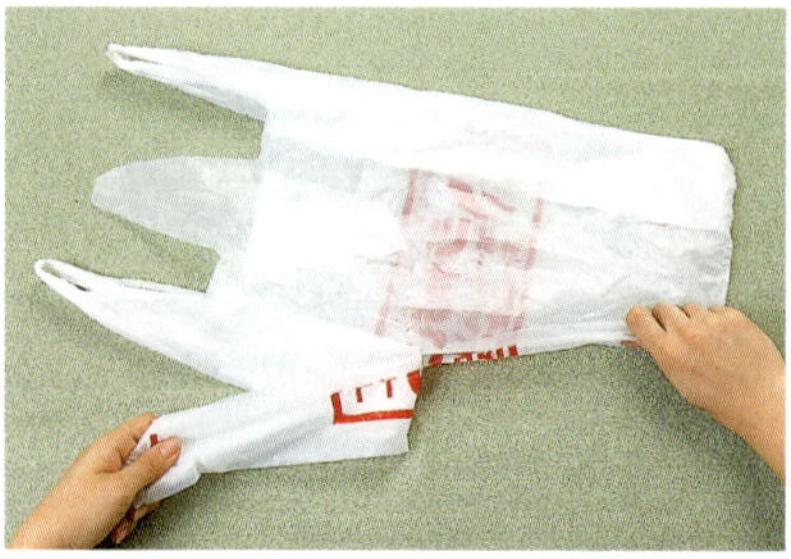

袋は何かを入れるためのもの、という常識を打ち破るこのワザ。レジ袋は切れ目を入れると縦方向にスーッと裂けるので、ひもがわりに。手でよって結べば、長くもなります。

使用ずみの除湿剤はペン立て&除草剤に使えるスグレもの!

市販の除湿剤は、たまった水を雑草にかけると除草剤がわりに。あいた容器はよく洗ってペン立てに。蓋の網目にさせば倒れにくいので、歯ブラシ立てにもなります。

パン袋クリップのヘアゴムホルダーでバラつき防止

ごちゃつく子どものヘアゴムは、パン袋のクリップでペアごとにまとめると、使いたいときにすぐ選べます。バラついたり、ほかのものとからんだり、「片方だけ見つからない!」なんてことも防げます。

伝線した古パンストは新聞紙を縛るひもに

パンストのウエストのゴム部分を切りとれば、ひもとして使えます。新聞紙などを縛るときにピッタリ。伸縮性があるので、女性でもしっかり縛れます。両足部分をより合わせてねじれば、より丈夫なひもに。

子ども用のストローは箸箱に入れると持ち運びがラク

コップをじょうずに使えない子どもと外出するときは、ストローが必需品。ストローは箸箱に入れて持ち歩くと、サイズがピッタンコなうえ、折れたり汚れたりせずに必要なとき、すぐにとり出して使えて助かります。

ポイントカードはポケットアルバムにまとめれば一目瞭然!

ふえて管理しきれないポイントカード類は、写真店でもらうポケットアルバムを上下半分に切れば、カードホルダーにサイズがピッタンコ。1枚1枚収納でき、出かけるときは1冊持って行けばいいだけです。

PART 5

手の届かないあんなところも、ベタドロ汚れも

掃除

家事のなかでも〝なるべく時間と手間を
かけたくない〟〝やらずにすませたい〟という声の多い掃除。
汚れる前の汚れ対策から、汚れをじょうずにとる
アイディア、洗剤いらずの知恵、道具の工夫まで
これぞ主婦アイディアの裏ワザが目白押しです。

古パンストをかぶせた針金ハンガーの静電気ほこりとり

針金ハンガーを縦に細長く引っぱって、パンストをかぶせた静電気ほこりとり。中央を直角に曲げれば、高くて手が届かない場所だって簡単！　ほこりは、ストッキングでなでるときにおこる静電気で吸着されやすいので舞い散りません。

カーテンレールのほこりにも簡単に届く！

エアコンの上の奥のほうまで、しっかりほこり掃除。

テレビ台の下のすき間だってラクラク入る。

排水口もピカピカ！ 古歯ブラシで作る4連万能ブラシ

古歯ブラシ4本を、5㎜ほど間隔をあけて粘着テープで止めるだけの4連万能ブラシ。洗う場所に合わせて自在に握りかえられます。ぴったり並べて止めてしまうと、丸めて握れなくなってしまうので、要注意。

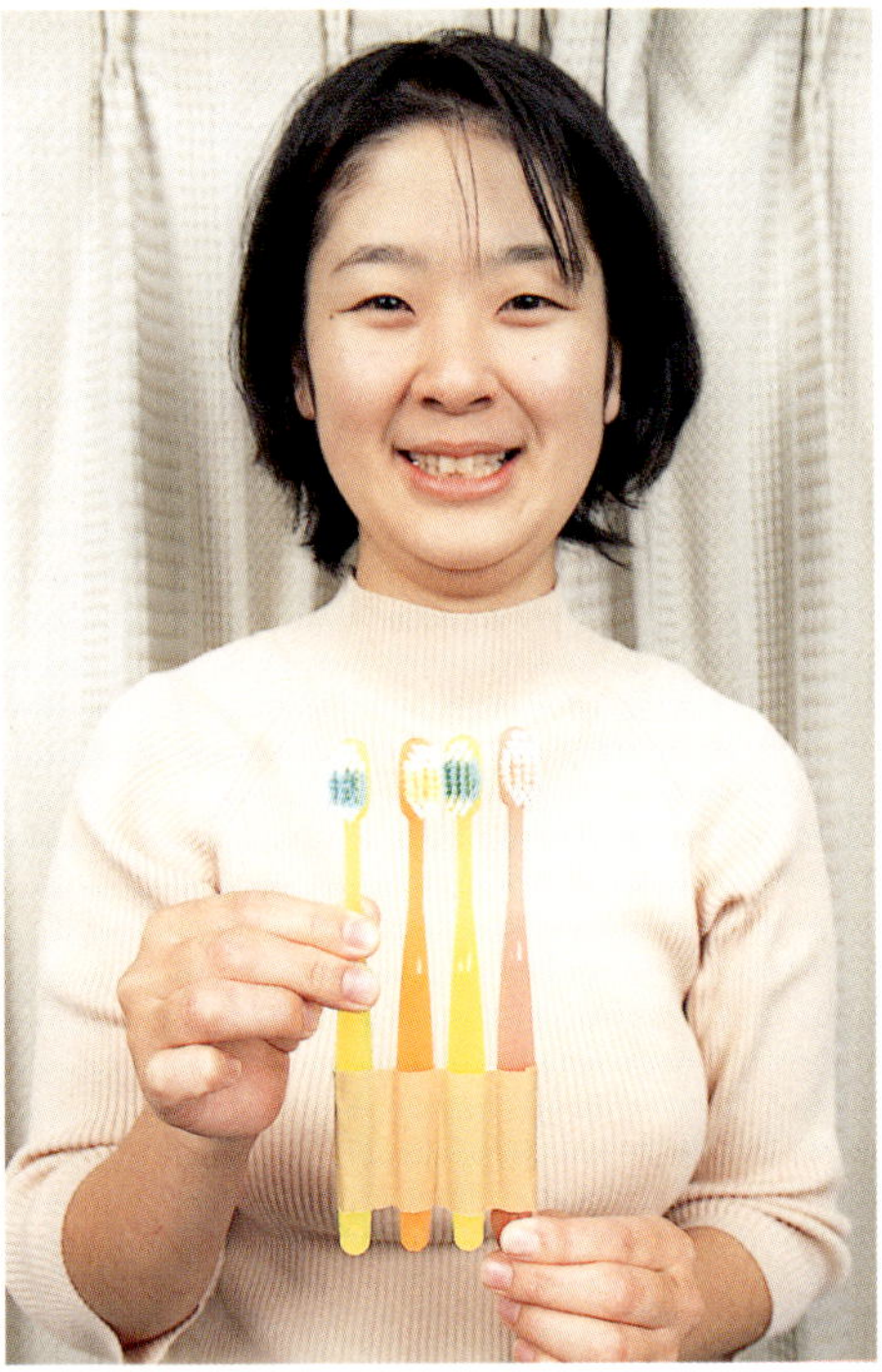

洗面所の小さな排水口なら、4連万能ブラシを使えばグルッと360度同時に洗える！

シンクの排水口のような大きなカーブ面だって、いっぺんに。汚れたら捨てればいいのでとってもお手軽。

ラップの芯＋輪ゴムのカーペットクリーナー

ラップ芯に輪ゴムを7～8カ所に分けて、きつめに巻きつけ、カーペットの上をコロコロ転がせば、掃除機ではとりきれなかったゴミが輪ゴムにたくさんからまります。輪ゴムのゴミは、水につけるとサッと落ちるからラク。

古靴下の重ねワザで、家じゅうのふき掃除が簡単に

靴下に穴があいても捨てないで。古靴下を何枚か手に重ねて、ふき掃除を。汚れたら1枚ずつはずせばOK。窓ふきに、キッチンや洗面台などの水回りの水ぶきに、フローリング、畳、棚のからぶきにと、家じゅうで使えます。

2枚目も汚れたら3枚目で、と1枚ずつはずしていく。

3枚重ねにして、ふき掃除。汚れたら1枚目をはずして。

切れ目入り古スポンジでサッシの溝の汚れもスッキリ

窓のサッシの掃除には、古いふろ用スポンジがピッタリ。サッシの溝の深さに合わせ、スポンジにカッターで切れ目を入れます。溝にぴったりフィットするので、掃除機やふき掃除ではとりきれない汚れやほこりまでスッキリ！

炊飯器のフチ汚れは割り箸布で落とす

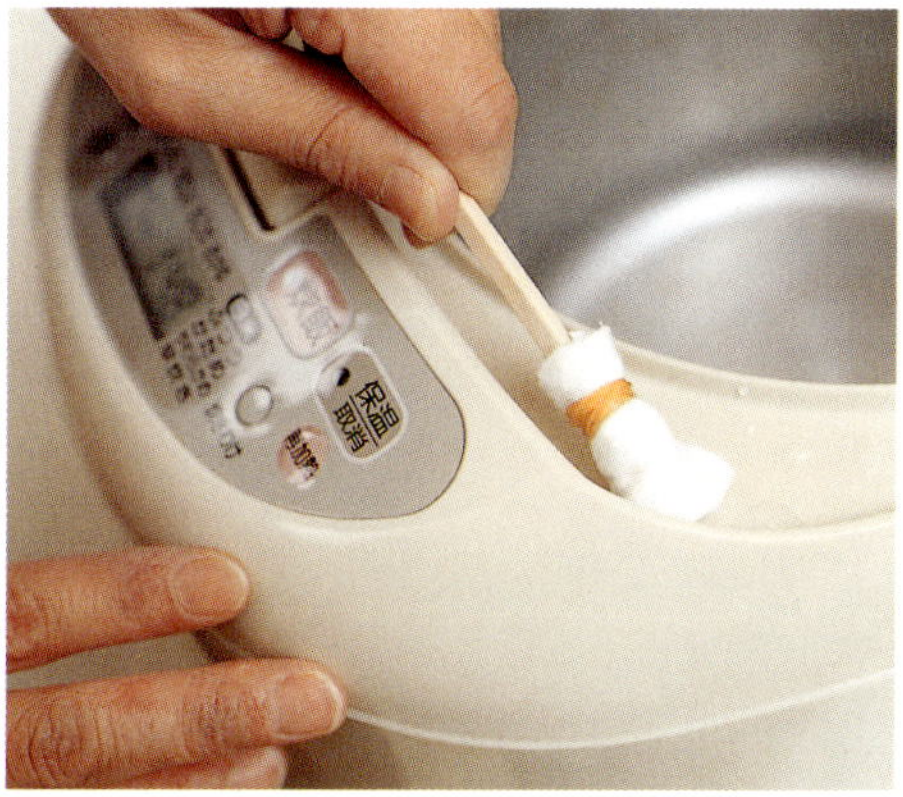

炊飯器のフチなど家電製品のすき間は、幅が狭くて掃除がめんどう。半分の長さに折った割り箸を、二つ折りにした布と布の間に上まで入れて、端から巻きつけて輪ゴムで止めた「割り箸布」なら、かき出し＆ふきとりのW作業が一度ですみます。

cleaning

ラク早キレイが実現！

びっくり掃除機かけの工夫

パンストかけノズルでゴミだけキャッチ

ゴチャゴチャと小物があるところにも、掃除機かけができるのがこのワザ。掃除機のノズルの先にパンストをかぶせて輪ゴムで止めたもので、ゴミだけ吸いとります。ネット状の吸い口がたいせつなものは吸いとらず、ほこりだけキャッチします。

網戸の裏に段ボール当てて一人網戸掃除

網戸のほこり掃除は、室内外の両側をやってこそ効果あり。めんどうな室外側の掃除は、段ボールを当てながら掃除機をかけるとほこりがラクに吸いとれます。2階の網戸も、この方法ならだいじょうぶ。

段ボールの一部を切って折り返して持ち手にし、周囲をテーピング。室外から当てて、掃除機でほこりを吸いとる。

布団のほこりやダニとりは、掃除機のヘッドにストッキングかけ

掃除機で布団についたほこりやダニを吸いとろうとして、布団まで吸い込んでイライラしがち。掃除機のヘッド部分に古ストッキングをかぶせてからやると、こまかい網目が布団の布地は吸い込まず、ほこりやダニだけをうまいぐあいにキャッチします。

歯ブラシつきノズルで とりにくいほこりも簡単にとれる！

窓サッシのレールは、ノズルの先に歯ブラシをつけて掃除機がけを。ブラシでゴシゴシしながら吸引すれば、ほこりを「かき出す」＋「吸いとる」が同時にできます。特に、湿ったほこりに効果的なので、ふろ場のサッシ、家電の通気口、洗濯機の防水パンなどに使えます。

輪ゴムやテープで固定すれば、力を入れなくてもだいじょうぶ。手を汚さずにすき間のほこり掃除ができる。

土や砂の汚れは、ノズルに トイレットペーパーの芯をはめる

トイレットペーパーの芯をはめて動くようなら、テープ（紙の粘着テープははがすとあとが残るので×）などで固定を。

サッシのすき間など狭いところは、先端を斜めにカット。紙だから形は場所に応じて自由自在にかえられるのも◎！

玄関やベランダは、はき掃除だと時間がかかるし、直接掃除機をかけるのは抵抗があるというもの。掃除機のノズルにトイレットペーパーの芯をはめれば、ノズルの汚れを気にせずに掃除できます。速攻でキレイになって、汚れたトイペ芯はポイ捨てもできるから助かります。

cleaning

ラク早キレイが実現！

フローリング、カーペットを一発スッキリ

靴下ぬいつけタオルで、歩きながらふき掃除

いらなくなったタオルに靴下をぬいつければ、歩きながらフローリングのふき掃除ができます！　キッチンの床にとんだ水はねをふくのにもちょうどいいし、すり足で歩けばより効果的。ほこりを落とせばこのまま洗濯できるのも◎です。

キッチンの床掃除は、ばらまき輪ゴムをかき集める

フローリングやビニールタイル床に輪ゴムを20～30本ばらまいたあと、手でかき集めると、ゴミがからめとられ、掃除機ではうまく吸いとれないすみずみまでキレイに。掃除機の音が気になる時間帯の床掃除にもおすすめです。

米のとぎ汁は天然のフローリングワックス剤

昔、おばあちゃんがぬか袋で顔を洗っていたように、米ぬかに含まれる油分にはツヤを出すワックス効果があります。米のとぎ汁を使ってこまめに水ぶきすれば、ツヤが出てピカピカ床に。鏡やガラスみがきにも使えるワザ。

飲み残しビールでフローリングみがき

ほんの少しビールが残っていたら、ぞうきんにビールをしみ込ませ、フローリングをみがきましょう。ビールのアルコール分には、汚れを分解する働きがあります。ビールのニオイは、すぐに消えるのでだいじょうぶ。

フローリングの溝はつまようじでゴミをかき出す！

フローリングの板と板の間の細い溝に入り込んだほこりや食べかすを、掃除機でスッキリ吸いとるのはムリ。つまようじの先でゴシゴシかき出すと、驚くほどゴミが出てきます。あとは、出てきた汚れを掃除機で吸いとってしまえばOKです。

カーペットに重曹を振りかけてニオイ消し

寝る前に、カーペット全体に重曹を振りかけ、翌朝いちばんに掃除機で吸いとると、カーペットのニオイが消えています。これは重曹がニオイを吸着するため。食べこぼしやペットのニオイも消えます。2週間に1回の割合で。

ゴム手袋に古靴下を重ねてふき掃除4面使いワザ

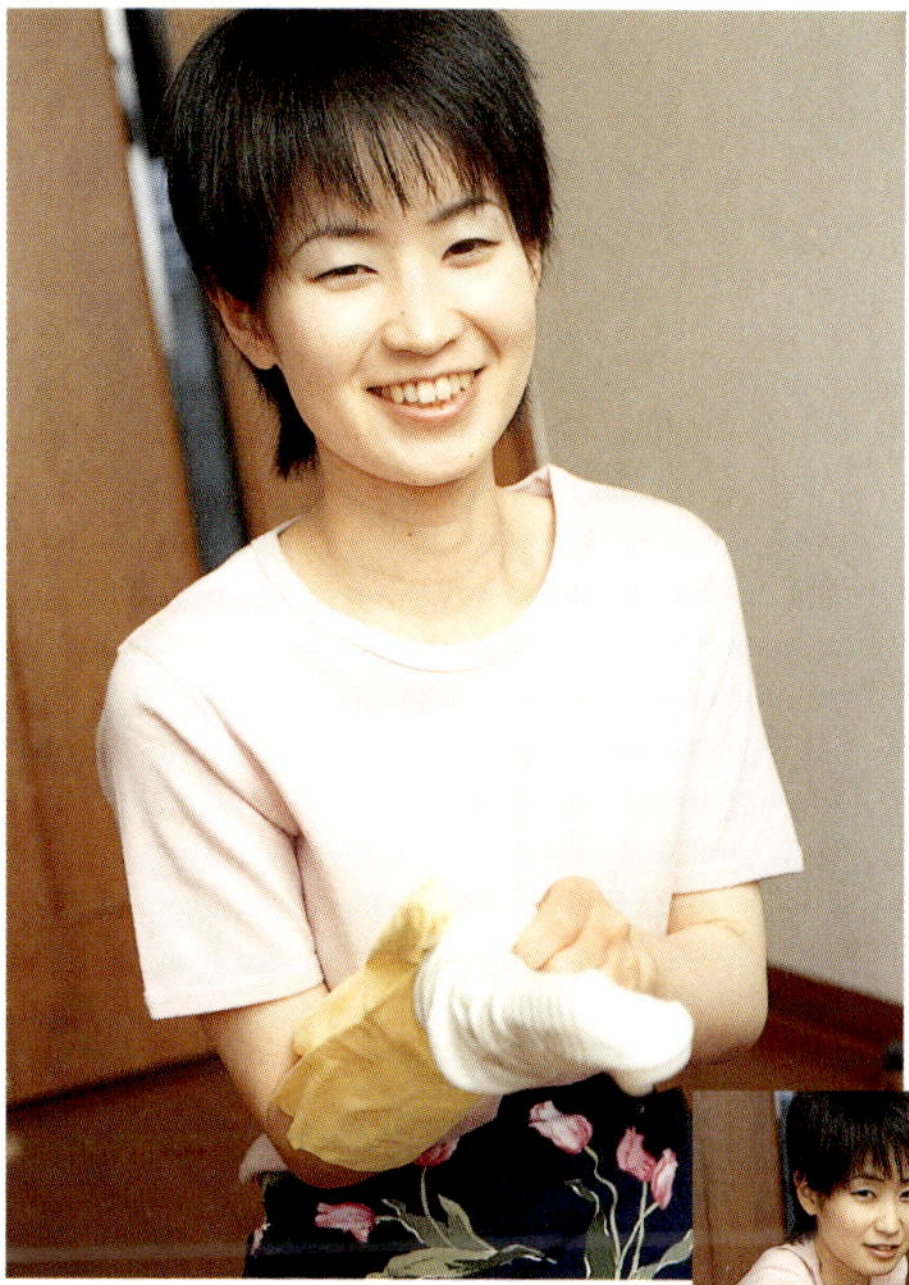

ゴム手袋を片手にはめ、古靴下を1枚重ねます。手のひら側でふき掃除をして汚れたら、上下を返してまたふきます。さらに汚れたら裏返して、また上下両面で4面使い。靴下に洗剤液をつけ、しぼってから手袋に重ねれば、洗剤ぶきもできます。

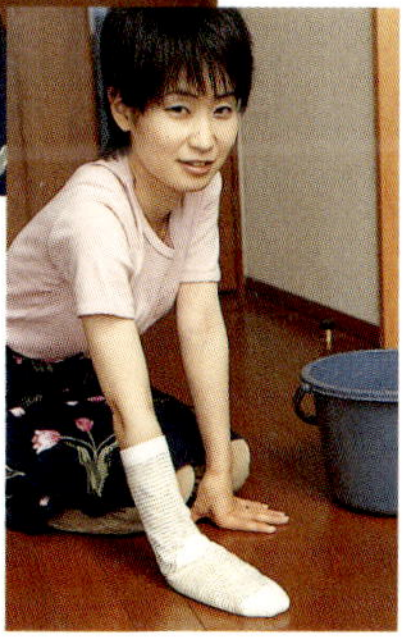

カーペットのゴミはゴム手袋でなでるだけでとれる！

ゴム手袋をしたまま、カーペットの上をなでると、髪の毛やゴミが集まります。毛の長いカーペットは特にこの掃除方法が簡単でおすすめ。カーペットの掃除機がけが、週1回程度ですむようになります。

cleaning

ラク早キレイが実現！

畳を一発スッキリ

日本茶の出がらしをまいて畳のはき掃除

畳のはき掃除に茶がらを使えば、ホコリが立たず、畳のこまかい目に入ったゴミもからめとります。茶がらは少し湿った程度のものを使うのがポイント。畳全体にまいたら、目に沿ってほうきをかければOKです。茶がらが畳についたニオイも吸着します。

みかんの皮スプレーで畳の汚れといやなニオイがとれる

みかんの皮に含まれる成分は汚れを落とし、ニオイもとる働きがあります。乾燥させた皮4個分をちぎって水400㎖で15分煮るだけ。冷めたらざるでこし、スプレー容器に入れてシューッとした上から布でからぶきすれば黄ばみも防ぎます。

酢＋熱湯のふき掃除で畳の黄ばみを防ぐ

畳の黄ばみが気になるなら、酢を数滴入れた熱湯にぞうきんをつけ、かたくしぼって畳をふきます。酢の漂白効果で、日焼けによる黄ばみを予防できます。熱いのでゴム手袋を着け、畳の目に沿ってふくこと。からぶきはいりません。

塩をまけばタバコの灰が畳の目から浮き出る

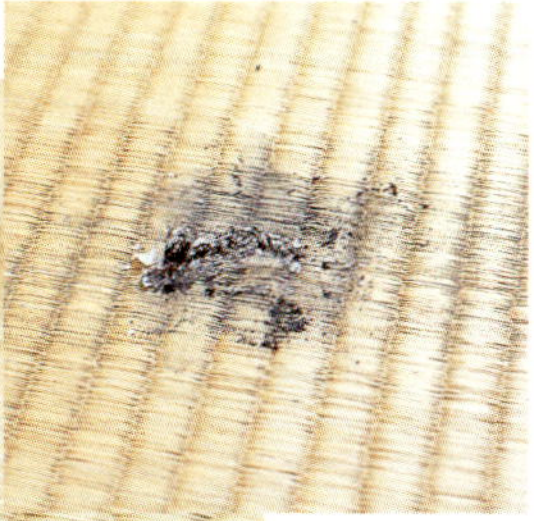

古歯ブラシで灰を浮き上がらせ、こぶしでトントンと畳をたたいて、奥の灰まで出し切る。

浮かび上がった灰は、塩ごと掃除機で吸いとれば、畳の上はスッキリ。

灰皿をひっくり返して、畳の目に灰が詰まったときは、塩の出番。残った灰の上にあら塩をまき、古歯ブラシでこすると灰が浮かび上がってきます。あとは掃除機で吸いとれば解決です。

輪ゴムをおくだけで敷居の溝のほこりがとれる

敷居の溝の隅にたまったほこりには、輪ゴムを使うと便利。敷居に輪ゴムを2～3個おき、ふすまを勢いよく数回あけ閉めします。輪ゴムといっしょにほこりが飛び出してきてビックリ！　奥に詰まっていたホコリもゴッソリとれます。

掃除機で茶がらを吸いとれば、ゴミパックの消臭・除菌になる

茶がらを畳にまいて掃除機をかければ、畳だけでなく掃除機もきれいに。お茶に含まれるカテキンには消臭・除菌効果があります。まいた茶がらを掃除機で吸いとれば、掃除機の中のゴミパックを消臭・除菌して、まさに一石二鳥です。

ふろの湯をたき直すときは浮かべた新聞紙でゴミとり

ゴミが気になるたき直しのふろ湯。古新聞紙をふろに浮かべ、広げた状態のままソーッと引き上げると、湯に浮かんでいる髪の毛や、あかなどのゴミがゴッソリすくいとれます。

バス小物は浴槽で一発つけおき洗い

洗面器やイス、おもちゃ、蓋など数の多いバス小物。浴槽の残り湯に漂白剤を入れて、半日ほどつけ込めば、一度にキレイになります。軽い水あか程度ならこすらなくてもOK！　頑固な汚れは引き上げてからブラシで軽くこすればスッキリ落ちます。

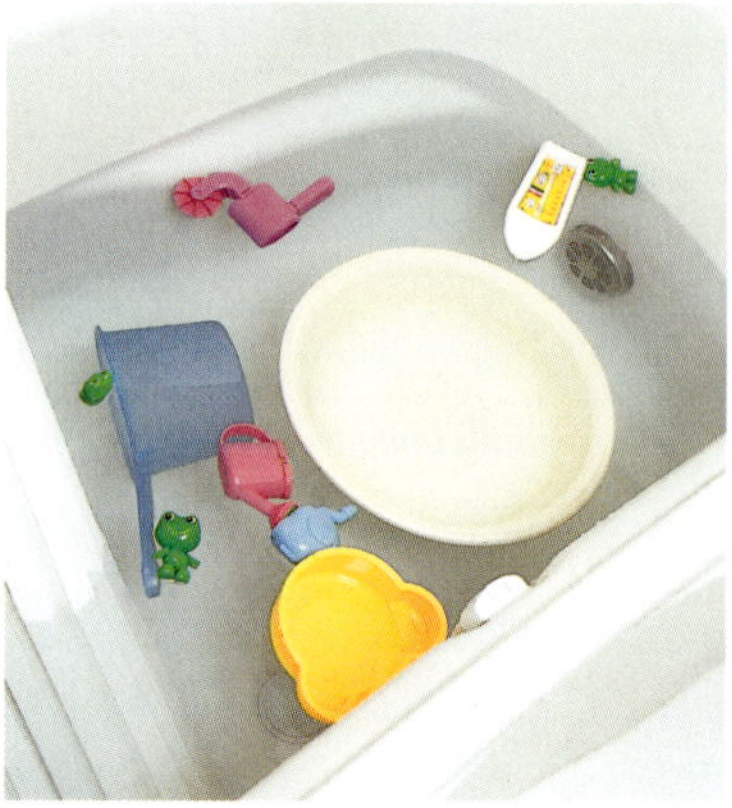

古ナイロンタオルで水回りのカビを落とす

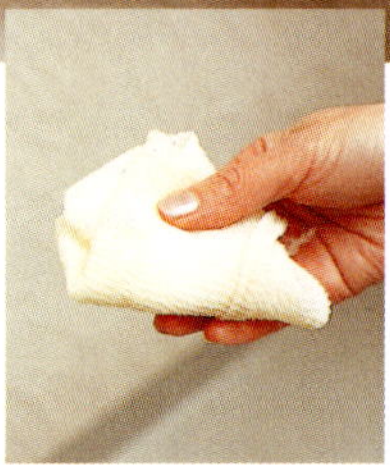

体を洗うナイロンタオルは、カビ落としにも最適。洗面台や浴槽、浴室の壁の汚れも、洗剤なしでぐんぐん落ちます。使い古したら15㎝角ぐらいに切ってストックしておいて。

パンストを丸めて浴槽用タワシに

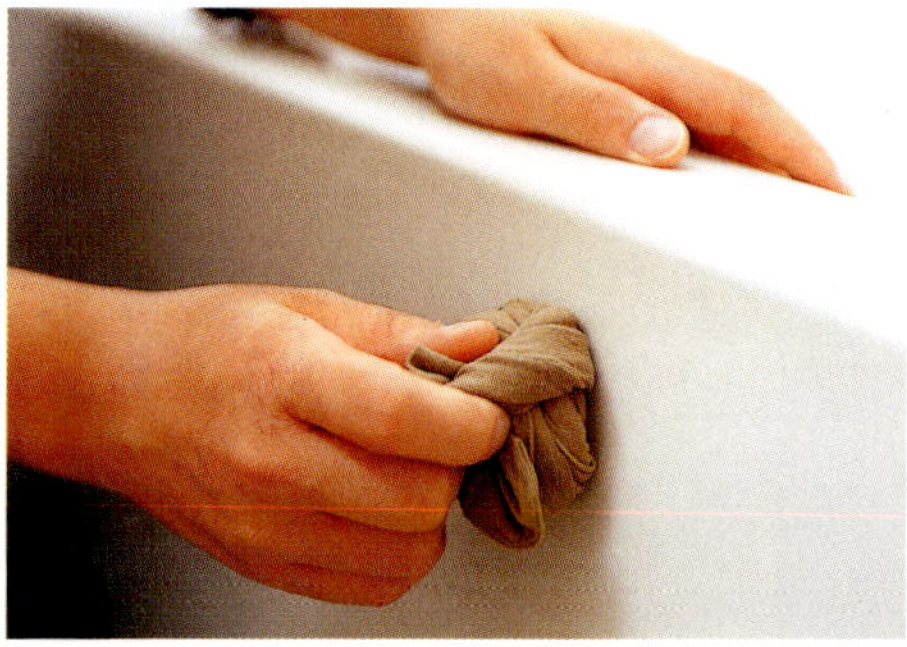

浴槽を掃除するときは、丸めた古パンストをタワシがわりに使います。軽くこするだけで、湯あかがスッキリ落ちて、洗剤いらず。網目がこまかいので、浴槽を傷つけることはありません。

ボディタオルのクレンジング力でタイル目地みがき

いらなくなった網目のあらいボディタオルは、捨てる前に、クレンジング力を生かして、タイルの目地みがきに使えます。指にかぶせたタオルが目地にぴったり当たり、こびりついたカビの黒ずみをこすり落とします。

日本酒スプレーでふろの蓋の水あか&汚れを落とす

ふろの蓋にこびりついた水あか、カビ、黒っぽい汚れを落とすならコレ！　日本酒を水で薄めたものをスプレーすれば、汚れだけでなくヌメリやニオイがとれます。みぞの奥のカビは絵筆でなぞっても。作業中は換気を。

古パンストで蛇口のピカピカみがき

古パンストを水につけてかたくしぼり、蛇口の根元にひっかけるようにして、左右に数回こすります。スポンジやブラシでは届かない部分もスッキリ！　ひどい汚れ部分は歯みがき粉をつければピカピカです。

トイレットペーパーの芯で排水口のヌメリをグリとり

洗面所の排水口掃除には、トイペ芯がぴったりサイズです。片側から3分の1くらいの長さまで、斜めに3〜4カ所切れ目を入れたら排水口にグイッと突っ込んで、グリグリ回すだけ。内側の汚れやヌメリを、芯の切り込みがゴソッとかき出します。

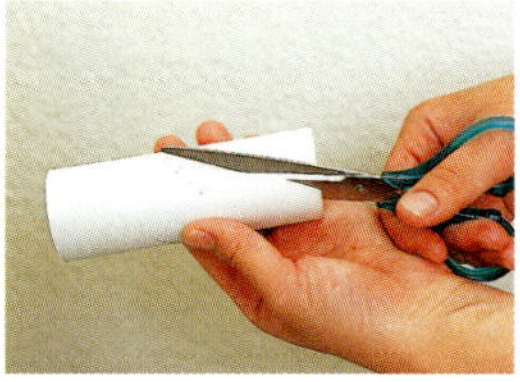

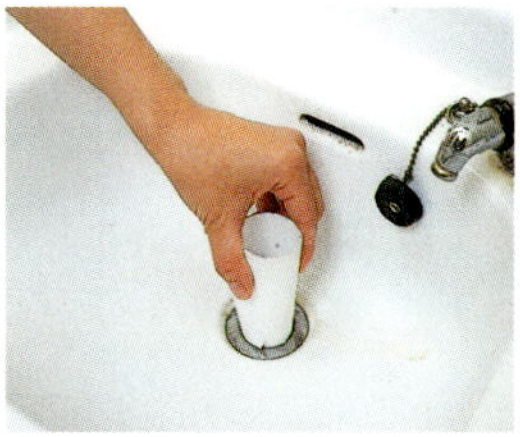

酢水スプレーで洗面ボウルや便器の汚れを防止、消臭

酢と水を1：5の割合でまぜた酢水をスプレー容器に入れ、使ったあとの洗面ボウルやトイレの便器などに、シュッとスプレー。カビの原因となる汚れがつきにくくなって、消臭効果もあります。

ふろの鏡は車用ワックスでくもり知らず

すぐにくもってしまうふろの鏡は、車用のワックスを塗っておけばくもり止めになります。スポンジでワックスを塗り、乾いた布でふきとるだけ。鏡を傷つけないためにも、スポンジは車専用のものを。

cleaning

ラク早キレイが実現！

窓回り、玄関、トイレのキラ☆ピカワザ

洗濯ネット2枚で網戸のラクラクほこり落とし

2枚の洗濯ネットを丸めて水でぬらし、網戸を両面からはさんで、円を描くようにすると、ほこりがみるみる落ちます。網目で網目をこするのがポイント。汚れを含んだ水分はネットの中に入り込むので、汚れも広がりません。

ファスナーを包み込むように内側に折り込んで手のひらサイズにし、口の部分を押さえるように握って使う。

洗濯ネットは古くなったもので十分。用途別にさまざまな形があるけれど、どれを使っても汚れが落とせる。

「割り箸はたき」なら、引き出しやトイレの隅まで手が届く

狭くて水洗いができない場所は、割り箸はたきでほこりとり。作り方は古布を二つに折り、山側に5～6カ所切り込みを入れたら割り箸を差し込み、端から巻きつけ輪ゴムで止めます。

ぬれ新聞紙で窓をふくとピカピカに

古新聞を水でぬらし、軽くしぼってから窓をふくと、バツグンの汚れ落ち。これは、インクに含まれる油分に汚れを落とす働きがあるからです。仕上げに乾いた新聞でみがくとピカピカ！

サッシの溝の汚れは水スプレー＋古歯ブラシでかき出す

サッシの溝の掃除は、少し水けがあったほうが舞い上がらないので、やりやすい！ 溝に向けて水をスプレーし、古歯ブラシでかき出す方法もおすすめです。歯ブラシなら小回りがきくので、隅の汚れも落ちてスッキリします。

茶がらまきでほこりを立てずに玄関掃除

軽く湿った日本茶の茶がらをまいて、ほうきではくと、ほこりとゴミを吸いつけてさっぱり掃除ができます。消臭効果もバッチリ。靴箱に乾燥させた茶がらを入れておいても消臭効果があります。

ぬらしたちぎり新聞をまいて玄関をはいてゴミを吸着

しっかりぬらした新聞をこまかくちぎり、玄関のたたきに一面にまきます。新聞紙に土ぼこりやこまかいゴミがくっついて、あとははくだけ。まるでぞうきんでふいたようにスッキリ。畳やフローリング掃除にも応用できる万能ワザ。

便器の輪ジミは洗剤＋ペーパー湿布でとる

こすってもなかなか落ちない、黒い輪ジミ。便器内の水位を下げ、輪ジミ部分にトイレットペーパーをはりつけ、上から洗剤をかけて湿布します。しばらくしてからこすると落ちます。

気の抜けた炭酸飲料はトイレの汚れを浮き上がらせる

気が抜けた炭酸飲料は、トイレにゆっくり振りかけると、残った発泡成分が汚れを浮き上がらせます。水あかが気になるところは、炭酸飲料をかけたらしばらく時間をおいてブラシかけを。

ポリ手袋をつければ便器のゴシゴシ洗いも平気

便器のしつこい汚れは、手でみがいたほうが力が入って◎。手にポリ袋をつけて輪ゴムで止め、ボロ布を持ってみがきます。終わったらポリ袋をひっくり返し、口を結んで捨てればOK。

cleaning

ラク早キレイが実現！

とる・はがす 失敗なしの極意

落とした卵に塩を振りかければサラサラ掃除

床に生卵を落とすと、白身のベタつきがやっかいです。そんなときは卵の上に多めの塩を振りかけて、10分ほどそのままにしておくと、ベタつき部分がサラサラになります。あとは、ほうきではけば簡単キレイになります。

粉類をこぼしたら粘着テープでペタペタ

床やカーペットに粉物をこぼしたとき、ぬれぞうきんでふくとベタベタになってしまいます。掃除機がすぐに出せないときは、粘着テープでペタペタとるのがベストな応急処置です。

結び輪ゴムで印鑑の朱肉やゴミの詰まり掃除

朱肉の詰まりで印鑑の文字がきれいに押せなくなったら、輪ゴムの登場。紙の上に結び目を作った輪ゴムをおき、印鑑を押しつけてこするだけです。溝に入ったゴミもキレイにとれます。

カーペットについたガムは氷で冷やすとポロッととれる

カーペットやソファに、ガムがついてしまったら、ビニール袋に入れた氷で冷やすとポロッととれます。一気にとれないときは、古歯ブラシでこするとポロポロとれるので、だいじょうぶ。

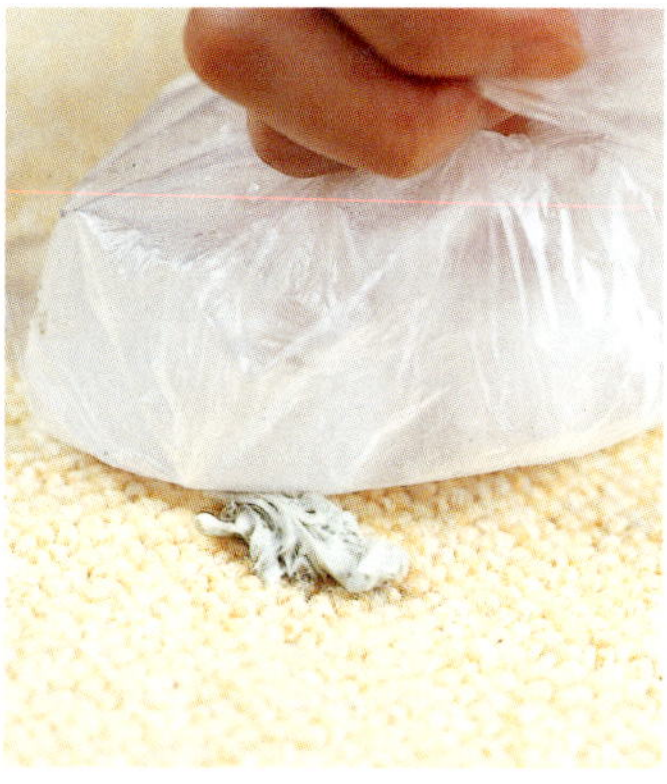

シールのはがし残しは消しゴムが効く！

シールのはがし残しのベタつきをスッキリとるには、消しゴムがおすすめ。ゴシゴシとこすると、初めはベタベタが広がるようにも感じますが、しばらくつづけると粘着成分がカスにからんでキレイに落とせます。

シールあとのネバネバは小麦粉でこすりとる

シールあとのネバネバ落としには、小麦粉も使えます。指に少量つけてこすれば、ネバつきが小麦粉にからまって、だんだんと粘着力が弱まっていきます。最後にからぶきすれば、ネバネバがあったのがウソのよう！

はりついたシールはドライヤーの温風ではがす

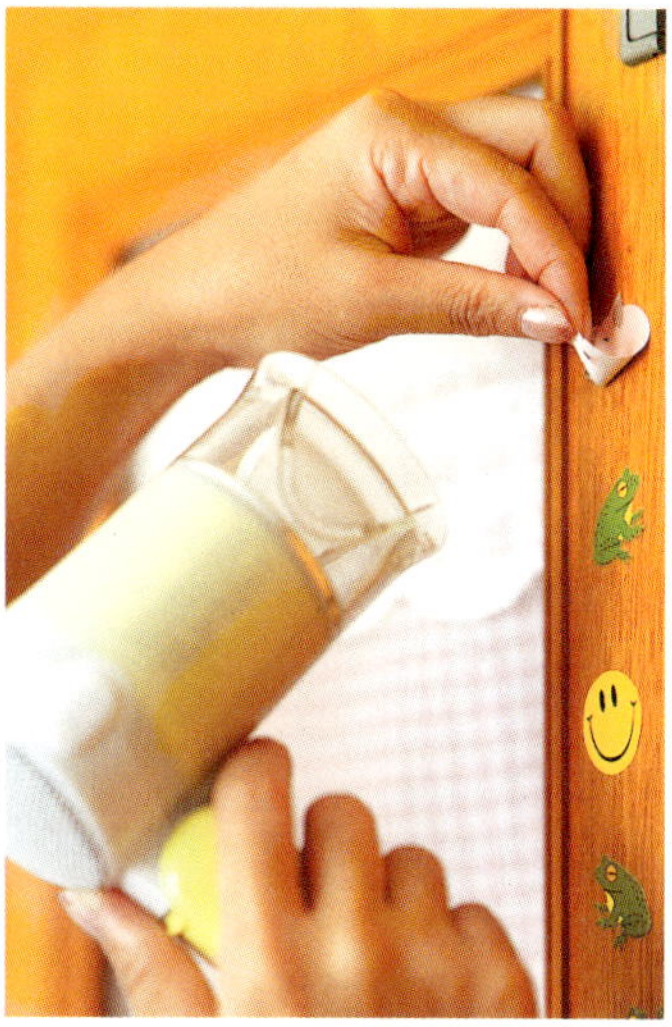

柱や家具にペタペタはったシールは、ムリにはがそうとするとキレイにとれません。角を爪ではがしてきっかけを作り、接着面にドライヤーの温風を当ててシールを引っぱると、ツルンととれます。

じっくりじわじわ酢でシールをはがす

長期間はったままにしてはがれにくいシールには、酢をかけてはがします。10～15分間放置すると、酢がじっくりと浸透していき、粘着部分をとかしてはがれやすくします。

シールはがしはみかんの皮でみがいてもできる

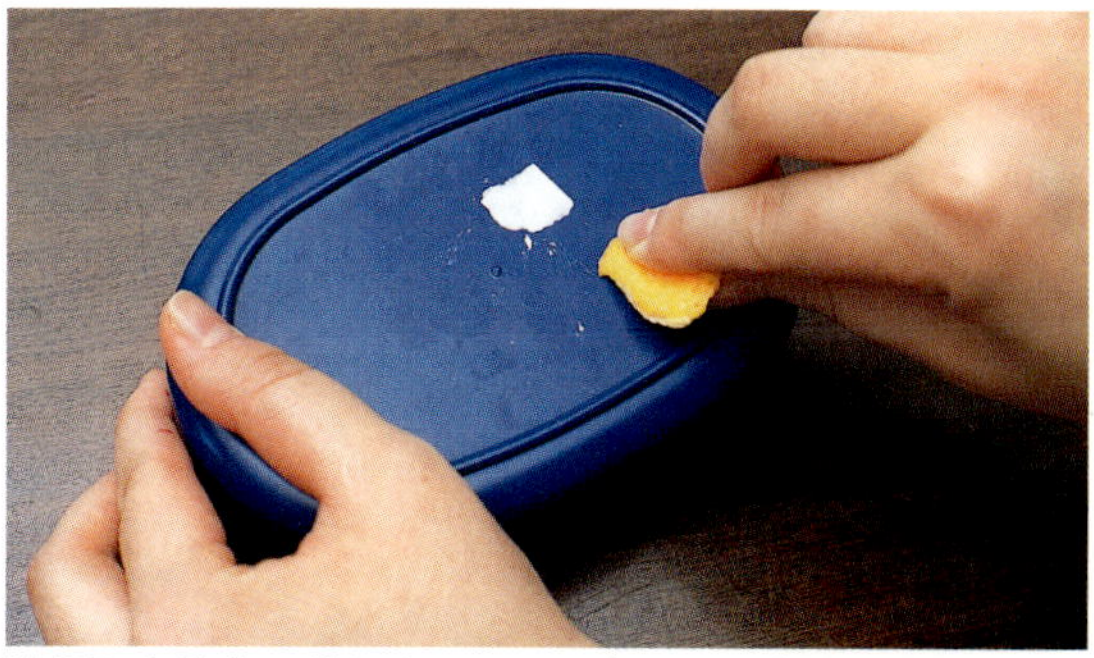

油汚れを強力に落とすみかんの皮には、油以外の汚れを落とす成分もあります。食器や密閉容器などの値札ラベルも、上からみかんの皮の白い側でこすれば、はがすのは簡単。食品なので、調理グッズに使うことにも抵抗がありません。

cleaning

ラク早キレイが実現！

身近なもので家電クリーンアップ

家電につきやすいほこり落としはパンストが便利

家電は静電気でほこりが付着しがち。ほこりを吸着しやすい古パンストの出番です。掃除機の蛇腹など家電ならではのこまかい部分にまで行き届いて、化学ぞうきんより使いがっては◎。サッと一ふきでOKです。

家電のコードや凸凹は軍手でさわって掃除

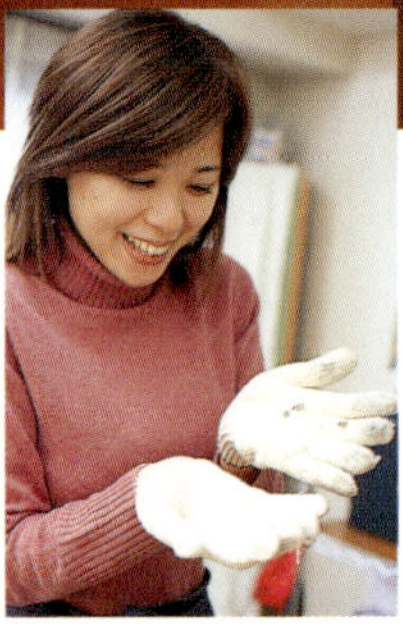

家電のコードや凸凹は、ホコリがたまりやすい部分。両手に軍手をつけ、さわるだけでキレイになります。コードは手でゴシゴシこするとホコリがラク落ち。汚れたら裏返せば、つづけて掃除OK。

テレビ画面は、古パンストでふけばクリアに

テレビ画面の掃除には、化学繊維の静電気を利用。伝線したパンストでさっとふけば、ほこりは簡単に落ちます。画像は格段にクリアに。パンストは1回分ずつ小さく切っておけば、使い捨てできます。

結び輪ゴムを転がしてリモコン掃除ができる

リモコンのボタンの間は、ホコリがたまりやすいのに、掃除がしにくいところ。結び目を作った輪ゴムを、リモコンの表面に転がすだけで、こまかいところに入り込んだホコリや汚れがスッキリ落とせます。

家電につきやすいホコリはリンスでシャットアウト

テレビなどの家電製品は、ふつうのからぶきだけではあっという間にホコリがついてしまいます。水にリンスを数滴入れた薄め液にひたし、しぼって乾かした布でふくと静電気防止になり、ホコリを寄せつけません。

リモコンの手あかはエタノール＋綿棒で

毎日家族がさわるリモコンは、知らず知らずに手あかがついています。機械ものは水ぶき厳禁なので、綿棒に消毒用エタノールをしみ込ませ、サッとぬぐうと、たちまちキレイになります。

PART 6

少しの手間で真っ白！の驚きワザ

洗濯

汚れた洗濯物が、見違えるほど白くなるのは、
ものすごい充実感。だからこそ、もっときれいに洗いたい、
もっと効率よく乾かしたい、と思っている人へ、
すぐ実行に移してみたくなるワザばかりを集めました。
衣類をたいせつに、長く着るためのケアも充実。

washing

洗い方、もっとじょうずに！

洗濯物はプレケアが勝負

靴下は裏返して洗うと毛玉ナシ

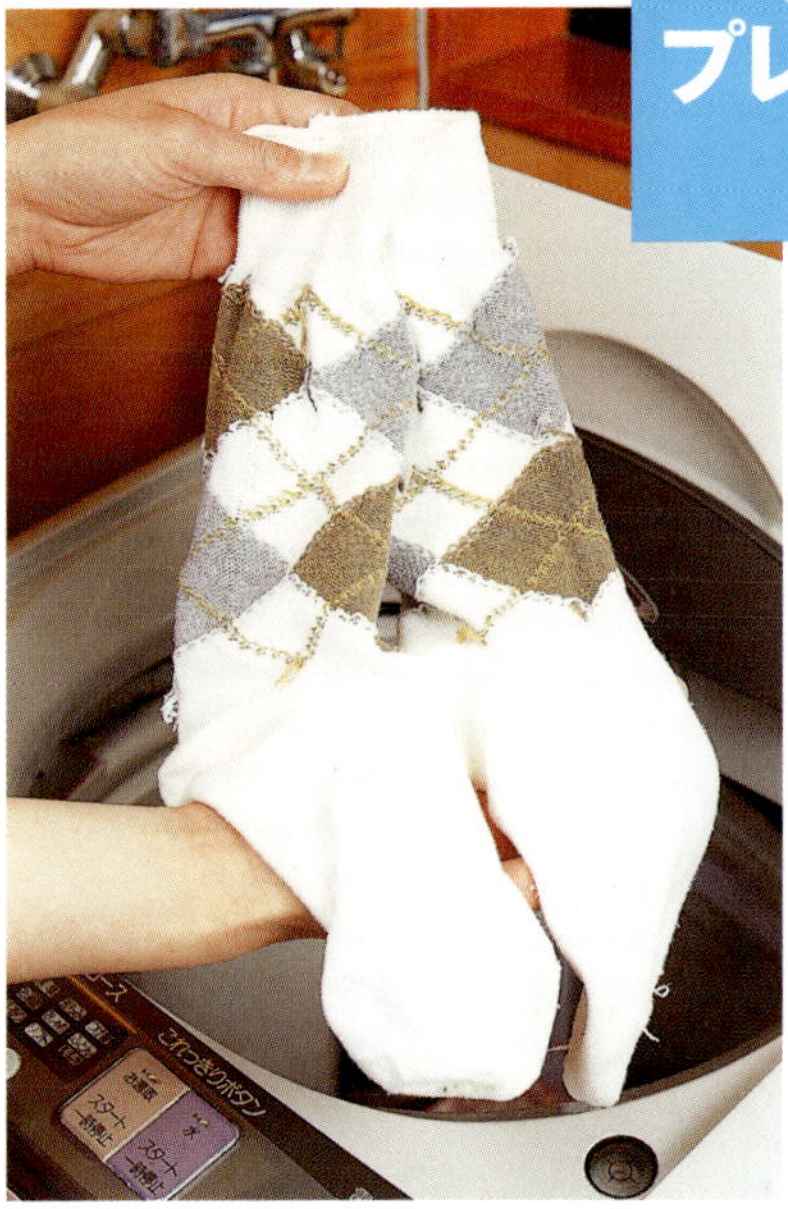

ナイロン製の靴下は、洗濯機で洗うと毛玉がつきやすいもの。毛玉を防ぐには、靴下を裏返して洗濯するのがいちばんです。通勤ソックスやタイツなどもこの方法で洗えば、毛玉ナシではき心地も快適。

伸びたセーターのそで口はぐしぬいでしぼって復活！

スチームアイロンを30秒ほどかけ、熱が冷めるまでおいておく。糸を抜くと元どおり。

ユルユルに伸びてしまいがちなセーターのそで口。ウールのセーターなら、そで口から1～2㎝のところをぐしぬいし、糸を引っぱってしぼってから、洗濯。乾いたらスチームアイロンをかけ、糸を抜けば、元どおりになります。このひと手間で、セーター長もち。

Tシャツの首のヨレ防止には1本の輪ゴムが効く

ひんぱんに洗濯するTシャツは、首元を輪ゴムで縛ってから洗濯機にin。このひと手間で、首元がヨレたり、伸びてしまうのを防ぎます。特に洗濯回数の多い子どものTシャツも、傷まず長く着られます。

そで口輪ゴムで服がからまらず、シワも少なくなる

シャツのそでは、洗濯機の中でからまりやすく、シワの原因に。そでは2本まとめてを輪ゴムで結んでおくと、ほかの衣類などとからまり合わず、シワを予防。輪ゴムは二重結び程度でOKです。

ズボンのすそを輪ゴムでクルッ！からまりを防止

すそを2本まとめて輪ゴムで結んでから、洗濯機で洗います。洗濯物がかさばらず、衣類どうしがからまないので、シワがつきにくくなり、アイロンがけの手間も減らせます。洗濯前の小さなケアで、大きな差が！

身ごろでそでがらみを防ぐ そで in トレーナー

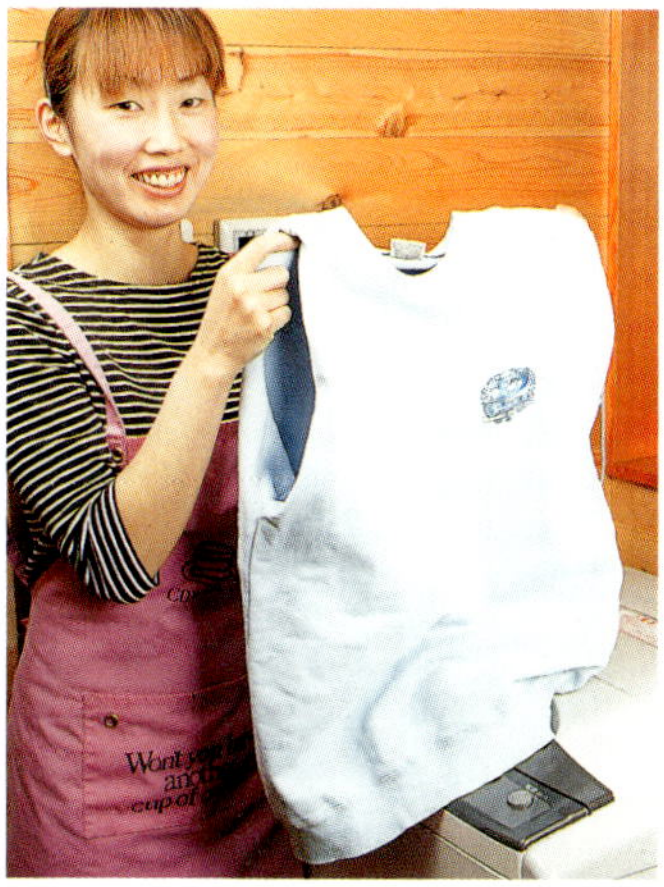

そでを身ごろの内側に入れてから洗濯機に入れれば、そでがからまず、からみジワが格段に減ります。そでがらみを防いだだけでも、洗濯槽からスッととり出せるようになるからビックリ。

そで口のボタンを利用した そでピタシャツでからみ防止

シャツは、そで口のボタンを前身ごろのボタンホールに止めて固定。前ボタンも全部止めてから洗濯槽に入れ、いつものように洗濯します。シャツのそで泳ぎをガードするので、きついシワがつかなくなり、アイロンいらずです。

黒い服につく糸くずを防ぐ 手ぬぐい洗濯袋

黒い衣類は、日本手ぬぐいで作った袋に入れて洗濯。布の目がこまかいので、糸くずがつきません。袋は手ぬぐいを二つ折りして両わきをぬい、衣類を入れたら輪ゴムで口を止めます。

つま先の頑固な汚れをすっきり落とす 簡単！靴下ビー玉洗い

洗濯機で洗っただけでは落ちない靴下の頑固な汚れには、ビー玉が大活躍。靴下の中に5～6個入れて洗濯するだけで、汚れ落ちが全然違います。洗濯ネットに靴下とビー玉10個ほど入れて洗ってもOK。

チビせっけんをつま先にポン！で頑固な汚れも真っ白に

親指の頭くらいに小さくなったせっけんを、靴下のつま先に入れます。つま先の汚れを集中的に落としたいときはつま先部分で、全体を白くしたいときは、靴下の口の部分で輪ゴムを止めて洗濯機へ。驚くほどきれいになります。

washing

洗い方、もっとじょうずに！

頑固な汚れを一発解決

液体糊のあき容器が泥、シミ汚れ落としに大活躍

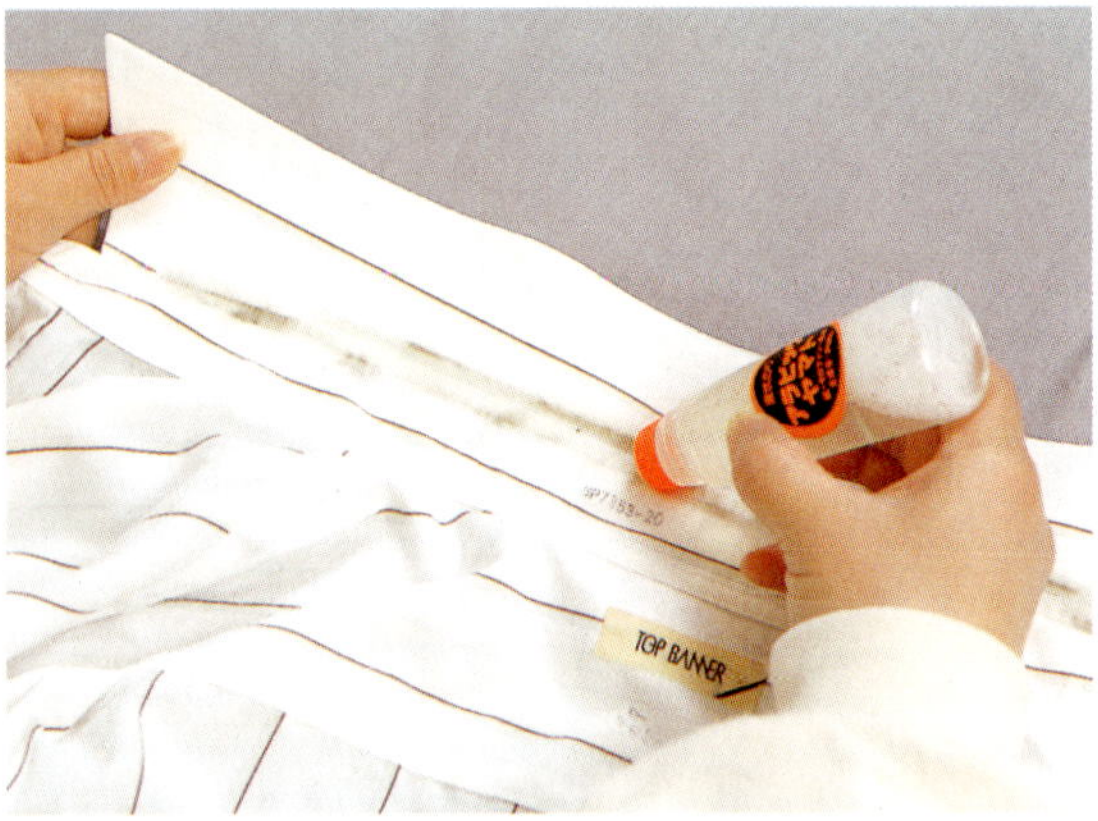

市販の液体糊で、口がスポンジタイプになっているものを選ぶのがポイント。あき容器をよく洗ったら、液体洗剤を入れ、スポンジ部分をえりやそで口にこすりつければ、汚れに洗剤が浸透していきます。何本か用意しておいて、汚れの種類に合わせた洗剤を入れておくと便利です。

使わないシャンプーでえりやそでの部分洗い

試供品などで使わないシャンプーがあれば、部分洗い用におすすめ。もともと頭皮の汚れを落とすものなので、皮脂汚れに強く、えりやそで、靴下などのしつこい汚れがよく落ちます。シャンプーは洗浄力が強いので、ごく少量つけるだけで十分。ブラシなどで軽くこすりながら、汚れを落とします。

せっけんに野菜ネットをかぶせてえり汚れを落とす

ワイシャツのえりやそで口の下洗いは、せっけんにオクラやしいたけなどの野菜が入っていたネットをかぶせてこすればOK。せっけんつけとこすり洗いが同時にできます。ブラシを使うよりも簡単、キレイに。

脱いだ靴下は酢水バケツに一晩つけおき

殺菌、防臭、漂白作用がある酢を水で薄めた酢水をバケツに用意。靴下を脱いだら、酢水バケツに入れ、つけおきしておきます。翌朝、洗濯機で普通に洗えば、酢の効果で白い靴下は真っ白に。酢水は洗濯機のふき掃除やトイレ掃除に再利用できます。

おろしたての服は塩で下洗いすれば、色落ちが防げる

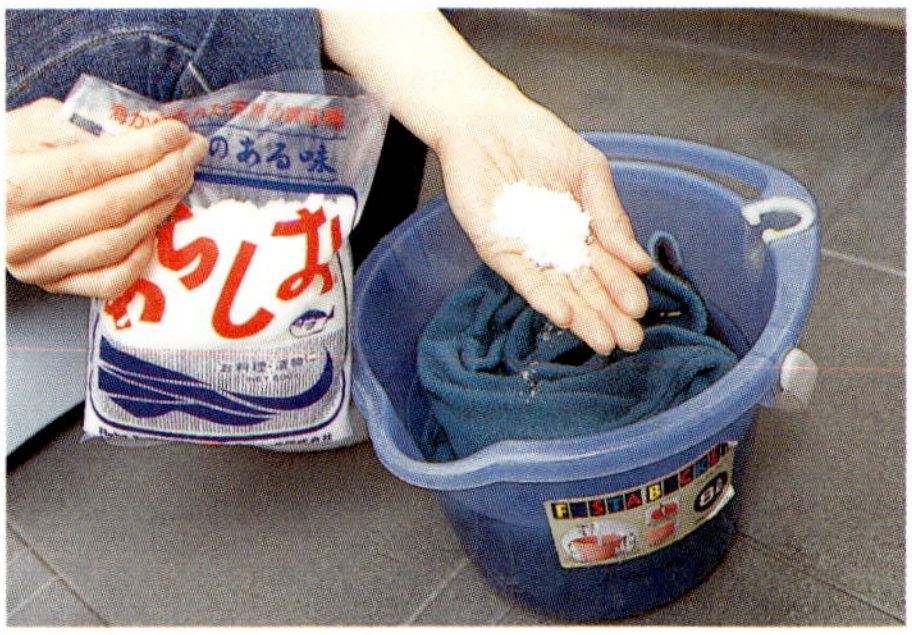

色止め作用がある塩。新しい服を洗うときは、塩で下洗いします。服を軽くぬらし、あら塩一握りでもみ、すすいだあと、洗剤で洗えば色落ちしません。木綿のTシャツなら、洗剤に塩をまぜて洗っても効果があります。

おもちゃのボールがからみを解消し、汚れ落ちもアップ！

脱水後にからまって、出すのがたいへんになりがちな洗濯物。そこで、おもちゃのゴムボールを3～4個入れて洗うと、不思議とからまりを抑えて、シワがつきにくくなります。そのうえ、汚れ落ちもよくなるダブル効果もあります。

ペットボトルをほうり込むだけで汚れ落とし

500mℓのペットボトルに水を入れ、洗濯機に入れるだけで、普通に洗濯したときと逆の水流が生まれ、そのねじれで洗濯物の汚れが落ちやすくなります。ポイントはペットボトルに入れる水の量。2/3程度入れて、ボトルが底をちょっと出して浮くようにします。

クエン酸でふんわり柔軟剤がわり

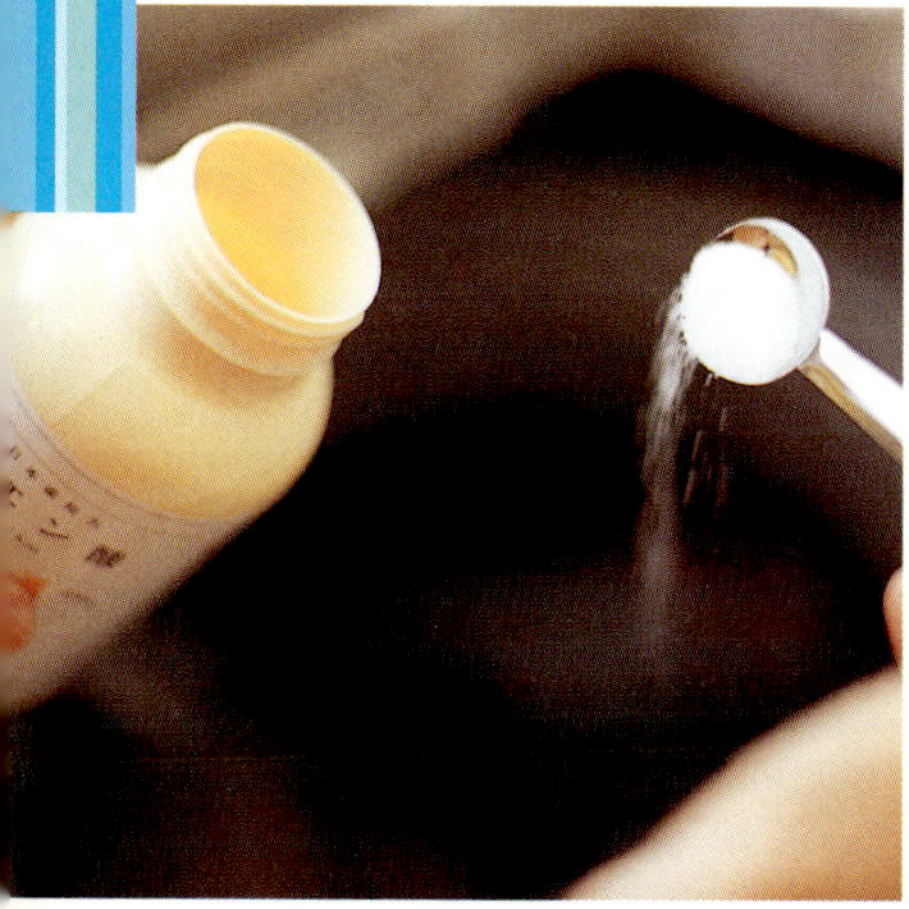

肌が弱くて柔軟剤が苦手、という人でも安心して使えるのがクエン酸（薬局などで販売）。最後のすすぎのときに大さじ2～3ほど入れると、洗剤のアルカリを酸が中和。柔軟剤のようにふんわり仕上がります。

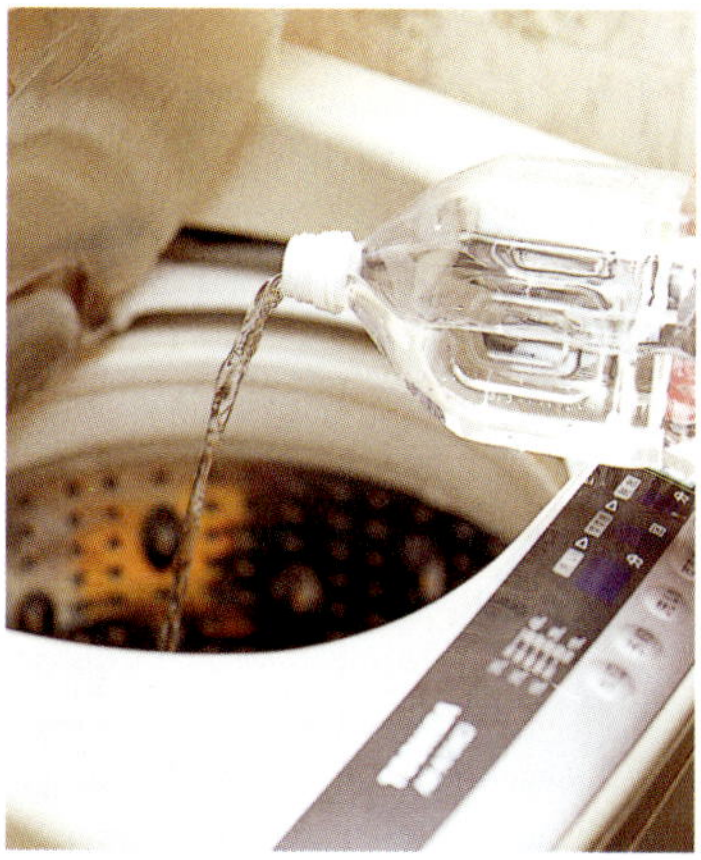

防臭効果バツグン！焼きみょうばん水

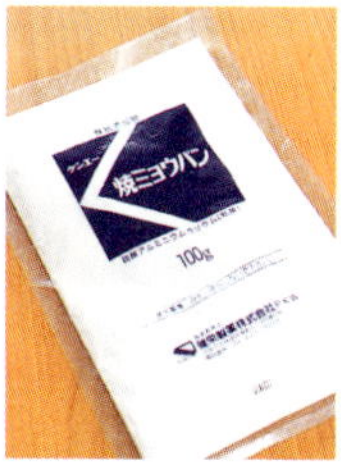

薬局で売っている焼きみょうばんの殺菌作用が防臭に効果。2ℓの水に40gの焼きみょうばんをとかして作り、すすぎのときに50mℓ入れます。

ヘアケア用リンスで衣類もソフト仕上げ

試供品でもらったリンスは、洗濯の仕上げに使うこともできます。繊維のケバ立ちやゴワゴワが消え、やわらかな肌ざわりでいい香り。分量はリンス1回分を目安にかげんします。

washing

洗い方、もっとじょうずに！

部分汚れ&シミのトラブルを一発解決

靴下の下洗いは「手袋洗い」で決まり！

洗濯機で洗っただけでは、スッキリ落ちない靴下の泥汚れ。おすすめなのが靴下を手にはめて洗う手袋洗いです。ポイントは、手のひらに汚れ部分がくるようにはめること。指がこまかいところに届き、力も適度に入るので、汚れ落ちも納得です。

衣類の部分洗いにはクリーニング店の洋服カバーが大助かり！

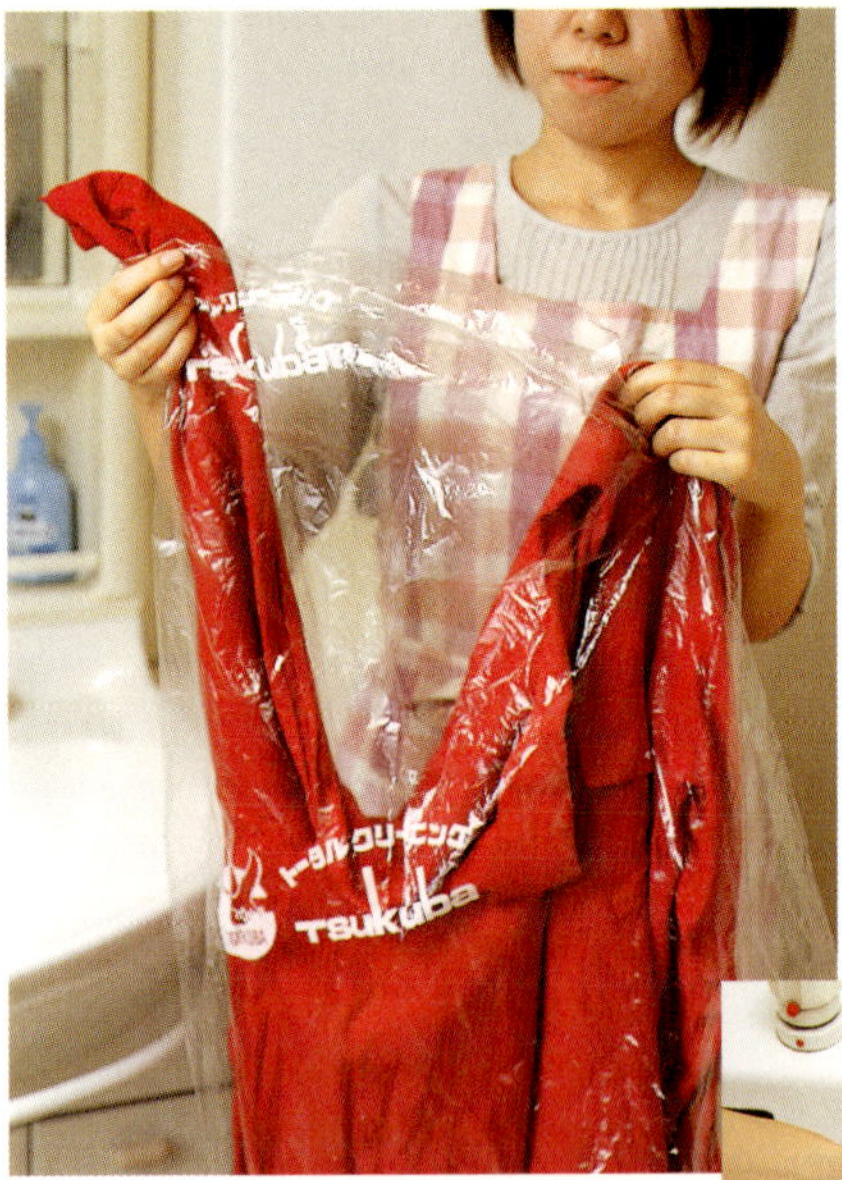

ちょっと汚れがついたときの部分洗いには、クリーニング店の洋服カバーを利用。ハンガーを通すえり口から、汚れた部分だけひきだして洗えば、ほかの部分はビニールがカバーするのでぬれる心配がありません。

少量のものを漂白するなら「あきびん洗い」が便利

蓋つきのあきびんにぬるま湯を七分目くらい入れ、漂白剤を適量入れます。この中で漂白したいものを30分ほどつけおき。さらに蓋をして１分間シェイク。終わったら漂白剤を捨て、水をかえシェイク。これを４～５回繰り返せば、すすぎも完了。

ほうれんそうのゆで汁で黒い衣類の色落ちナシ

ほうれんそうのゆで汁は捨てないで、洗濯に利用することができます。色落ちしやすい黒い衣類は洗濯後、冷ましたほうれんそうのゆで汁に10分ほどつけておきます。そのまま脱水して干すと、黒い色が鮮やかに戻ってきます。

墨が服についてもあわてない。デンプン糊で簡単に落とせる

墨がついたらすぐ、たっぷりのデンプン糊を塗り、指でもみ出すようにすると墨が浮き上がってきます。水で糊を落としながらもみ洗いし、さらに洗剤で洗えばきれいに落とせます。液体糊でも同じ効果あり。

食べこぼしのシミには台所用洗剤が効果的

ミートソースなど、輪ジミになりやすい油ジミは、台所用洗剤がよく落ちます。しみに直接かけたら、周囲から古歯ブラシでとんとんたたき、最後はよくすすぐこと。

おろしたてのストッキングは酢水につけると伝線しにくい

殺菌効果と漂白効果のある酢ですが、さらにストッキングを丈夫にさせる力もあります。新しいストッキングをおろす前、酢水につけておくと、このひと手間で不思議と伝線しにくくなります。

メイク落としジェルで落ちにくい化粧品ジミをラク落とし

洋服についてしまった口紅やファンデーションは、メイク落としジェルが力を発揮。汚れた部分にジェルをつけて古歯ブラシでこすり、汚れが浮いたら洗濯機へ。

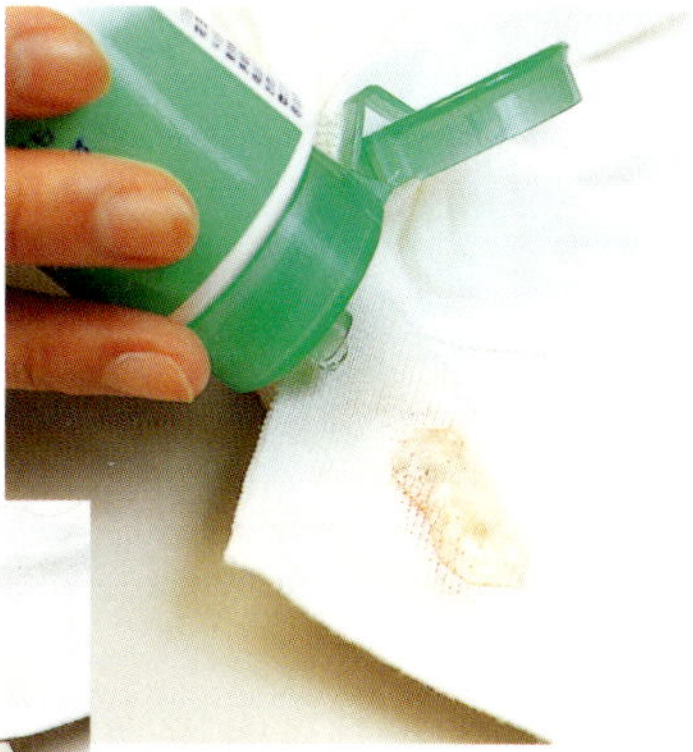

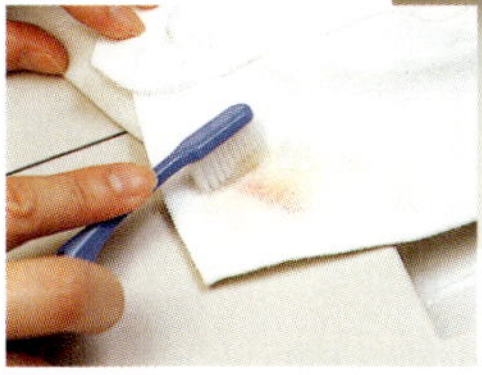

いやな汗のにおいはたっぷりの霧吹きで消える

スーツの汗などのにおい対策がこれ。スーツを裏返して、霧をまんべんなく吹きかけ一晩おきます。においの成分が水にとけ出し、水分の蒸発とともに消えます。

しょうゆのシミはほうれんそうの煮汁で落とす

しょうゆや、食べこぼしでつけた水性のシミには、冷ましたほうれんそうの煮汁をつけて、乾いた布で上下両面からたたき、かたくしぼったぞうきんでふくと、気持ちいいほどよく落ちます。

知得トピックス

針金ハンガーはスゴい!!

クリーニング店から戻ってきた衣類についている針金ハンガー。曲げたり、交差させたり、ちょっとしたアイディアで使いこなせば、いつもの洗濯をより早く、仕上がりよくしてくれます。

針金ハンガーの両端を曲げただけで早乾き

両端1/3を手前にクィッと折り曲げれば、ハンガーが立体的になって、前身ごろと後身ごろがくっつきません。洗濯物の内側にも風の流れができるので、干す時間がグーンと短縮。曇りの日でも、室内干しでも早乾きします。

カーブさせるだけで風通し力がアップ

ハンガーの両端を持って、全体をカーブさせるように寄せてから使います。カーブが衣類の風通しをよくして、厚手の衣類でもみるみる乾きます。部屋干しでも効果は同じ。屋外で洗濯物が干せない日がつづいても安心です。

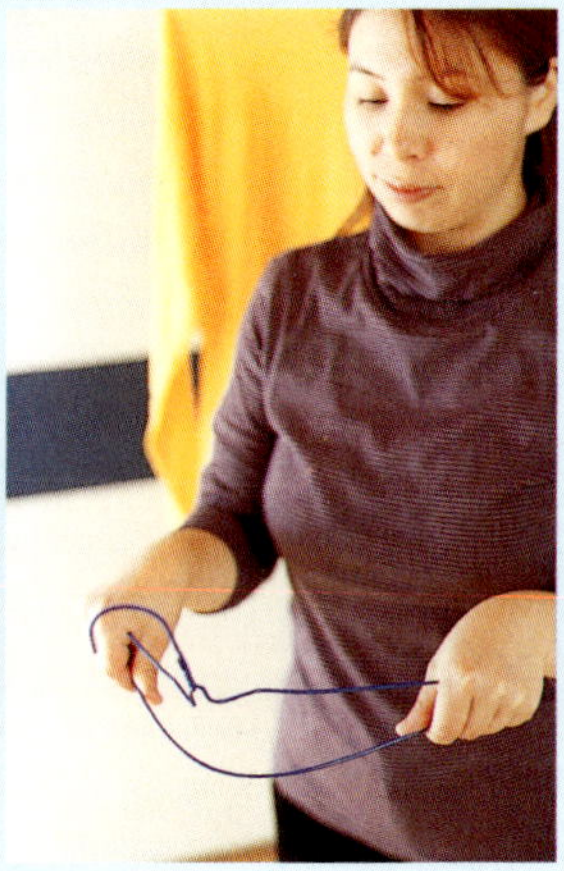

厚手衣類のスピード乾燥はペットボトルハンガーで

針金ハンガーの両端をつぶし、500㎖のペットボトルを差し込むだけ。ボトルの厚みでわきや前後の身ごろが広がり、ぐんと速く乾かせます。トレーナーやシャツの肩にハンガーのあとも残らず、型くずれもありません。

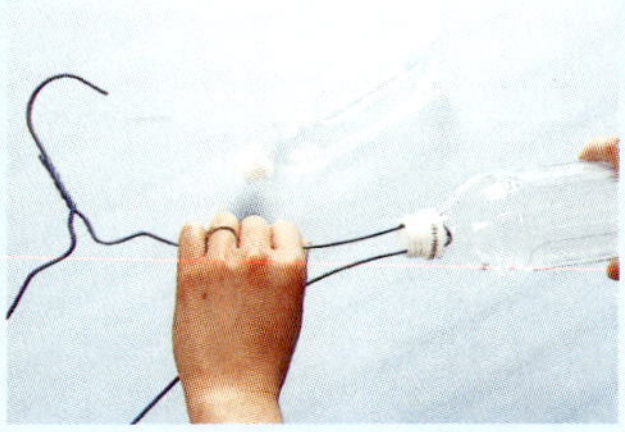

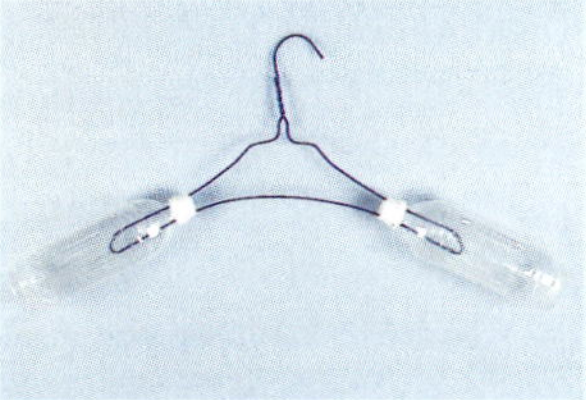

針金ハンガー交差づかいでジーンズも速乾！

ハンガーを交差させ、上部を粘着テープでとめてクロスハンガーを作り、ジーンズのおなか&ヒップの部分に入れて、洗濯バサミで止めます。こうすることで、ジーンズのウエスト部分が大きく開き、内側からも乾いていきます。

シーツ・布団カバーは三角テント干しで速乾

物干しざおに針金ハンガーを2～3本かけ、その上に洗濯物をかぶせるように「テント型」に広げると、内側に風が通り抜け、短時間で乾燥完了。さらに、1つの対角線を物干しざおにかけて三角形を作るように干すと、より速く乾くようになります。

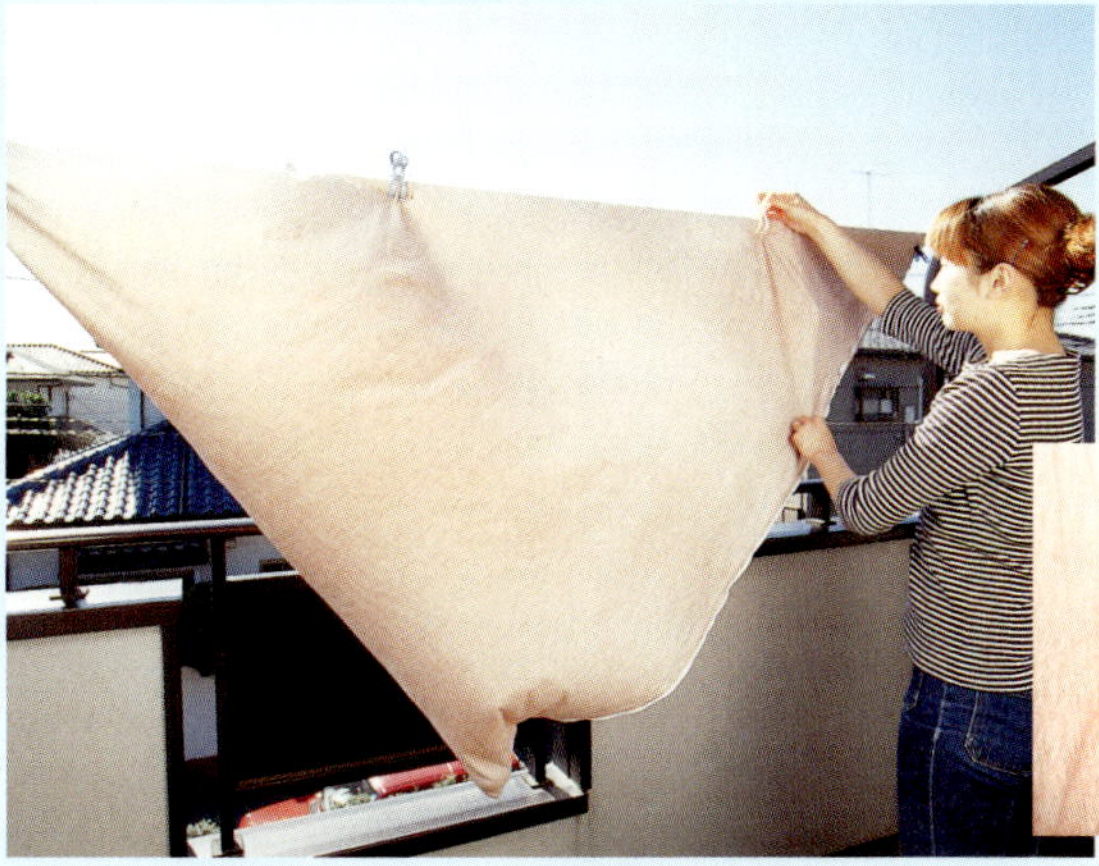

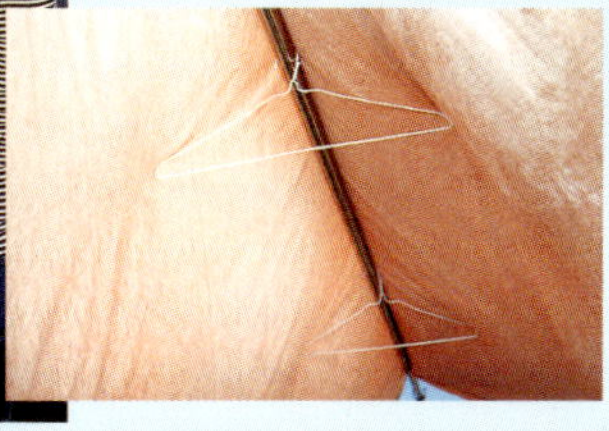

どこでも干せるハンガーのシューズ干し

両端を上方向に曲げたシューズ干し。かける場所さえあればどこでも干せるので、日当たり、風通しのベストポジションを選べます。

風の強い日はゴム巻きハンガーで落下防止

ハンガーのさおにひっかける部分に輪ゴムをグルグル。ゴムがストッパーの役目を果たすので、強風の日も吹き飛び落下が防げます。

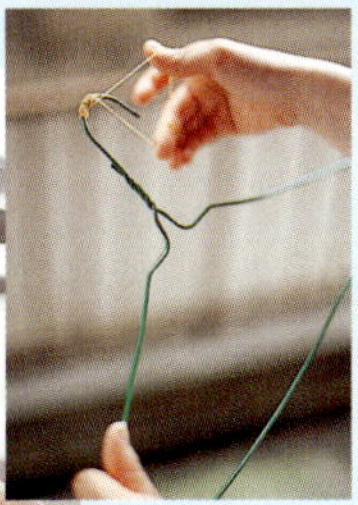

washing

干し方、もっとじょうずに！

スピード乾燥ワザ

片腕通しで早ワザ連続ハンガーかけ

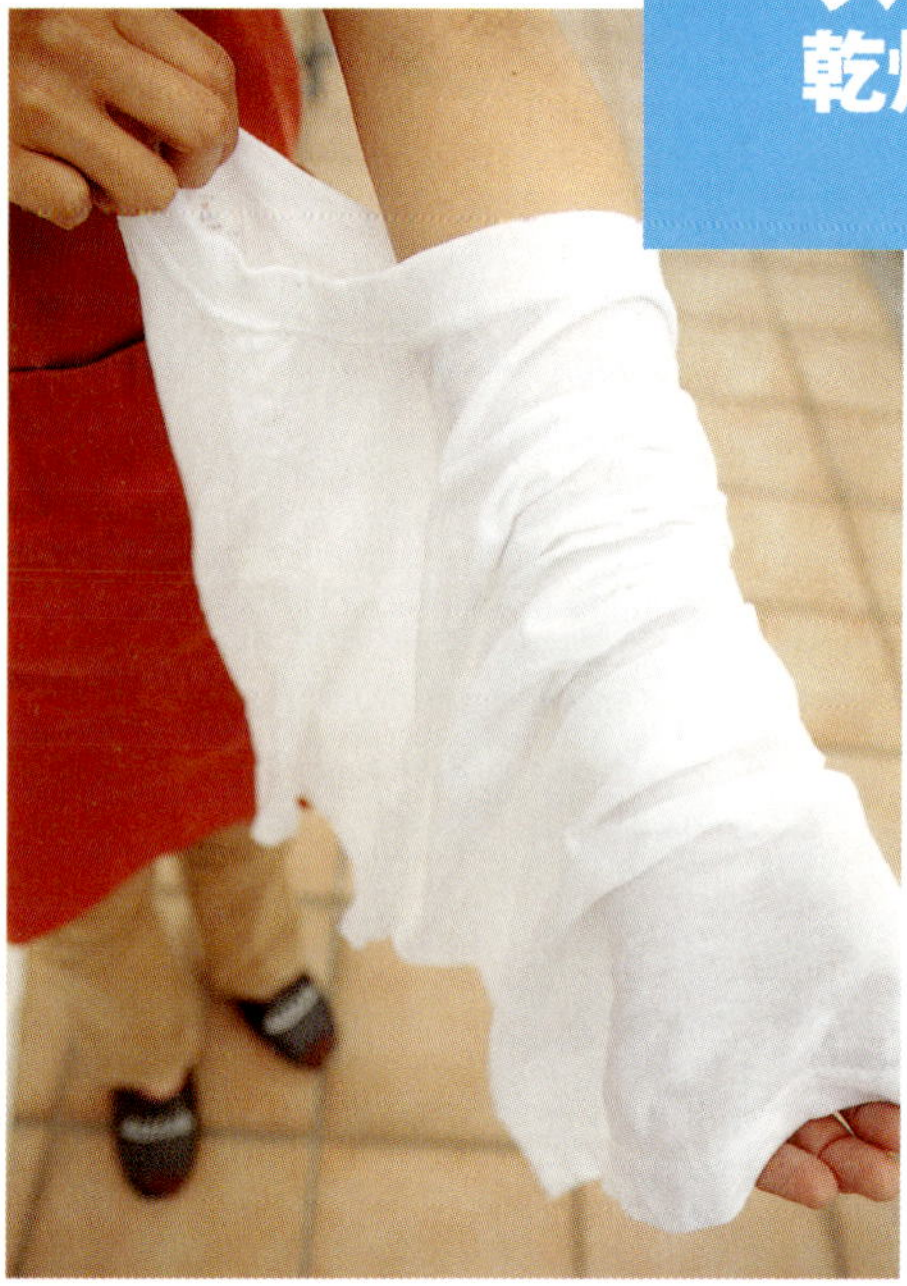

首回りから胴回りへと腕をくぐらすこと。手にハンガーを持って引っぱれば、スルッとかかる。いつもの半分の時間ですむこと請け合い。

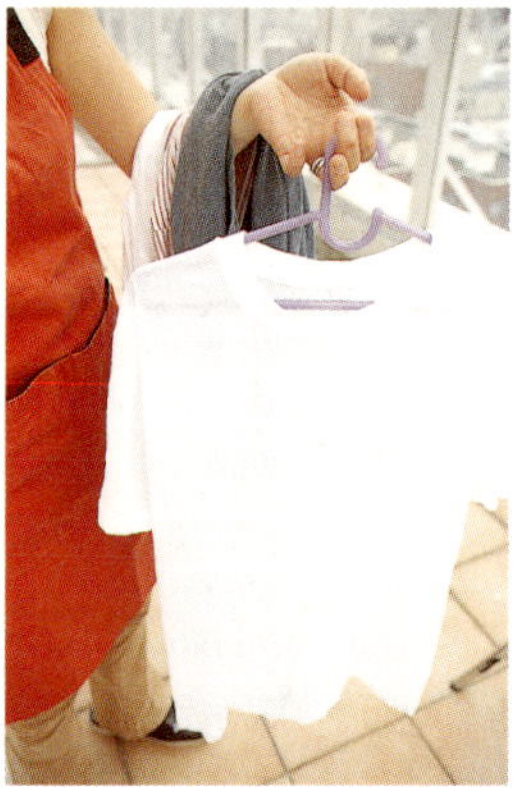

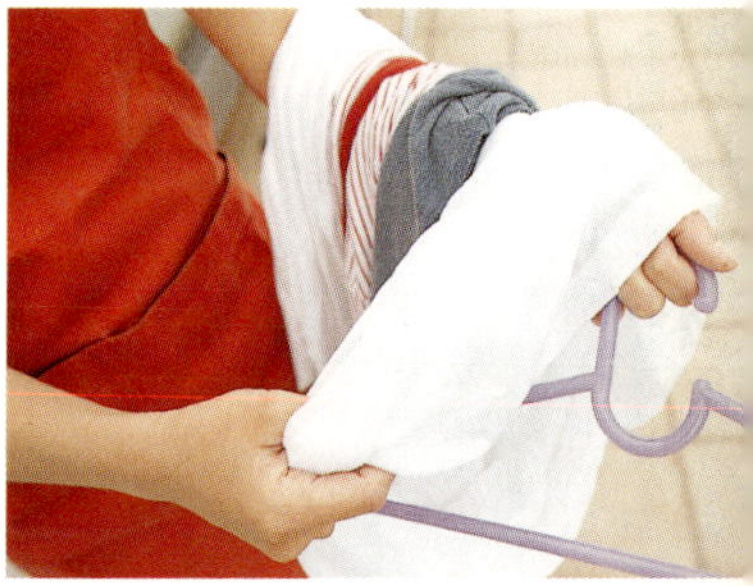

片腕にいっぱい洗濯物をかけ、その手でつかんだハンガーに次々かけていく。たったこれだけで、洗濯干しが驚くほど早くなります。ポイントは、洗濯物を首回りから先に腕に通すこと。5～6枚なら一度にハンガーかけが進みます。何度もしゃがんだり立ったりの労力もカット。しかも、首回りの伸びやくずれもありません。

洗濯物は長短交互干しでスピード同時乾燥

角型ハンガーでも、物干しざおでも、干すときにズボンなどの「長いもの」と、ハンドタオルなど「短いもの」を交互にかけていきます。こうすると日光と風がまんべんなく当たって、均等に早く乾きます。

厚手と薄手、子どもの服と大人の服は交互に干す

生地の厚みを考えて干すのも大事。厚手の服ばかり並べて干すと、なかなか乾きません。厚手と薄手、子どもの服と大人の服を交互に干して、できるだけ風通しをよくするのが、スピード乾燥のコツです。

ピンチハンガーは外側に小物、内側に大物がコツ

タオルなど大きな洗濯物で外側をおおってしまうと、風が通りにくくなるのがピンチハンガー。大きな洗濯物は内側に、子どもの靴下など小物の洗濯物は外側に干すのが、ピンチハンガーでスピード干しの鉄則。

ジーンズはピンチハンガーでずん胴筒抜け干し

生地の厚いジーンズでも、ピンチハンガーを利用して人が着ているような形にして干せば、風通しバツグンで速く乾きます。干すときは、ピンチでウエスト部分をしっかり広げること。裏返しにして干すと、日光焼けが防げ、ポケット部分もよく乾かせます。

シーツなどの大物は平行棒干しが早い

シーツなどは洗濯ロープ（さお）を2本使い、広げた状態で干すと乾きが早くなります。室内干しでも使えるワザ。洗濯ロープが1本ならハンガーを数本かけた上から。

針金ハンガーで作れるハンガーまとめグッズ

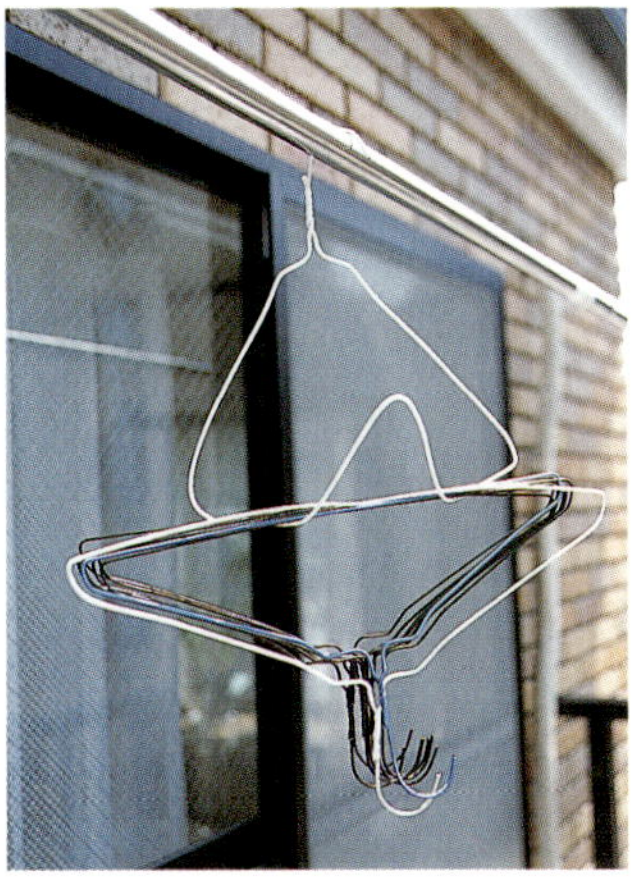

物干し場の針金ハンガー。1本を下方向にグッと引っぱって伸ばし、伸ばした部分を中心付近で45度ぐらい上側に折り曲げるとフックになって、ハンガーがまとめてかけられ便利です。

つま先カット靴下で物干しざおのスピードふき

古くなった靴下のつま先をカットして筒状にし、物干しざおに通せば、ラクラク物干しざおふきの完成。洗濯物を干す前に、靴下ごとさおをつかみ、行ったり来たりすれば、ほこりがとれて、気持ちよく洗濯物が干せます。さおにつけたままにしておけば何度でも使えるし、雨にぬれても自然乾燥するので便利。汚れきったら捨てて、新しいものと交換します。

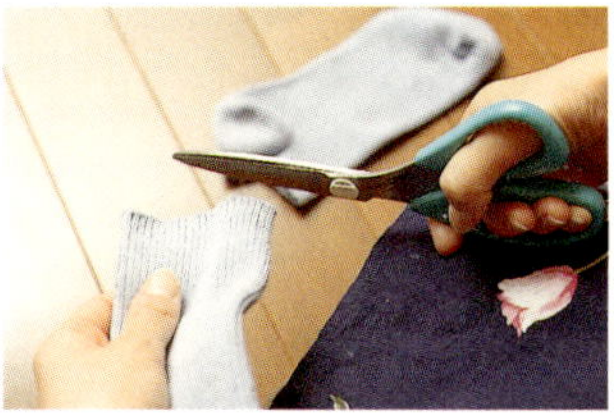

洗濯ばさみは輪っかハンガーにまとめ収納

針金ハンガーに洗濯ばさみを止めておく人は多いはず。そのままだと角にひっかかりますが、丸く伸ばしておくと、止めた洗濯ばさみが輪っか状にぐるっと並んで、使いやすくなります。

washing

干し方、もっとじょうずに！

シワなし乾燥ワザ

脱水ジワがついた洗濯物は、干す前にふりさばくのが基本。１枚ずつ広げて上下にバサバサッと振り、ぬい目を引っぱって形をととのえながら干すと、あらかたシワがとれます。脱水後、すぐに広げるのもシワを減らすコツです。

とり出したら振りさばくだけで脱水ジワが軽くなる

干すときに手のひらパンパンでシワ伸ばし

洗濯物を干すときに、手のひらで布地をはさんでパンパンたたくとシワを伸ばす効果大。シャツなどは適当な大きさにたたんで全体をたたき、さらにえりやそでなど気になる部分は再度たたきながら干すと◎。アイロンがけの手間も省けます。

粘着クリーナーで楽々シワ伸ばしができる

洗濯物を手でたたくのがめんどうなときや、ズボンなどの大物衣類のシワ伸ばしには、粘着クリーナーが大活躍。生地を伸ばす感じで何度かコロコロと転がすと、シワが目立たなくなります。

干し始めの霧吹きで脱水のくっきりジワが消える

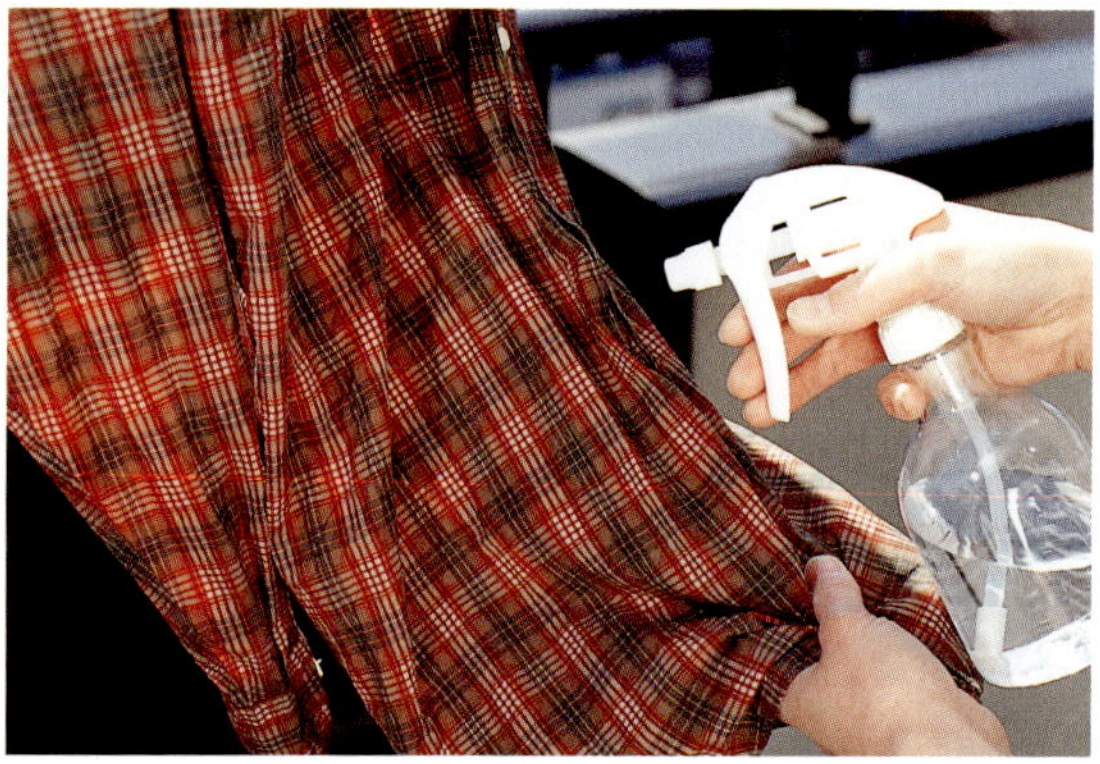

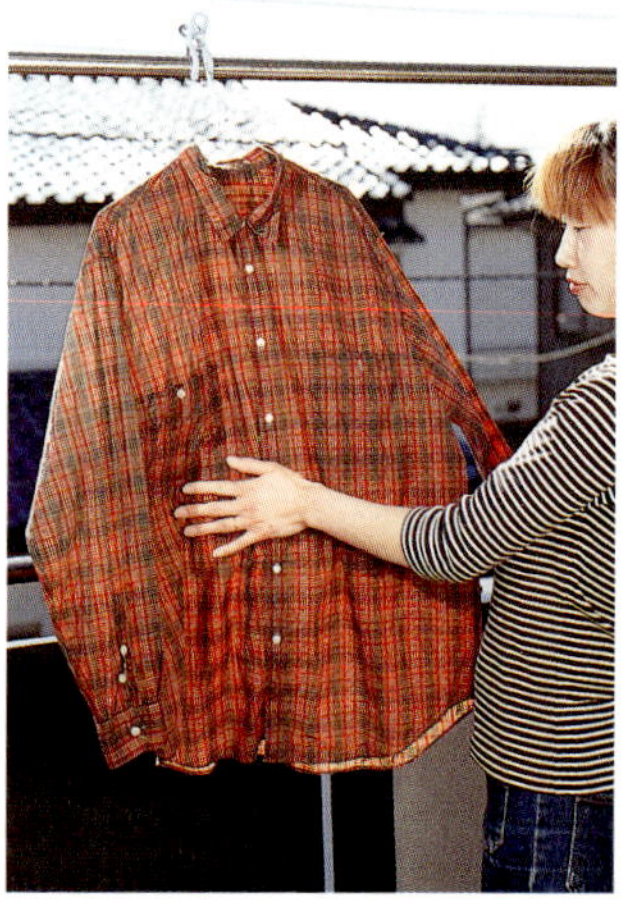

脱水時間が長すぎたり、脱水後、洗濯機にしばらくおいたままにすると、洗濯物にくっきりジワがついてしまいます。シワを解消するには、干し始めに霧吹きで水をスプレーして、そのあとていねいに手のしでシワを伸ばすこと。布地を少し湿らせることで、きついシワをリセットします。

すそ&えりに洗濯ばさみおもりでアイロンいらず

シャツやブラウスは、干すときにすそやえり、そで口のぬい目のところをピンッと引っぱって、洗濯ばさみで止めます。この洗濯ばさみがおもりになって、干している間も生地はピンとしたまま。ほとんどの衣類がアイロンいらずです。スプレー糊をしておくと、効果はさらにアップ！

窓ピタッ！ハンカチ干しならアイロンいらず

ハンカチは霧吹きで軽く湿らせてから、窓ガラス（室内側）にはって手でシワを伸ばし、そのまま乾燥させます。完全に乾いたハンカチはパリッとして、まるでアイロンで仕上げたよう。ただし、ハンカチをはる窓ガラスは清潔に。

布団カバーのシワ伸ばしは野球ボールおもりがピッタリ！

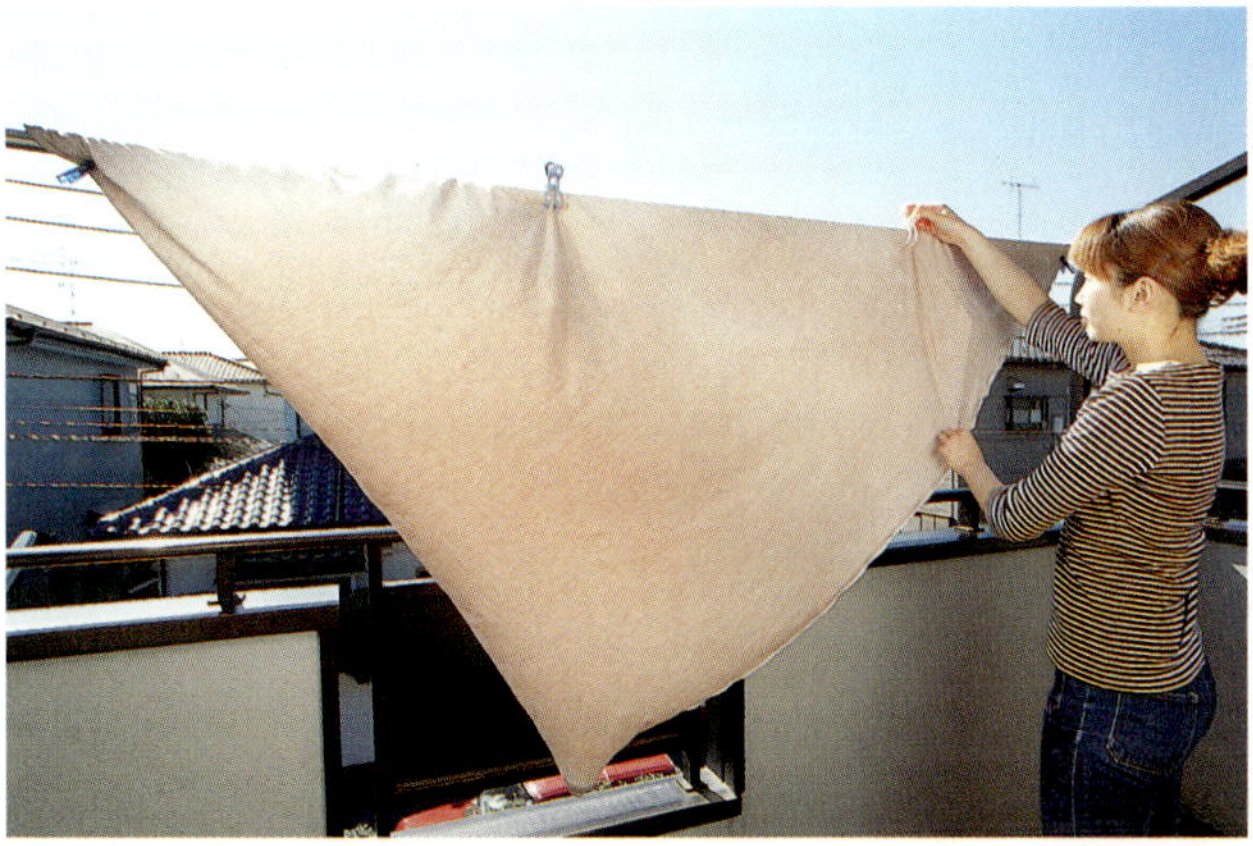

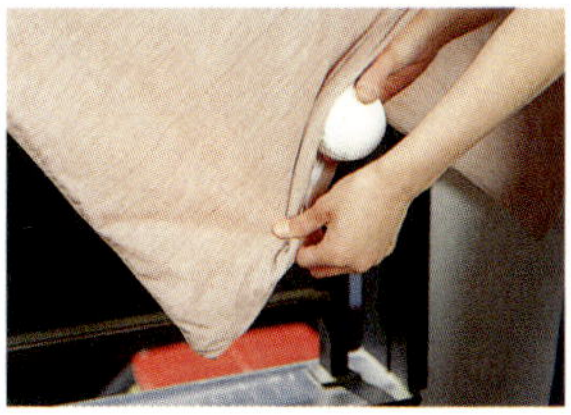

フィットシーツや布団カバーなどの大物は、シワ伸ばしに手のしするのもたいへん。そこで、物干しざおに三角干しにしたら、下の２つの角に野球ボールをおもりにして入れます。ボールの重みでカバーが下に引っぱられた状態のまま乾かせるので、シワが伸びて、アイロンがけもぐ～んとラクになります。

ハンカチは四つ折りにたたんで干せばアイロンがけがラクになる

薄手のハンカチは、たたんで干しても、乾くのは厚手の衣類とほぼ同時。手のししてから、四つ折りにたたんで干します。干すときにたたんでおけば、とり込み後にそのままアイロンがけができ、しまえるメリットも。ピンチに斜め干しでOKです。

室内でスピード乾燥ワザ

速乾するには乾いたバスタオルで包んで脱水

一度脱水したあと、乾いたバスタオルを1～2枚、衣類にからむように入れて、もう一度30秒ほど脱水します。バスタオルに水分が吸収され速乾力アップ。洗濯物を小分けして（Tシャツだったら2枚ぐらい）、バスタオルに包んで再脱水するのも効果的です。

靴がすぐ乾く！吸盤網ネットの驚きの脱水力

洗濯機で靴を脱水しようとしてもごろごろ動いてエラーになりがち。網ネットに靴を入れ、靴の間の網を安全ピンで止めて靴底が表になるよう吸盤で洗濯槽にとりつければ、布部分が脱水面に固定されて、確実に脱水できます。

くしゃくしゃ新聞紙が洗濯物の湿気を吸いとる

新聞紙の湿気を吸いとりやすい性質を徹底活用したのが、このワザ。室内干しの洗濯物４枚程度に対して、２～３枚の新聞紙をくしゃくしゃにして真下におきます。新聞紙が湿気を吸いとるので、乾くスピードがアップ。ほんとうです。

突っ張り棒の部屋干し２段術で雨の日の大量洗濯が大助かり

家の中に洗濯物を干すときは、突っ張り棒とひもがあればいつもの２倍干せます。突っ張り棒に同じ長さ（１m前後）のひも２本を輪っかに結んでかけ、その輪に物干しざおを通すだけ。上段には丈の短い衣類、下段には大物を干すのがコツ。

ゴミ袋＋ドライヤー熱でフリフリ乾燥

小物や薄物の乾燥には、ゴミ袋とドライヤーが活躍。両角を小さくカットして洗濯物を入れた厚めのゴミ袋にドライヤーの口を当ててふさぎ、両手でフリフリしながら温風を当てると速乾！

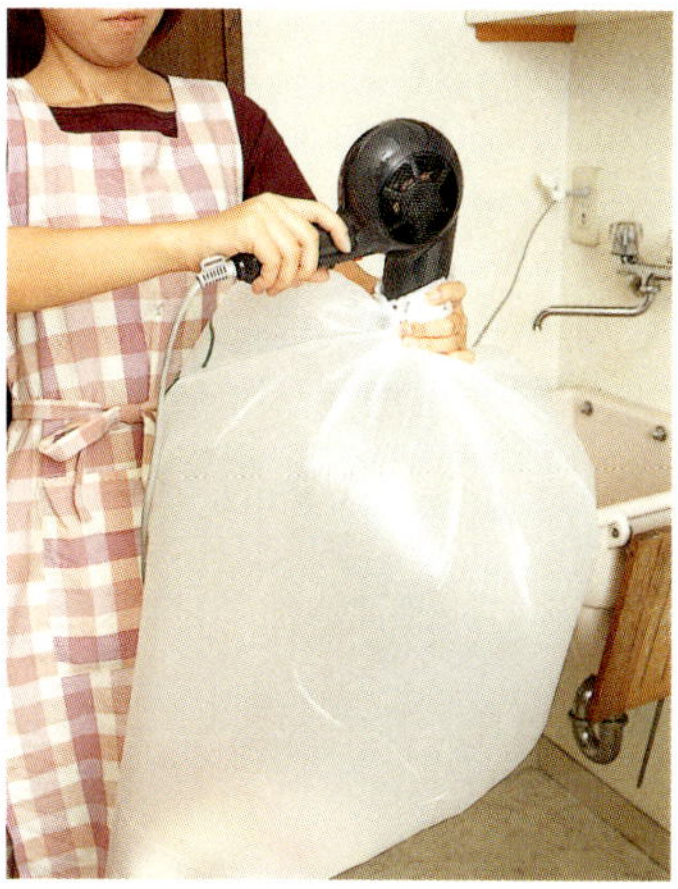

小物はレジ袋＋ドライヤーで超速乾燥

ハンドタオルなど薄手のものや小物は、スーパーのレジ袋に入れてドライヤーの温風を当てます。レジ袋を振りながら温風を当てると、乾き方はよりスピーディーに。

ワイシャツ1枚の緊急乾燥なら段ボール製の簡易乾燥機が便利

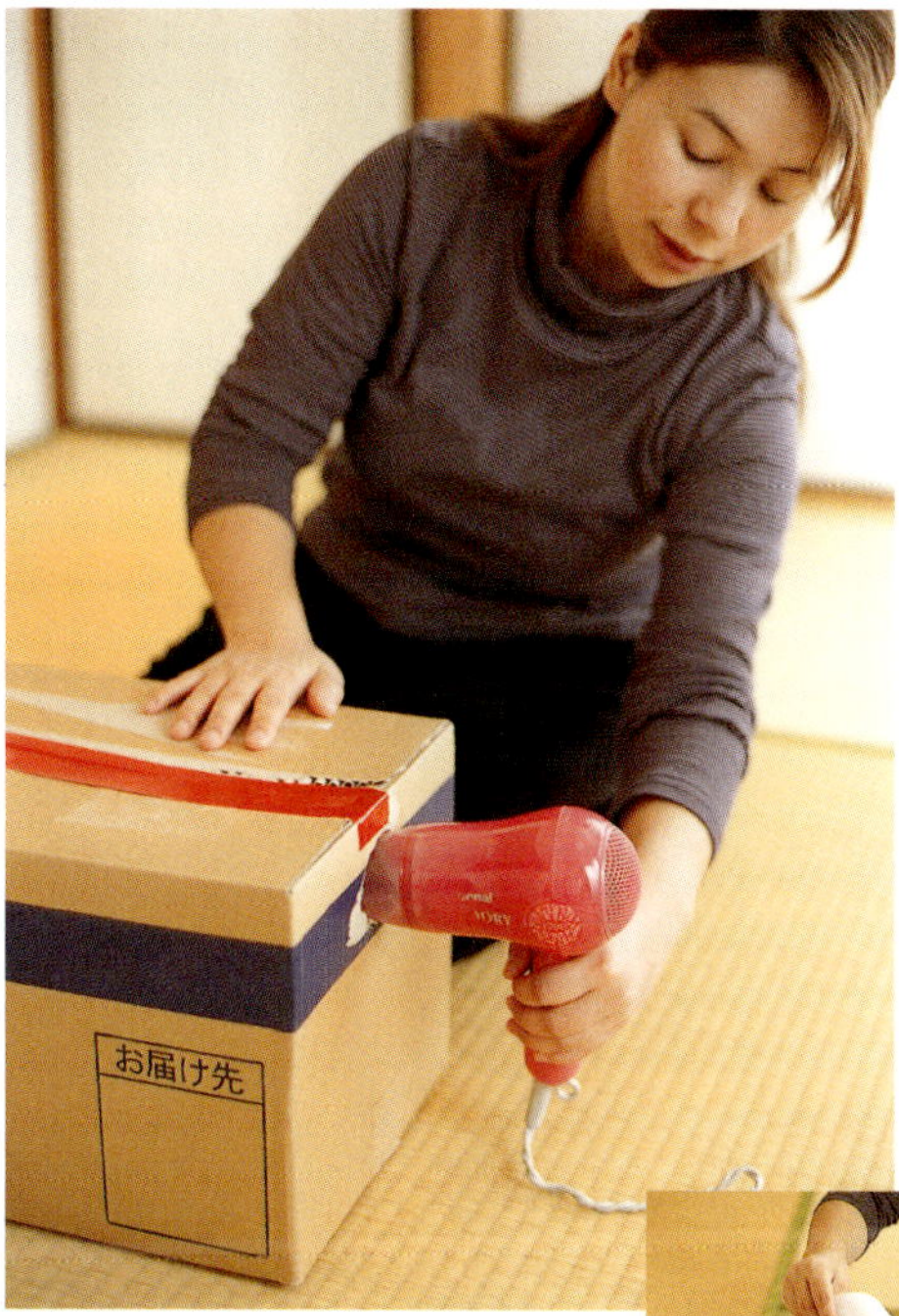

段ボールのすき間をテープで目ばりして、わきにドライヤーの差し込み口を作っておきます。その中に生乾きのワイシャツを入れ、差し込み口からドライヤーの温風をin。1分乾燥→30秒放置を2～3セットでワイシャツはカラッと乾きます。

洗濯機回りの掃除は酢水ぞうきんでサッと一ふき

洗濯機はカビの温床になりがち。洗濯機を回す前に、酢水にひたしたぞうきんで洗濯機を一ふきしておきます。特に、洗剤を入れるところを中心に。酢の殺菌・漂白効果が洗濯機回りを清潔に保ちます。

酢で洗濯槽の黒カビ落とし＆カビ予防

洗濯槽洗浄には、酢。洗濯槽に高水位まで水を張ったら、酢をカップ1杯入れ、数分間回して一晩おき、翌朝よくすすぎます。洗濯槽の黒カビ落とし＆カビの発生予防に効果あり。手入れは月1回を目安に。

ふろの残り湯と重曹で洗濯槽の汚れとにおいが落ちる

おふろグッズの湯あかとりにも使われる重曹は、洗濯槽掃除にも使えます。洗濯槽にふろの残り湯と重曹30gを入れ、一晩つけておき、翌朝普通コース（おまかせコース）で洗うだけ。悪臭がなくなります。

washing
もっとたいせつに！

洗濯物はアフターケアが勝負

ベビーパウダーがえり汚れをシャットアウト

ワイシャツのえり汚れは落ちにくいもの。汚れる前に、湿気に強いベビーパウダーをワイシャツの台えりに一振りしてコットンで押さえ、その上からアイロンをかけると汚れがつきにくくなります。

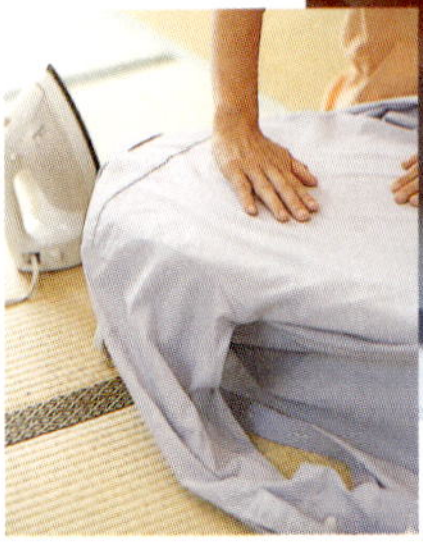

ワイシャツは生乾きアイロンでピシッと決まる

ワイシャツは、えりやそでがまだ湿っているうちにとり込んでアイロンがけ。ドライでも、スチームを使ったようにシワがきれいに伸びます。アイロンに水を入れたり、霧を吹く手間が省け、クリーニング店のようなピシッと仕上げに。

ズボンの折り目をピシッとさせるロウの形状記憶ワザ

ズボンを裏返し、折り目に沿って線を引くようにロウを1回塗ったら、表に返して折り山にアイロンをかけます。熱でとけたロウが再び固まって、ズボンの折り目は次の洗濯までピシッとキープ。形状記憶加工も真っ青の裏ワザです。

酢アイロンで折りジワが驚きの早さで消える

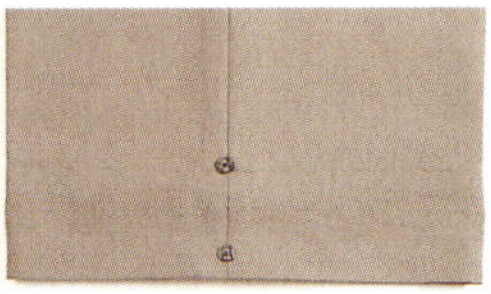

ズボンやスカートのすそをおろしたとき、ただアイロンをかけただけではなかなかとれない折りジワ。でも、シワの部分に水で薄めた酢を古歯ブラシなどでつけてから、アイロンをドライで強めに当てれば、簡単＆きれいに消えます。

台所用スポンジで毛玉は一気にこすりとる

広範囲にわたるセーターの毛玉が一気にとれるのが、台所用スポンジ。ザラザラした面を使って、一方向に軽く滑らせるのがコツです。往復させると逆効果なので、注意。

ちょこっと毛玉とりならT字かみそり

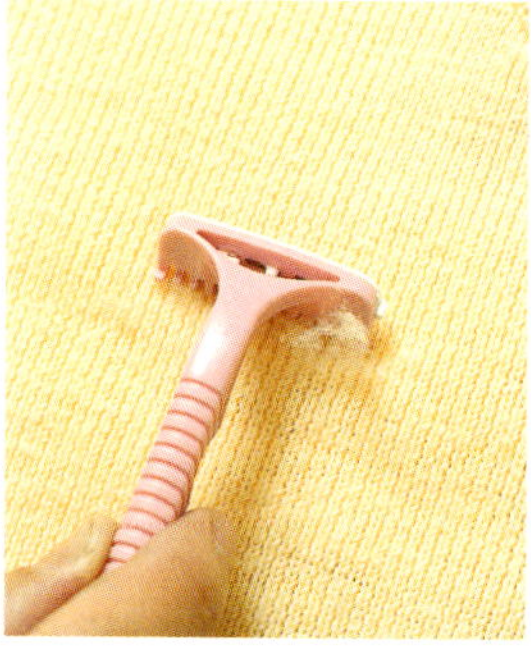

毛玉をムリに引っぱると、セーターが傷む原因に。T字かみそりでセーターの表面をなぞれば、毛玉だけがきれいにとれて便利。気になる毛玉にこまめに使えるワザ。

毛先をカットした古歯ブラシで毛玉をからめとる

まず、使い古しの歯ブラシの毛先を短くカット。その歯ブラシを軽く回転させながらセーターをなぞると毛玉がよくとれます。毛先はギザギザにカットすると効果大。

靴下の毛玉は軽石こすりで新品同様

靴下にできた毛玉とりは、軽石が最適。靴下を手にはめて広げると軽石が当たりやすく、きれいにとれます。こすりやすい方向があるので、いろいろな角度から試してみること。ただし、セーターは傷むので、軽石こすりは向きません。

冷蔵庫用脱臭剤は防虫剤臭もビックリ脱臭

大判のビニール袋に、衣類といっしょに冷蔵庫用脱臭剤を入れて、テープで密閉します。そのまま2～3時間おいておくだけで、防虫剤臭はきれいサッパリ！　あらためてクリーニングに出す必要もなく、急いでいるときに便利です。

防虫剤臭はスチームパワーで一晩脱臭

防虫剤臭のついた衣類はアイロンのスチームをまんべんなく当てると、においの成分をとかして飛ばします。あとは風の通る場所で陰干しに。一晩干しておけば完璧ににおいが消えます。アイロンを近づけすぎて、衣類を傷めないよう注意して。

washing
もっとたいせつに！

こんなものまでキレイになる!

子どもの上ばき＋ぞうきんで洗濯機洗い

幼稚園や学校の上ばきは、洗濯機でも洗うことができます。汚れがひどいところや靴底は、古歯ブラシなどで下洗いしてから、ぞうきん2～3枚といっしょに洗うのがポイント。上ばきとぞうきんの摩擦で汚れはスッキリ。運転中もゴロゴロ音がしません。

真っ黒になったスニーカーのひもはフィルムケースでつけおき

スニーカーのひもの汚れは、靴を洗っただけでは落ちないもの。ひもだけを別に漂白しましょう。このとき、便利なのがフィルムケース。ちょうどいい大きさで、漂白剤をムダなく使えます。一晩つけておくだけで、真っ白！に。

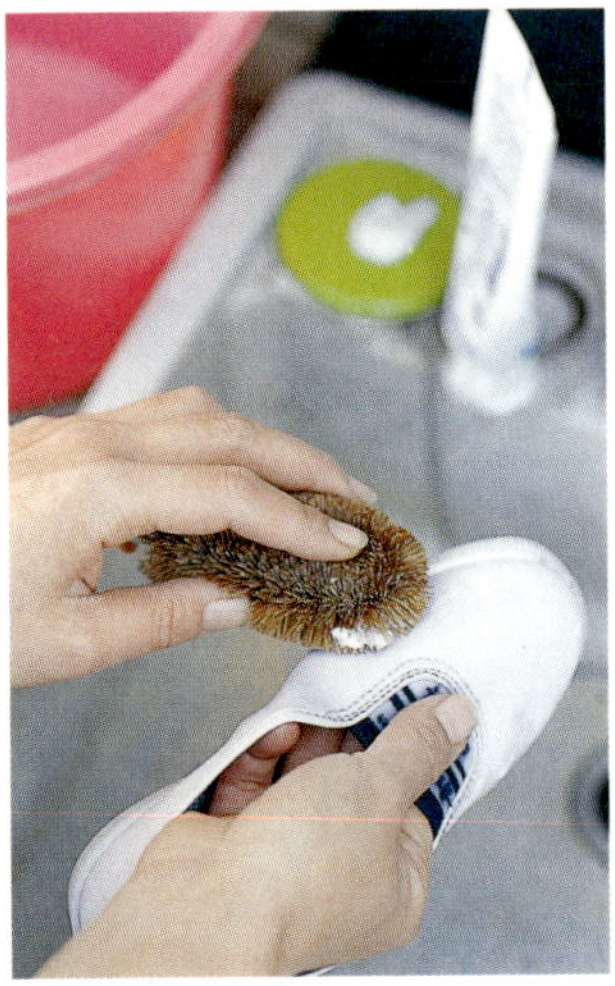

上ばき洗いは歯みがき粉で汚れ落とし

子どもの上ばきの汚れは、意外なほど頑固です。でも、洗剤のかわりに、歯みがき粉をカメノコタワシなどにつけて洗えば簡単。歯みがき粉の強い粘着力と研磨力が、上ばきの頑固な汚れを気持ちいいほど落とします。

まる洗いがむずかしいぬいぐるみは重曹＋掃除機できれいに

洗濯機で洗えないぬいぐるみは、汚れのひどいところに重曹をパラパラとまんべんなく振りかけ、軽くもみます。汚れが浮き出たところで、掃除機で吸いとるだけ。重曹が汚れを包んで、きれいになります。

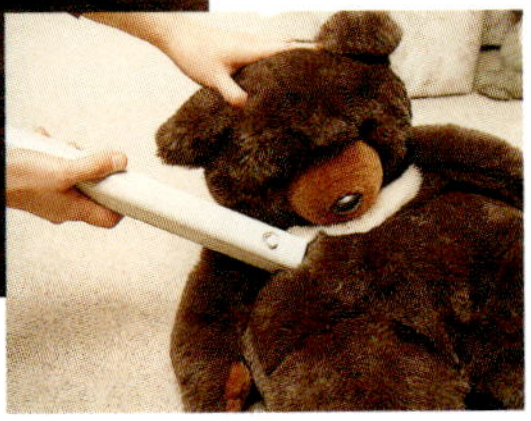

くすんだぬいぐるみは塩クリーニング！

真っ白だったぬいぐるみがくすんできたら、塩クリーニング。ビニール袋に入れて塩を振りかけたら、袋の口をしっかり閉じ、30回ほどシェイク、シェイク。塩が汚れを吸いとってくれるので、あとは塩をよくはたき落とすだけです。

PART 7

こんなことまで自分で直せる！納得ワザ

住まい

結露、カビ、害虫、におい…… 季節によって、
長く住まうことによって、住居にトラブルが起きることも。
でも、ちょっとしたコツを知っていれば、
イザというときあわてずにすみます。やれば自分でできる！
そんなやる気と自信がわくワザぞろいです。

結露と湿気シャットアウト

結露とりはガラス窓にはった新聞紙におまかせ

夜、寝る前に新聞紙を窓の上下2カ所にはってみてください。朝はがすと、新聞紙が水分を吸いとり、結露が下にたまっていないはず。はがした新聞紙で窓をふけば、ガラスはピカピカ。一石二鳥の裏ワザです。

アルミレジャーシートで窓の結露防止

夜、寝る前にカーテンと窓の間にアルミのレジャーシートを立てると、部屋の暖かさをキープするだけでなく、結露をしっかり防止。朝、ビショビショの窓をふく必要がなくなります。

かばんに新聞紙詰めで湿気を吸収

しばらく使わないかばんやブーツなど革製品は、軽く丸めた新聞紙を詰めて保管。新聞紙が湿気を吸いとり、形もキープ。

花火の保存は乾燥剤で！

花火は大きめのビニール袋に菓子やのりなどに入っていた乾燥剤（1～2個）とともに入れて封を。次の年も楽しめます。

丸めた新聞紙が押入れの湿気とり

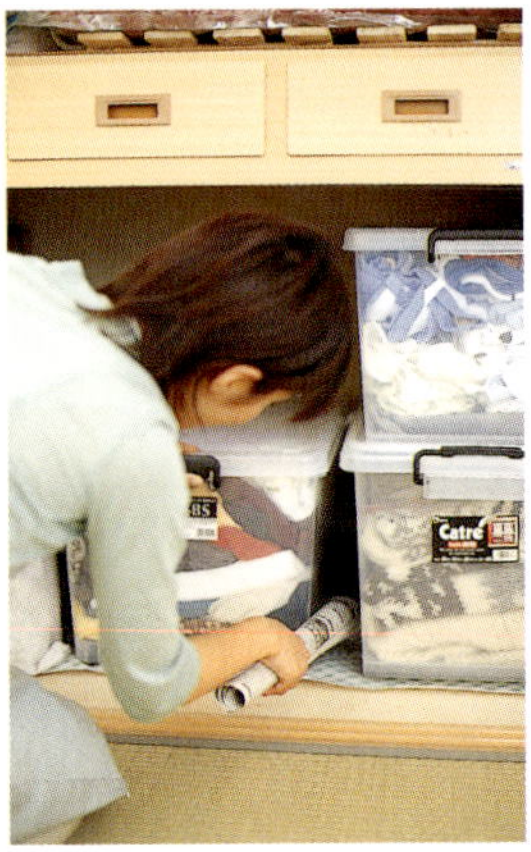

新聞紙1枚をクルクルと丸め、押入れのすき間に入れるだけ。押入れ半間につき、8枚が目安です。新聞紙が湿気を吸いとるので、押入れは快適。場所をとらないのも便利ポイント。新聞紙が湿った感じがしたら、かえどきです。

トイレットペーパーの芯で押入れすのこ

布団の押入れ収納にすのこは常識。このすのこがわりに、トイレットペーパーの芯が使えます。芯は3本つないで、新聞紙で巻いて、ふとんの下や間にはさめばOK。芯がへたったらかえどきです。

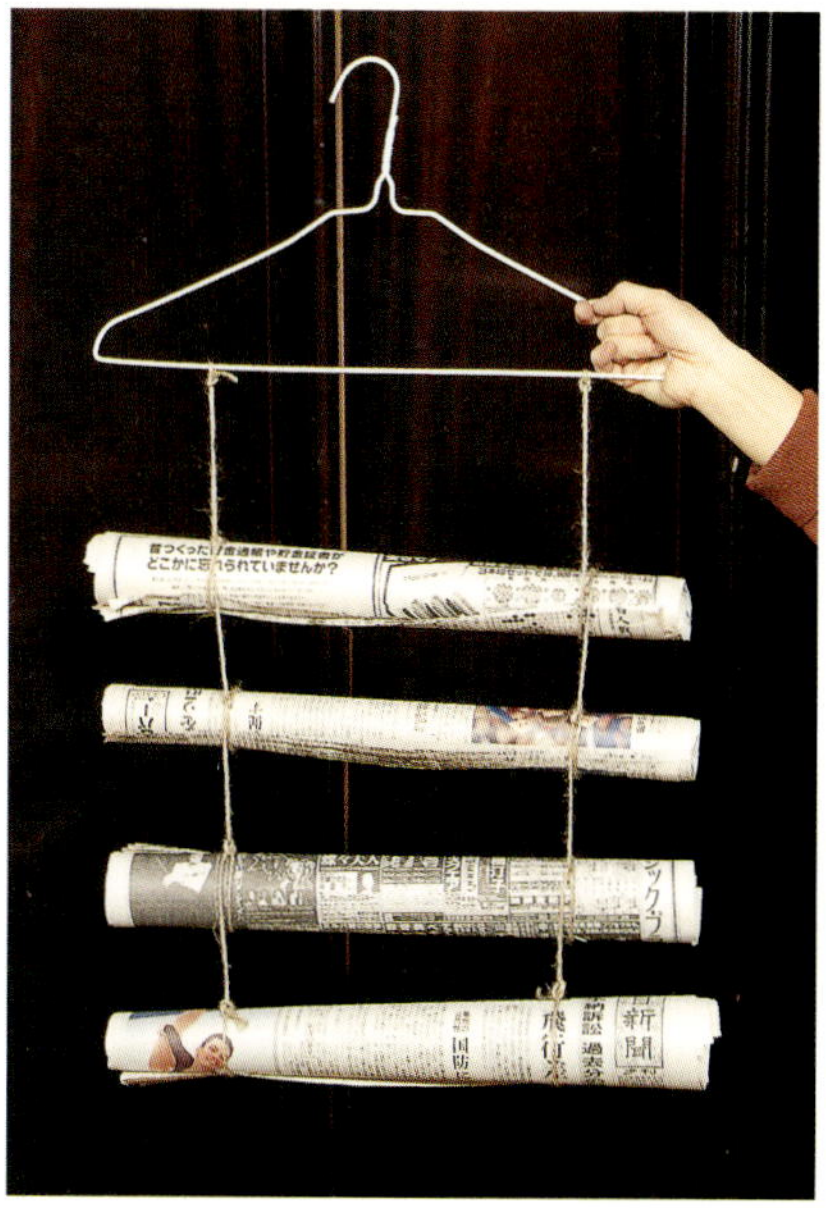

新聞紙で作る除湿ハンガーは洋服ダンスで大活躍

新聞紙を４～５枚重ねて四等分に切り、それぞれをクルクル丸めて、ひもで針金ハンガーに結びつければ、新聞紙の除湿ハンガーのでき上がり。洋服ダンスにかけておくと、新聞紙が重くなるほど湿気を吸いとります。

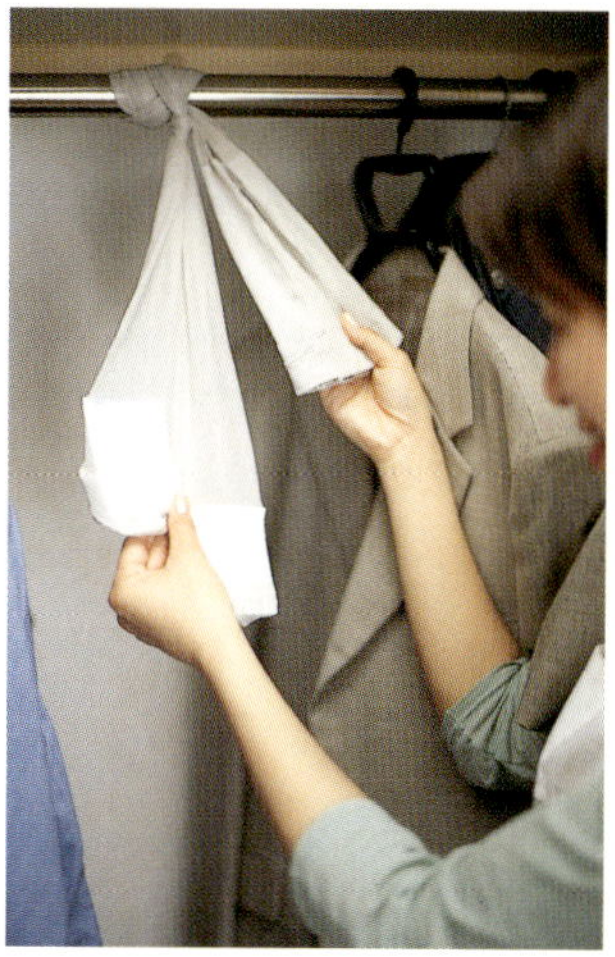

ストッキングと乾燥剤の合わせ除湿グッズ

湿気がこもりがちなクローゼットは、伝線したストッキングのつま先部分に乾燥剤を１つずつ入れ、ハンガーバーに結んで除湿します。どこでも結べるところがミソ。

靴箱には新聞紙の除湿棒が効く

新聞紙1枚を筒状に丸め、靴と靴の間に入れておくだけ。靴箱も靴も、湿気がとれてにおいにくくなります。できるだけ細く巻いて、たくさん入れると効果的。

靴は新聞紙で湿気&においとり

靴の中に丸めた新聞紙を入れ、次にはくときまで靴箱に。新聞紙が湿気もにおいもとり、靴の型くずれも防ぎます。

靴箱の除湿は新聞紙敷きで

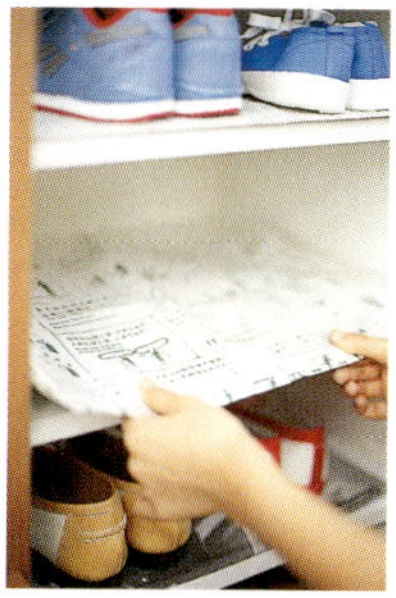

新聞紙１枚を靴箱の大きさに合わせて折り、棚に敷くだけ。梅雨どき、特に気になる靴箱内の湿気を吸収。掃除もラクに。

靴の湿気は乾燥剤が吸収

のりなど、食品に入っている乾燥剤を１つずつ入れておくと、湿けた靴の不快感が解消。乾燥剤の入れすぎは靴を傷める原因になるので注意して。

はかない靴は新聞紙＋箱収納

季節はずれの靴は、きれいにふいて新聞紙にくるみ、買ったときについてくる箱に収納。紙製の箱も湿気を吸収し、新聞紙の除湿効果をフォロー。

house keeping

身近なものですぐできる

におい＆虫シャットアウト

しつこいタバコのにおいもコーヒーかすで撃退

タバコのにおいには、湿った状態のままのコーヒーかすを。灰皿に敷いておけば吸いがらが5～6本たまっても気になりません。来客時も安心！

灰皿に茶がらを敷いてタバコくささをカット

灰皿に出がらしのお茶の葉を入れておくと、カテキン効果でタバコくささが消えます。この茶がら、トイレや玄関におけば、消臭剤＆自然な香りの芳香剤としても使えます。

茶がらストッキングでにおい消し＆抗菌のW効果

靴箱のにおい消しは、紅茶や日本茶の茶がらが効果あり！　茶がらはよく乾かしてから古ストッキングに入れ、靴箱においておきます。蒸れてにおいがこもりやすいブーツや革靴には、小分けして1足ずつに入れておくと、効果バツグン！

ぬれタオル振りでタバコ臭をビュンビュン消臭

においは、水けにつく性質があります。そこで、水でぬらしてよくしぼったタオルをビュンビュン振り回して消臭。タバコを吸ったあとの煙やにおいも、一瞬でウソのようにスッキリ消えます。思い立ったとき、すぐにできるので、不意の来客があっても心配ありません。

せっけんを入れておくだけで衣類の虫食いがなくなる

衣類の虫は、せっけんの香りが苦手。せっけんをハンカチでくるみ、たんすに入れて害虫対策に。衣類の上におくと上から下へと効果が広がります。

ハエよけ対策は網戸に酢水スプレー

酢を水で2倍に薄めて網戸に吹きかけると、酢の消毒・抗菌作用でハエが入りにくくなります。室内側に新聞紙をはって作業すると、酢水がなじみやすく。酢なら子どもが網戸にふれても安心です。

一度入ると二度と出られない殺虫液ペットボトル

ハエや蚊がにおいに敏感な性質を利用して、家の中に入る前にシャットアウト。虫の大好きなにおいの液が入ったペットボトルは、一度入ったら、二度と出られないしかけをしておくのがポイント。玄関や虫が来そうな木の枝付近においておくだけでＯＫ。

材料は、殺虫液（日本酒150㎖、酢100㎖、砂糖50g）、2ℓのペットボトル

ペットボトル上部に、底辺を残して3㎝四方の切り込みを入れ、手前に折り曲げたら、液を入れる。

粉ミルクのアルミ製内蓋のキラキラ反射でカラスよけ

粉ミルクをあけたときにはがす、内蓋。アルミ製なので反射効果があり、カラスよけに最適です。内蓋のプルトップの穴にビニールひもを通し、そのつど、かた結び。カラスよけしたい場所の上に渡しておけば、キラキラ反射パワーで撃退。

チョークの線引きでアリが入ってこない

アリはチョークが苦手。黒板に使うチョークで線を引くと、アリは線を越えることができません。玄関など、アリが入ってきそうな場所に線を引いておけば、家の中に入ってくることができず、この線を境にバックしていきます。

カーペットにできた焦げ穴は同色毛糸で"なんちゃってカバー"

カーペットにうっかりつけてしまったタバコの焼け跡。買いかえるほどではないけれど、穴があると、けっこう目立つものです。そこでカーペットと同色の毛糸を用意します。こまかく切ったものを。洋裁用の接着剤をつけて穴に埋め込んでカバー。よくよく見ないかぎり、焦げた穴があったとは思えない仕上がりです。

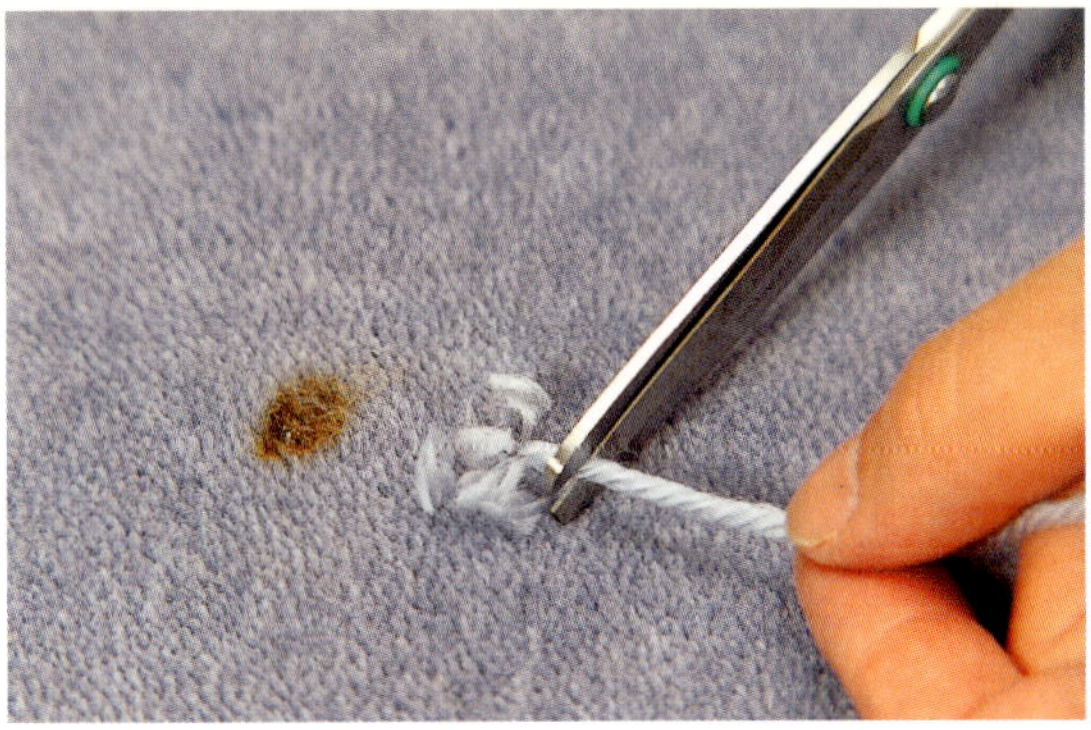

カーペットと同色の毛糸を用意し、焦げ穴の大きさに合わせて、毛糸をこまかく切る。

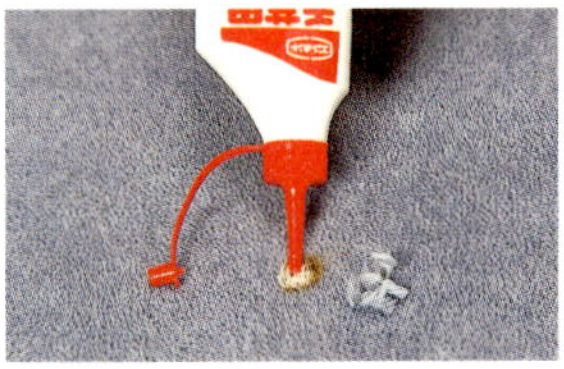

たっぷりの洋裁用接着剤を穴に塗りこみ、こまかく切った毛糸を埋める。

接着剤が固まったら、はみだしている毛糸を、カーペットの毛足に合わせて切りそろえる。

網戸の凸凹はドライヤーの温風でリカバー

物をぶつけてできた網戸のへこみは、ヘアドライヤーの温風を当てれば直せます。ドライヤーは網戸から30㎝ほど離して。熱でナイロンの網を縮めるので、少しのくぼみなら目立たなくなります。長時間の当てすぎには注意して。

畳の焼け焦げにはスチールウールかオキシドールで

畳に黒い焼け焦げがついてしまったら、スチールウールを余り布などにとり、軽くていねいにこすります。その後、接着剤で補強すればほつれも防ぎ、より長もち。薄い焼け焦げならオキシドールを余り布につけて脱色すればかなりきれいになります。

黄ばんできた障子紙は漂白剤スプレーで真っ白

黄ばんできた障子紙も、ひどい汚れや破れがなければ張りかえは手間。そこで水１ℓに漂白剤を小さじ１、洗濯糊大さじ２強をまぜるだけの漂白剤スプレーがおすすめ。障子紙にまんべんなくスプレーすれば、白さが戻ってきます。

パンクしたテニスボールはイス脚カバーにピッタンコ

古テニスボールは、カッターで十字に切り込みを入れれば、イス脚カバーに早がわり！　不快な音も、フローリングを傷つける心配もなくなります。

せっけんひと塗りは鏡のくもりも汚れもつけない優秀油膜

洗面所で手を洗うついでに、乾いたせっけんを直接鏡に塗りつけます。その上から乾いた布でからぶきを。鏡に油膜ができて、湯げでくもってイライラすることがなくなります。

ロウソク塗りでタイル目地のカビをストップ

ふろ場のカビ対策に効果的なのがロウ。タイルの目地をロウソクでこすっておけば、ロウが水をはじいて、カビの発生をストップします。数カ月ごとに塗れば、効果が持続します。

天然のカビ防止剤わさび水でふろ場の壁＆床を抗菌

洗剤で掃除して水けをふいたふろ場の壁や床を、わさびを少量とかした水でしぼったぞうきんでふけば、黒カビは激減します。抗菌作用のあるワサビは天然素材。広い面積に使っても安心です。

身につけるものの㊙メンテナンス術

■ パンスト三つ編みの やわらかタワシが 靴みがきに最適！

古パンストをタワシとして使うワザ。パンスト3足のおしり部分を縦にカットし、三つ編みにしたら、数回結んで団子状に（2個できます）。やわらかいナイロン製なので、靴みがきに使いやすく、ステンレスやタイルも傷つけず汚れが落とせます。編むことで耐久性もアップ。

■ 肩パッドは 携帯に便利な 靴みがき！

手持ちの洋服を処分するときは、肩パッドをはずしてとっておくと、なにかとお役立ち。手のひらサイズで、靴みがきとしてもひと働きします。軽いので、旅行の携帯用にも便利。体を洗うスポンジとしても使えます。

■ 古乳液や古クリームは 靴や革製品の手入れにピッタリ

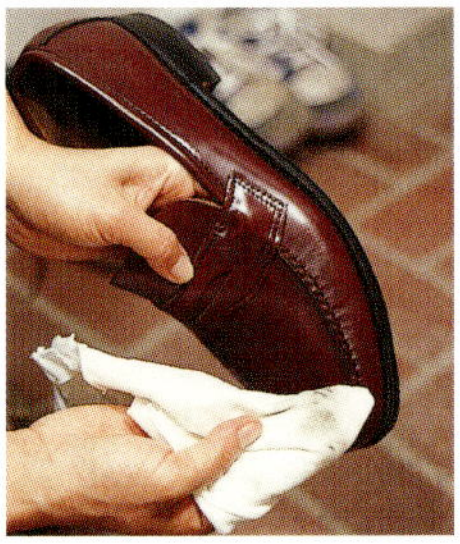

使わなくなった乳液やクレンジングクリームは、顔の手入れには心配でも靴みがきなら安心。やわらかい布にとってみがくと、革にツヤとしなやかさが戻ります。ゴワゴワのスキー手袋も、乳液でていねいにもみながらふくとやわらかく。肌に合わなかった化粧品の再利用にもなります。

ベビーパウダーはファスナー滑りをよくする魔法の粉

バッグや洋服などのファスナーの滑りが悪くなったら、ベビーパウダーを振りかけます。きめこまかな粒子がファスナーの動きを円滑にするので、ムリせずスムーズにあけ閉めができるようになります。

ベビーパウダーでからまった鎖がスルッと解ける

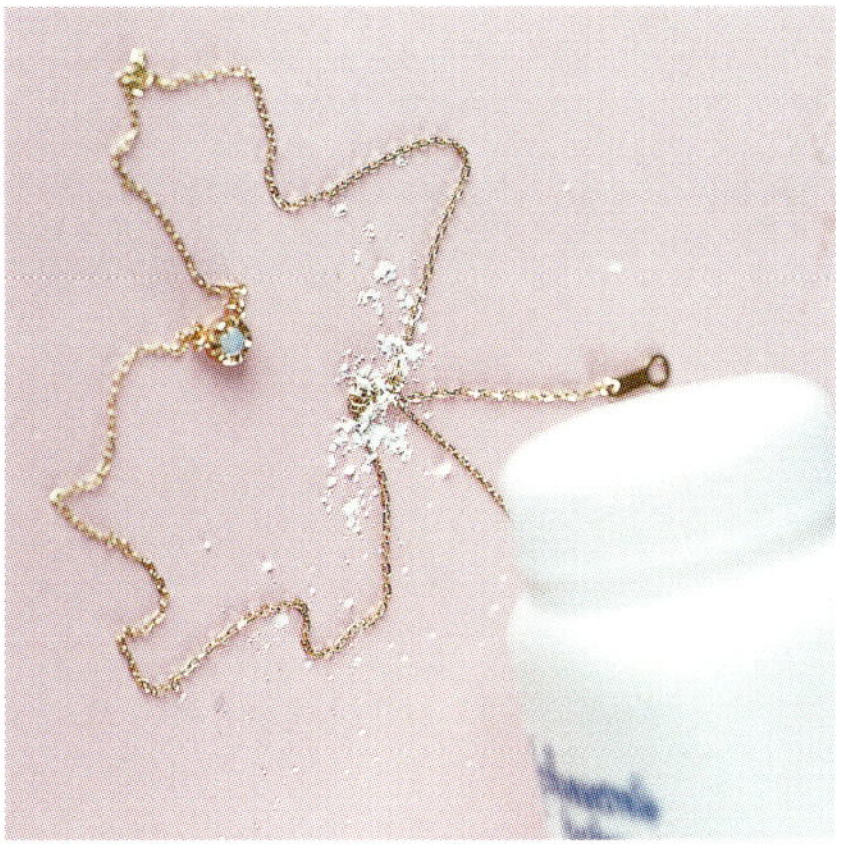

細い鎖のペンダントは、一度からまるとほどくのがたいへん。でも、からまり部分にベビーパウダーをかけると、滑りがよくなって、簡単にほどけます。短気な人もだいじょうぶ。

500㎖のペットボトルはお手軽シューキーパー

500㎖のペットボトルはシューキーパーにぴったり。キャップをはずし、靴のサイズに合わせてペットボトルの底をカッターでカットするだけ。中に消臭剤や除湿剤を入れれば、靴のケアは万全です。

さびついたシルバー製品はなんと！牛乳がピカピカにする

保存と手入れがたいせつとわかっていても、なかなか手が行き届かないアクセサリー類。シルバーのアクセサリーが黒く変色してしまったら、牛乳に約10分間ひたします。とり出してやわらかな布でこすりみがけば、シルバー特有の重厚な輝きが戻ってきます。

せっけん塗りできつい靴もあきらめずにはける

靴ずれしやすい靴は、はく前にかかと部分に固形のせっけんをこすりつけておきます。滑りがよくなり、靴ずれが起こりにくくなります。

生活雑貨㊷メンテナンス術

■ ボサボサ歯ブラシの毛先は ビニールタイで再生

ボサボサ毛先のできるだけ先端部分にビニールタイを巻きつけ、指先で押さえて固定したら、毛先がほとんど平たくなるまでギューッと締めつけます。その後、ビニールタイごと熱湯を10〜15秒かけ、次に冷水に5秒つければ、毛先ボロボロの歯ブラシが限りなく新品に。開いた毛先を熱で矯正しておいて、冷水定着させる再生ワザです。

ギューッと締め
ボサボサ
熱湯をかけ
冷水につける
新品同様

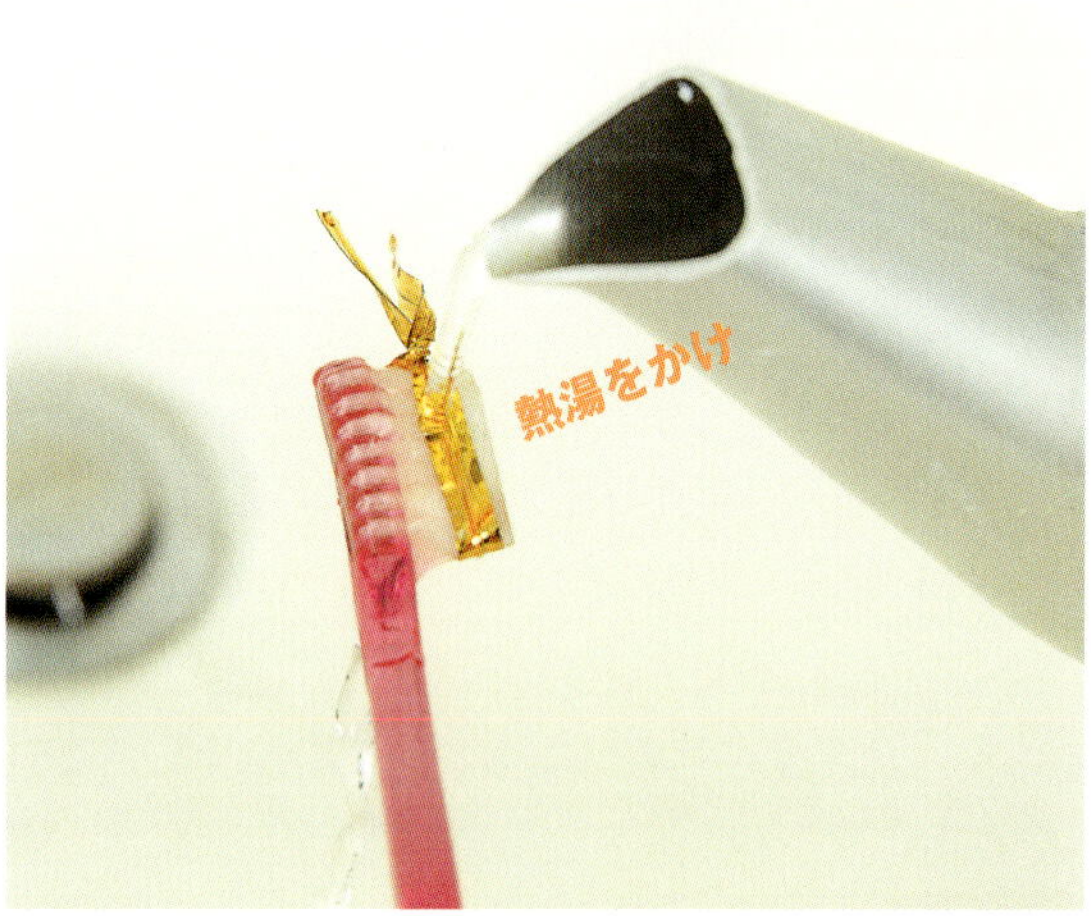

■ 滑りの悪いカギは 鉛筆の粉で スムーズに開く

ドアのカギの調子が悪くなったら、鉛筆の芯を削って粉にしてカギにまぶします。カギ穴に数回出し入れすると、驚くほど滑りがなめらかに！ あけにくかったドアもスムーズにあけられます。ミシン油やシリコンスプレーは逆効果になるので気をつけて。

■ さびついた針は アルミホイルで 布通りスルスル

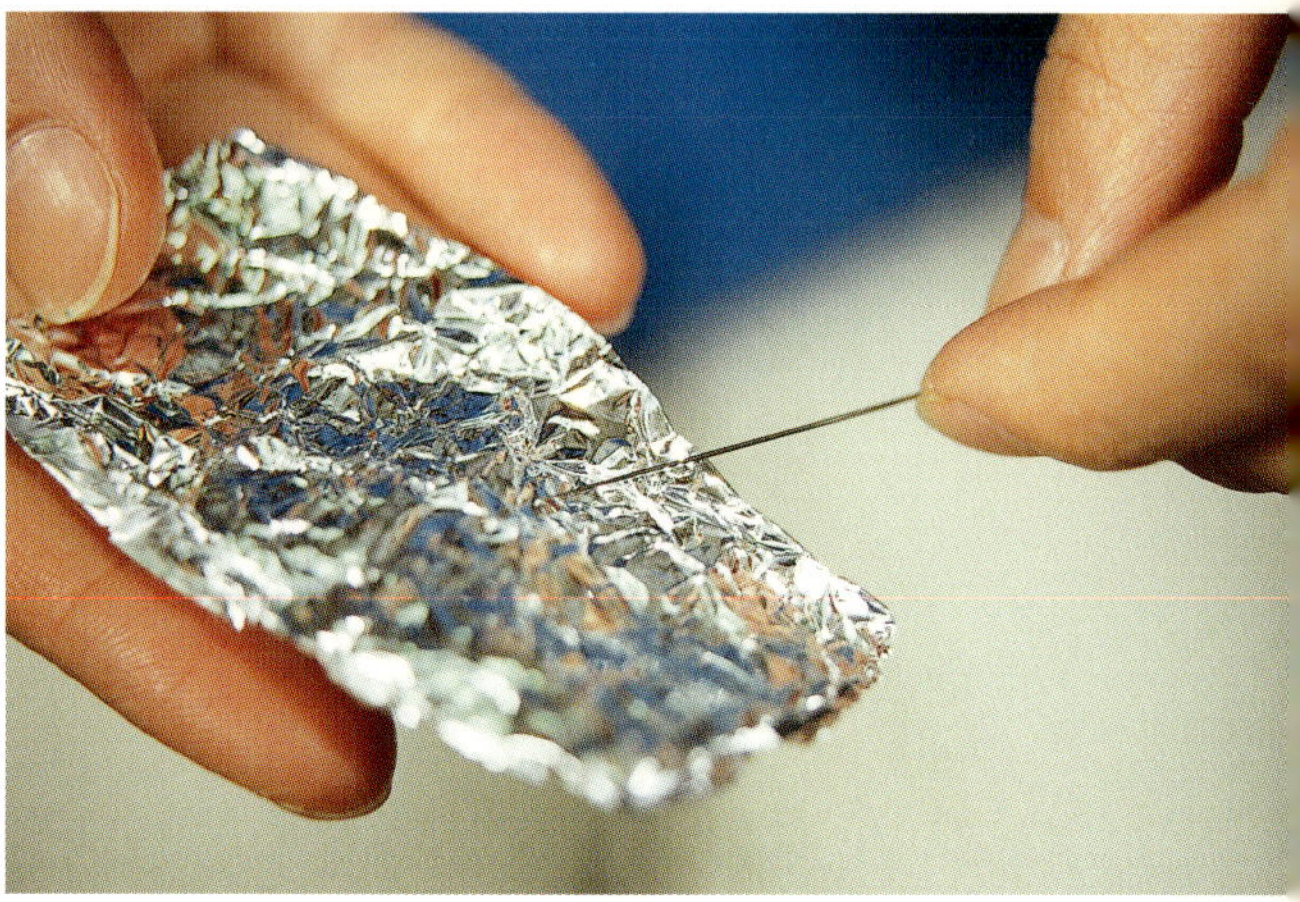

さびついて、布通りの悪くなった針は、アルミホイルがあれば簡単に復活します。アルミホイルは調理などで使ったあとの残りで十分。針をホイルではさみ、さびをとるように強くこすってみがきます。さらに少し油のついた布でふけば、通りのよい針に戻ります。

木製家具のチョイキズはインスタントコーヒーで

木製家具についたキズの応急処置は、濃いめに湯でといて冷ましたインスタントコーヒーを塗ると隠せます。塗装家具には色目を合わせたクレヨンを少しずつ塗り、透明マニキュアでコーティング。化学ぞうきんなどでほこりをとってからお手入れを。

籐家具や籐かごは塩水ぞうきんでサッとふく

黄ばみが目立つ籐家具には、バケツ１杯の水に塩大さじ２くらいの目安で作った塩水で、ぞうきんをかたくしぼってふきます。この塩水ぞうきんで、戸や障子の手あか汚れもきれいになります。

フィルムケースの蓋でプラグのほこりよけキャップ

プラグのほこりは、火災の原因になりかねません。そこで活用したいのが、フィルムケースのキャップ。キャップの中央までカッターで切り込みを入れ、中央をくりぬいてプラグを通せば、ほこり防止に有効。

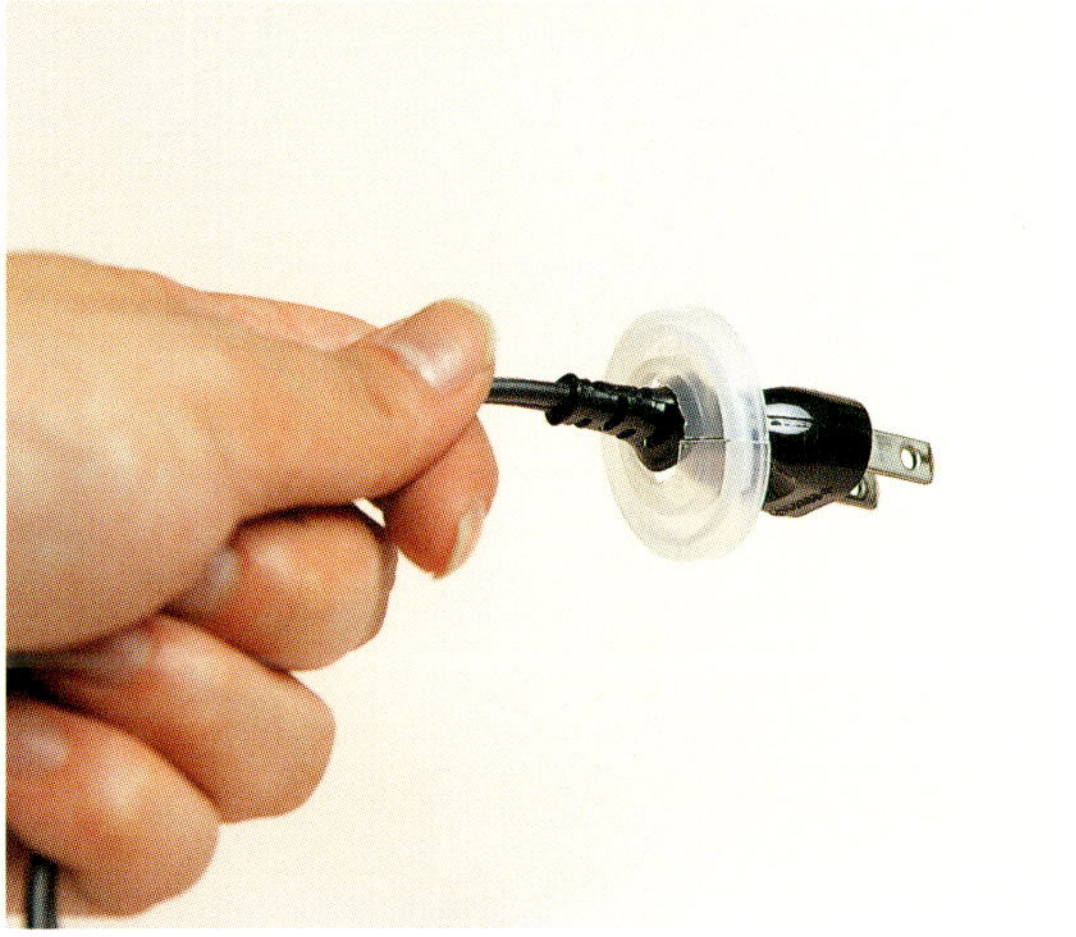

じゃがいもの皮で一ふきすれば、鏡はピッカピカ

手あかやほこりで白い膜が張ったように汚れた鏡。そんなときは、じゃがいもの皮でサッと一ふき。皮の裏側が乾燥する前にこすりつけ、水で洗い流せばくもりはすっきりとれて、ピッカピカになります。皮が乾燥してしまったときは、鏡を水でぬらしてからこすれば効果は同じ。

house keeping

身近なものですぐできる

布団快メンテナンス術

イス2脚にかければ、室内でラクラク布団干し

室内干しのポイントは、布団を浮かせて下に空気を通すこと。離しておいたイス2脚に布団をかけるのも手です。扇風機で風を送ったり、エアコンをドライ設定にすれば、より効果が。

100均プラかご1個で布団ふっくら干し

雨や花粉で外に布団が干せないときは、身近にある100均プラかごや洗濯かごの上に布団をかぶせ、すき間をあけて室内干しするだけでも効果があります。リビングのテーブルを利用してもだいじょうぶ。ふっくら干し上がり、敷きっぱなしとは段違いです。

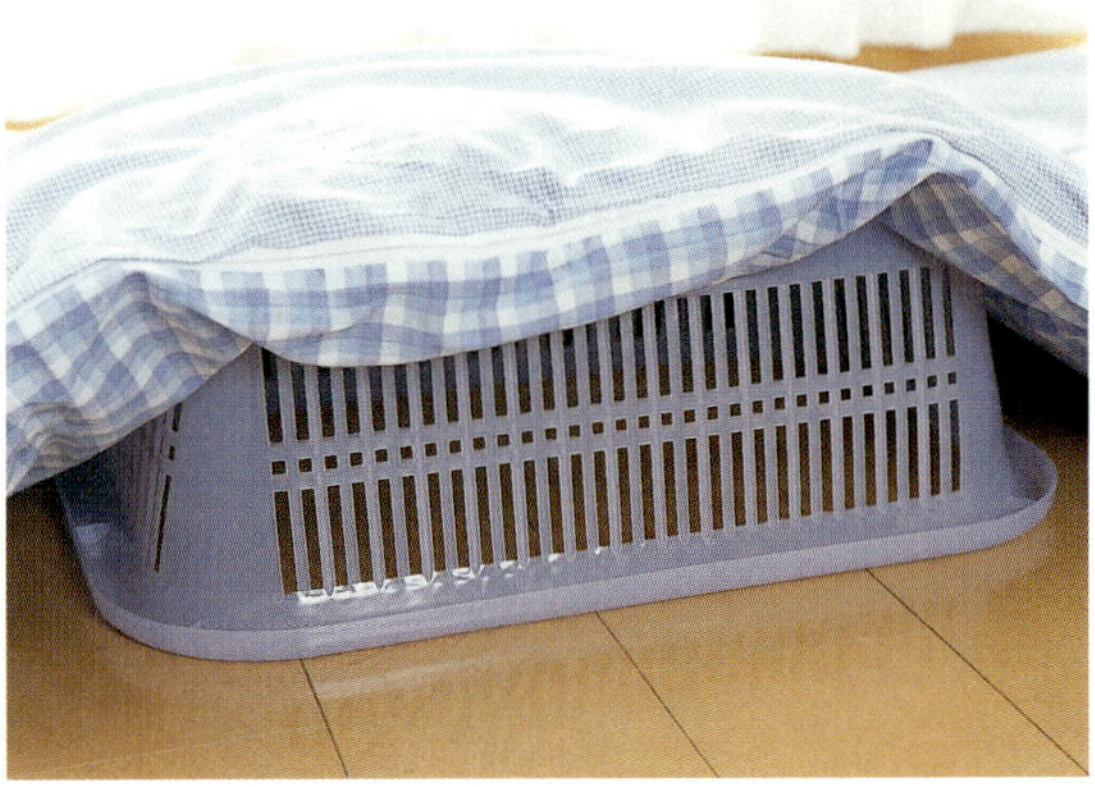

どこでもひっかけOKの枕干しハンガー

意外と干し場所に困るのが枕。針金ハンガーの下部分を下方向に引っぱれば、枕干しハンガーができます。物干しざおにひっかけられて便利だし、2本使えば落ちることもなく、どんな大きさ、形の枕でも対応できます。

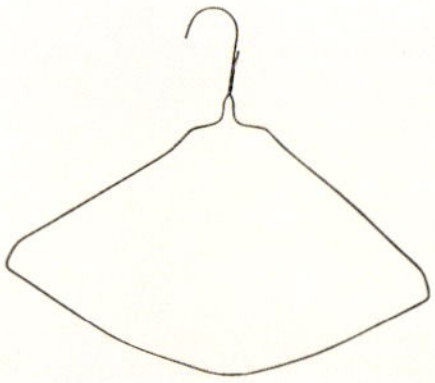

パンスト布団たたきでほこりをスイスイ吸着

布団たたきにパンストをかぶせれば、布団から出るほこりをパンストの静電気がしっかり吸着。集合住宅などでほこりが気になる布団はたたきにぜひ。パンストは、口の部分を輪ゴムやひもで固定します。

PART 8

お金をかけずにキレイになる！コツのコツ

美容

高価な化粧品を手に入れなくても、
キッチンにある身近な材料を活用したり
毎日のケアのやり方をちょっと工夫するだけで
キレイになれるのですから、これはやらなくちゃ損！
気軽にできて、三日坊主の心配もありません。

毎日必ず出る米とぎ汁で米ぬかピーリング

一晩おいた米のとぎ汁を使った米ぬかピーリング。米ぬかを顔に塗り、乾いてきたら、指で軽くこすり落とすと、いっしょに汚れもおもしろいように落ちます。これで鼻の黒ずみやクスミがとれ、お肌ツルツル。ケアの目安は週１回。

最初のとぎ汁は捨て、2〜3回目のをとっておく。

ボウルで一晩おき、米ぬかを沈殿させる。

上ずみはとり、沈殿したぬかを顔に塗る。

約10分後、指で軽くこすり、洗顔、化粧水&乳液でケア。

黒糖パックは乾燥肌をしっとり肌に

黒砂糖に含まれるコクトオリゴの美肌効果を利用した簡単保湿パック。こまかく砕いた黒砂糖に水を加えてとろみがつくまで煮詰め、冷めたら肌に塗って数分。ぬるま湯で顔をすすげば、しっとり感アップ。キメのこまかい肌になります。

日やけあとは牛乳の簡単パックでほてりケア

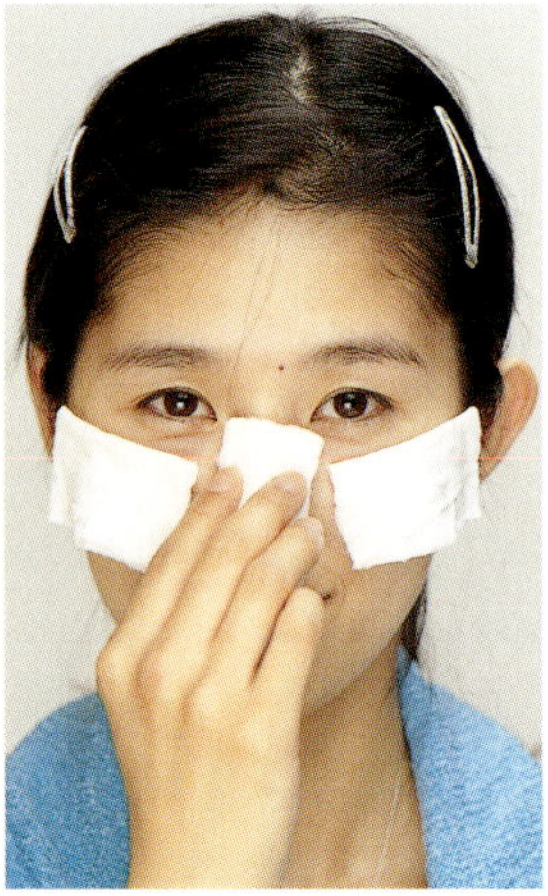

日やけあとの応急対策に便利なのが、よ〜く冷やした牛乳を使ったパック。赤くほてった部分に、牛乳で湿らせたコットンをしばらくのせ、洗い流します。ひんやり気持ちよくて◎。牛乳のタンパク質は良性で、肌の組織機能の再生に役立つのでハリ、ツヤをとり戻す効果も。

お茶マッサージでバスタイムにツルツル肌

入浴時、湯で湿らせた茶がらを入れた布袋で顔を軽くマッサージすると、アミノ酸の効果で肌がツヤツヤになります。毎日出る茶がらは、バスタイムまでたいせつに。

額のシワが伸びる手のひらアイロン

シワは熱を加えて伸ばすもの。洋服のシワにアイロンをかけるように、額のシワには手のひらを当てます。手のひらの体温（熱）が額にじんわり伝わり、気になるシワが伸ばせるからうれしい！

日めくりカレンダーが脂とり紙に最適！

毎日、破って捨てる日めくりカレンダー。実はこの紙、脂を吸収する力が高いので、顔の余分な皮脂をとる脂とり紙のかわりになります。肌に当てるのは、印刷されていない裏側を。手のひらサイズで扱いやすいのも◎。

これは簡単！野球ボール握りでだれでもネイルじょうず

利き手の爪にネイルを塗るのは、むずかしいもの。そんなときは、利き手に野球ボールを握り、手首を机に当てると指先が安定し、はみ出したりの失敗なしに仕上がります。

あたためビューラーでいつもの2倍パッチリ目

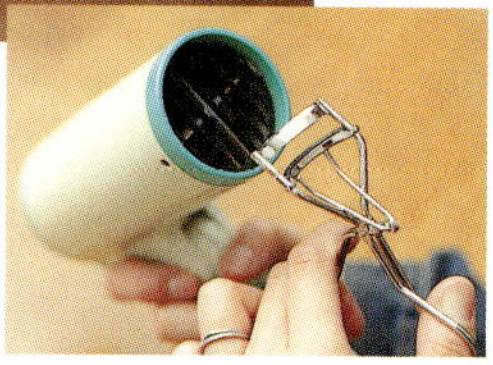

ビューラーのまつ毛をはさむ金具部分をドライヤーで約5秒、人肌程度にあたため、いつものようにまつ毛をはさみ、持ち上げればカール力アップします。

簡単＆効果抜群！自宅でできるマヨネーズのヘアパック

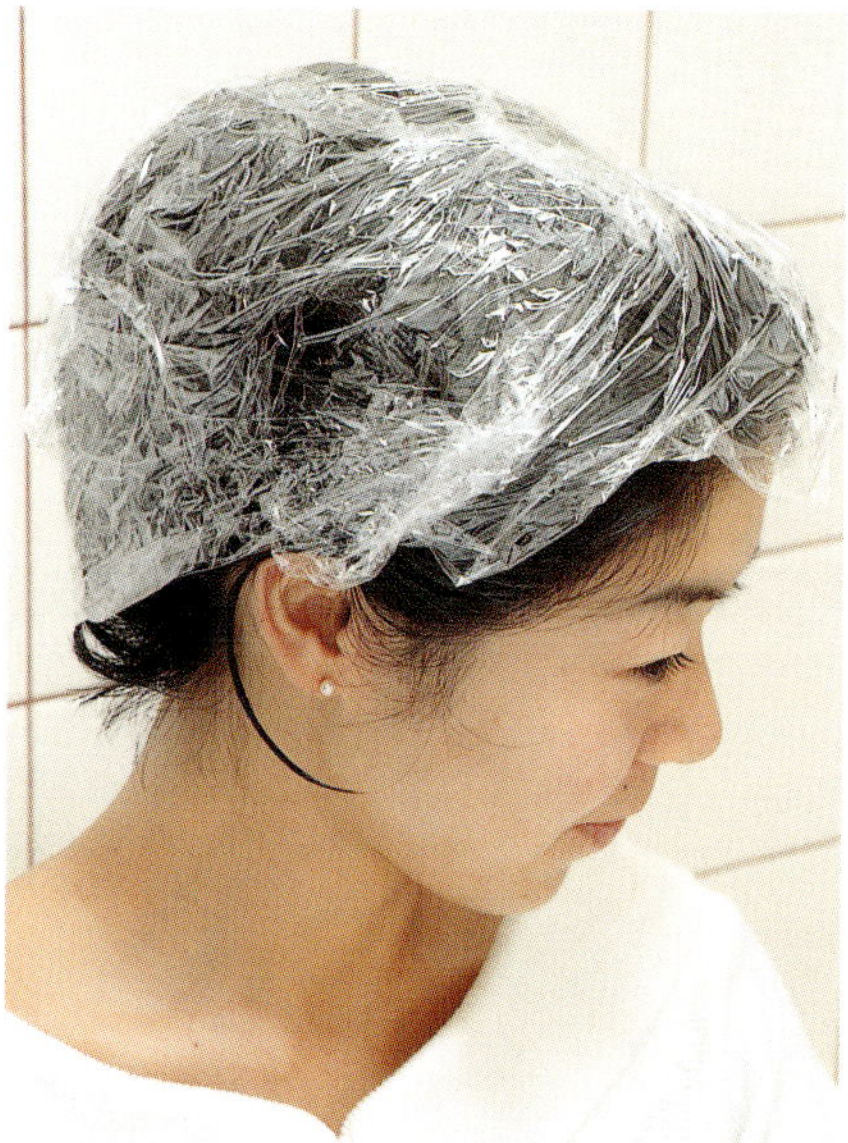

髪の健康に必要なタンパク質や適度な油分が豊富なのが、なんとマヨネーズ。シャンプー、リンスをした髪にマヨネーズを適量塗り、ラップやレジ袋などでパックして数分間待ちます。よくゆすげば、髪がサラサラに。

＊ご注意　Part8の美容法は、腕の内側など目立たない部分で試し、トラブルが起きないことを確認してから始めてください。万一、赤くなったり、かゆみを感じたら、すぐに中止してください。

洗顔のひと工夫で美肌

米ぬかすすぎ水のこまかな粒子がやさしくスクラブ

米のとぎ汁には皮膚表面の古い角質をとり去る効果あり。洗顔後、1・5倍に湯で薄めたとぎ汁で顔全体を洗うようになで、水かぬるま湯ですすぎます。きょうお米をといだらすぐ試して。

さっぱり＆美白効果も期待できる緑茶洗顔

肌の余分な皮脂がとれ、引き締め効果もある緑茶洗顔。出がらしを洗面器に入れて熱湯を注ぎ、人肌程度の熱さになったら、上ずみで洗顔します。茶葉が顔についたらとり、タオルでふきとらずに自然乾燥。美白効果も期待できます。

洗顔とパックが一度にできる！卵黄クレンジング

卵黄１個と小麦粉大さじ２をまぜ、少量ずつをぬるま湯でのばしながら顔全体に塗る。

メイクを落としたら、卵黄に小麦粉をまぜた卵黄クレンジングを顔全体に薄くのばします。１～２分間肌になじませてパック効果も与えたら、水で洗い流せばOK。疲れた肌も洗顔後にはツルツルです。卵黄１個で数回分の量ができるので、冷蔵保存して２～３日で使い切ってください。

スクラブ効果で毛穴の奥の汚れまで落とすコーヒーかすせっけん

固形せっけんの表面に、飲み終わったコーヒーかす（豆をひいたもの）を手ですり込むようにつけます。このせっけんを泡立てて洗顔すれば、コーヒーかすのスクラブ効果で毛穴の汚れを落とし、肌がツルツルになり、おまけにクスミも薄くなる効果が。

古パンストのヘアバンドで洗顔ラクラク

古パンストのウエスト部分をはさみで輪っか状にカットすれば、メイクや洗顔時のヘアバンドとして大活躍。伸縮自在なので、着けはずしもラクラク。しかも、ぬれても汚れても、気にせず使えます。旅行用化粧ポーチにも入れておいて。

せっけんはオクラネットで泡立ち&洗浄力がアップ

小さくなったせっけんは、目のこまかいオクラネットに入れて輪ゴムで口を縛れば、泡立ちのよいせっけんに。ふんわりと立った泡は肌にやさしく、余分な皮脂や汗を吸いとり洗浄力もアップします。

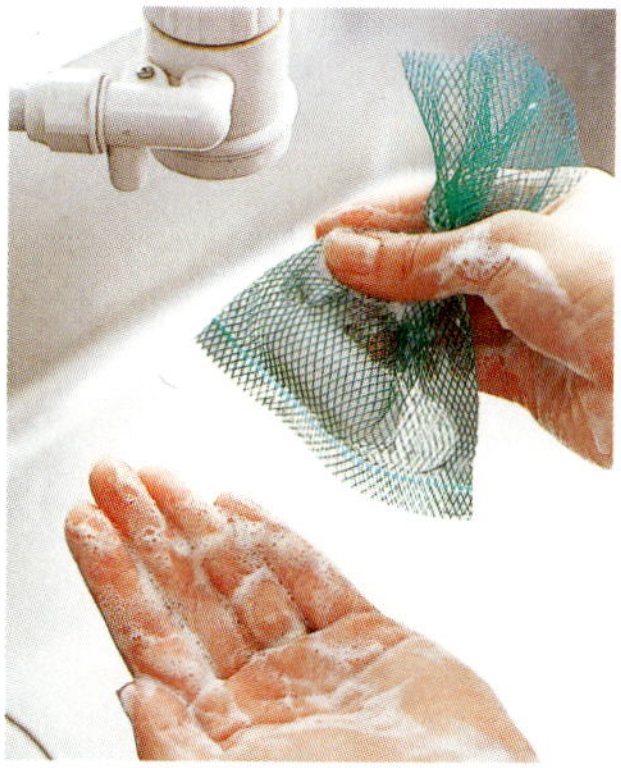

せっけん置きに輪ゴムをかけて清潔せっけん洗顔

せっけん置きにじかにせっけんをおくと、底にたまった水分でヌルヌルしがち。せっけん置きに輪ゴムを2本かければ水分にふれず、いつも清潔なせっけんで洗顔ができます。

beauty
お金をかけずに安全・安心

手作り 化粧水で美肌

気になる シミ、クスミに 緑茶化粧水

老化防止効果のあるビタミンA・C・Eを豊富に含む茶葉を、焼酎につけ込んだ緑茶化粧水。肌にスプレーすれば、シミやクスミを薄くする効果が期待できます。消費期限切れの茶葉の有効活用にも最適。しっとりさせたいときはグリセリンを加えます。

保存びんで焼酎300mℓに緑茶大さじ３を４～５日つけ、茶葉をとり出す。グリセリン小さじ1を加えても。

スプレーびんに小分けにして、洗顔後に顔にたっぷり吹きつける。

煮るだけで ニキビ予防！の ティーバッグ化粧水

茶葉にはすぐれた殺菌作用があります。ティーバッグを煮だしてから冷ました化粧水は、ニキビ予防や鎮静化に効果抜群。紅茶、緑茶はもちろん、ハーブティーを煮出すと、さわやかな使い心地も楽しめます。

アロエ化粧水は一年じゅう使える万能化粧水

吹き出物やシミなどのトラブルのない、ハリのある肌づくりに役立つアロエ化粧水。ゼリー状の果肉を残さず使います。夏は日焼けでほてった肌の炎症をしずめ、冬は乾燥を防ぐなど、年じゅう使えるのがいいところ。１年間常温保存できます。

③アロエを密閉容器に入れ、焼酎に漬け込む。青々としたアロエも、しばらくたつと黒っぽく変色する。

①アロエ300ｇ、アルコール度25度の焼酎650㎖、グリセリン65㎖を用意。

④冷暗所で1週間保管。液が黒っぽくなればグリセリンを加えて完成。

②切りとったアロエはよく洗い、傷んだ部分を除き、５㎜程度に切る。トロッとした果肉が効きめのもと！

ゆずの皮化粧水は2個分で感動の保湿力！

ゆずの皮２個分、アルコール度25度の焼酎（甲類）500㎖、グリセリン50㎖を用意。

ビタミンCが豊富なゆず。皮には、精油成分やペクチンなどの糖類が含まれ、保湿、清浄、美白などの効果が期待できます。ゆず化粧水は種を使うのが一般的ですが、皮を利用すれば手軽。密閉容器から上ずみ液を小びんに移して使うと、便利です。

ゆずはよく洗ってから皮をむく。むきたての皮を化粧水に使うのがポイント。

密閉容器に材料を入れ、常温で日の当たらない場所に約3週間おいたらでき上がり。

beauty

お金をかけずに

ひと手間パックで美肌①

卵白1個分は、そのまま手にとり、目と口の周りを避けて、顔全体に塗る。15～20分たったら、水で洗い流すだけ。1回分約10円で、肌がひと皮むけた感触が味わえる。

卵白ズルズルパックで卵のように一皮むけた肌に

余った卵白でOK。卵白をズルンと手にとり、顔につけるだけという超簡単パックです。コツは、しっかりなすりつけること。少々肌がつっぱりますが、洗い流したあとは肌がむきたて卵みたいにツルン！

カサカサ肌も少量でうるおうオリーブオイルのパック

台所のオリーブオイルがお役立ち。冷房や日やけなどで乾燥した肌もしっとりうるおうので、外出前日の応急処置に最適。翌朝の化粧のりも、ぐっと違ってきます。紫外線防止効果もあるので、ふきとらなければ日やけ防止クリームのかわりにも。

顔に蒸しタオルを1分間のせ、そのタオルで軽くオリーブオイルをふきとる。

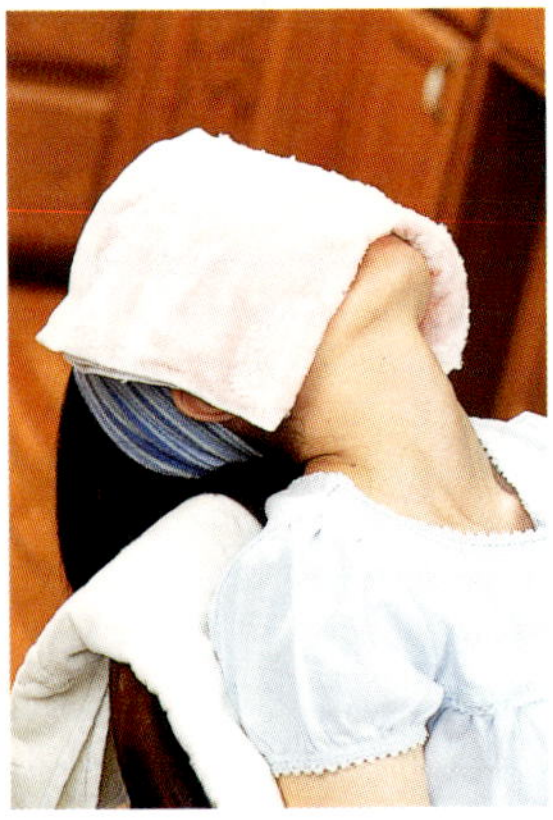

エキストラバージンオリーブオイル小さじ$\frac{1}{2}$を顔に薄くのばし、マッサージする。

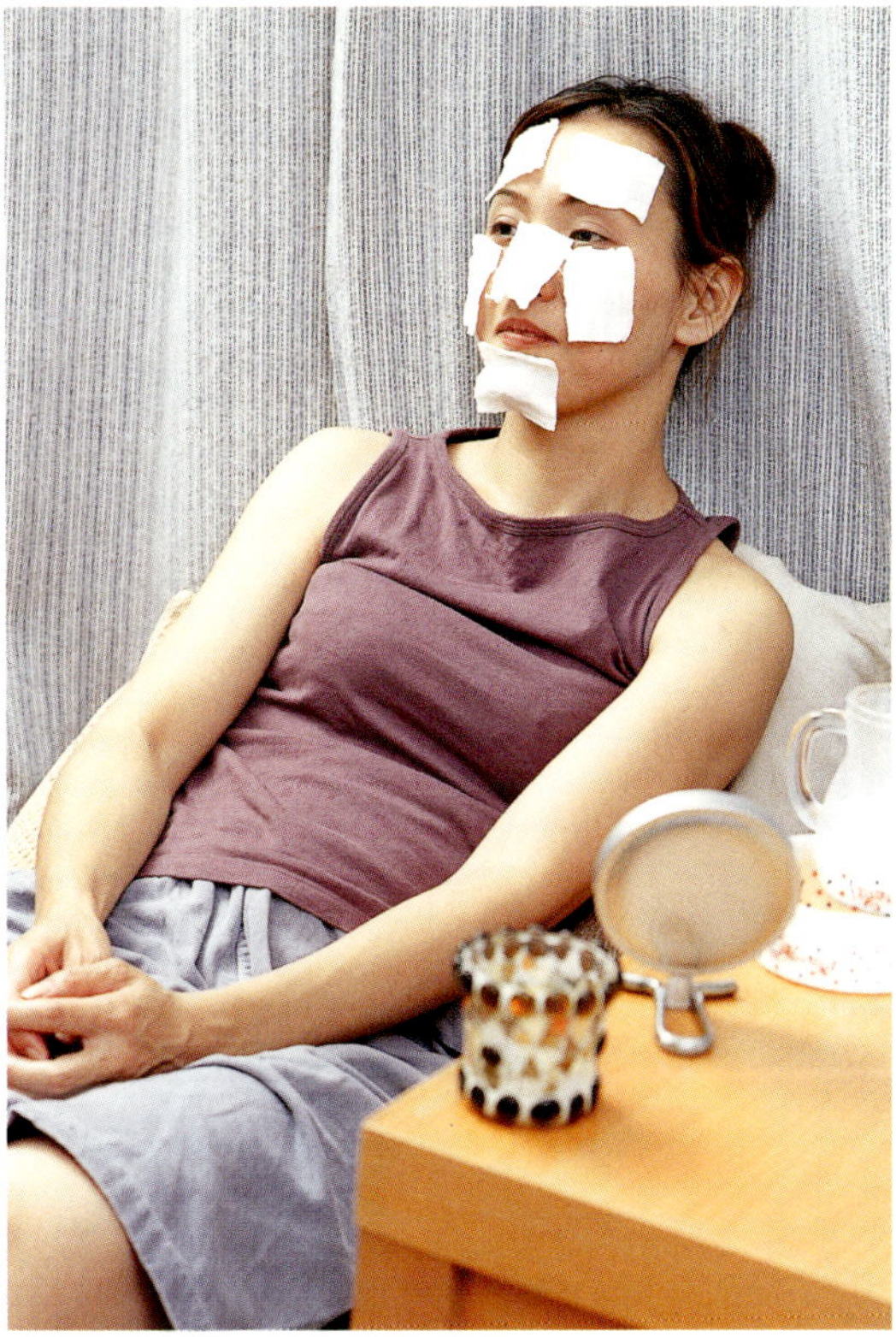

牛乳のティッシュパックで保湿ケア

冷蔵庫にある牛乳で、気軽にできるパック。牛乳には肌のほてりをしずめ、疲れをとる効果ばかりか、保湿の働きもあります。牛乳なら心おきなく使えるので、ティッシュペーパーにたっぷりひたして、顔全体にのせてパック。しっとり感が味わえます。

ティッシュペーパーに、牛乳約30mℓを含ませ、顔全体にのせてしばらくリラックスするだけ。目が疲れているときは、まぶたにのせてもいい。

きゅうり&ヨーグルトパックで白くやわらかな肌

きゅうりのスクラブ効果とヨーグルトの美白効果がダブルで期待できます。たっぷり作って、顔だけでなく、腕や脚など全身のケアにも。ひんやり気持ちよく、パック後は肌がやわらかくなった感触が味わえます。

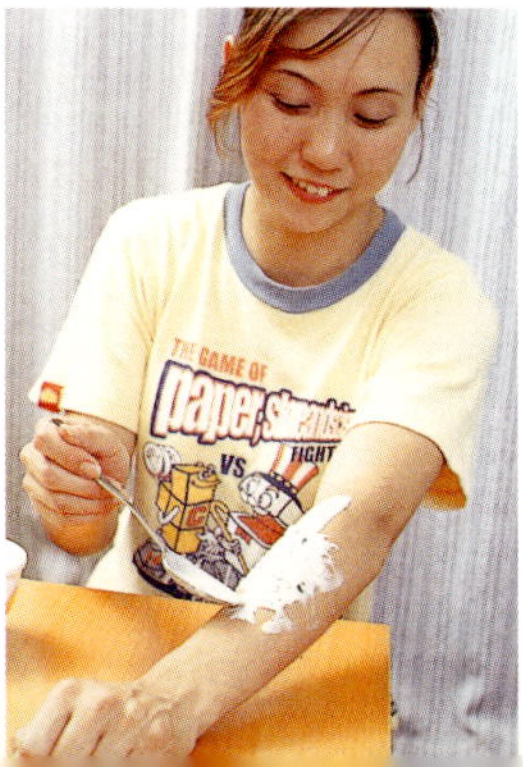

きゅうり1/3本はすりおろし、プレーンヨーグルト80mℓとよくまぜ合わせてパック。顔にパックするときは、目と口の周りを避け、顔全体に塗る。顔も体も、パックして5分たったら洗い流す。

beauty

お金をかけずに

ひと手間パックで美肌②

安上がりで安心、そして効果的！米ぬか&小麦粉パック

おばあちゃんの知恵・米ぬか美容には理由がありました。米ぬかの胚芽に含まれる酵素には、毛穴の汚れを落とし、皮膚の新陳代謝を活発にする働きがあり、肌にツヤとうるおいを与える効果が。お試しを。

米穀店などで市販の米ぬか（ぬか漬け用はNG。自宅で精米する人は、精米時に出る米ぬか）と、小麦粉を用意。6：4の割合なら、どんな分量でもできる。

米ぬかと小麦粉をまぜて水を加え、糊のやわらかさにする。顔に塗って、約10分間横になって待ってから洗い流せば、米ぬかのスクラブ効果で、うるおいながらもさっぱり。

緑茶の粉パックは気になるシミやニキビに効果大！

煎茶の缶の底に残ったお茶の粉と小麦粉を水でといてまぜて、目と口の周りを避けて顔に塗り、15分間ほどパックします。あとは、水かぬるま湯で洗い流せばお手入れ完了。シミの予防になるし、皮脂を吸収する働きはニキビにも効果があります。

煎茶の粉と小麦粉をボウル状の器に入れ、水でホットケーキミックス生地のかたさくらいにときのばして、顔に塗る。

試してびっくり！りんごきな粉パックは抜群のしっとり感

りんご1/4個をすりおろし（水分が多い場合は少ししぼって捨てる）、きな粉1/4カップを少しずつ加えて全体をトロッとさせ、最後に好みで牛乳を入れても。ケアの目安は週1回程度。

たるみやシワが気になるようになったら、ぜひ試したいパック。肌の老化防止の効果があるりんごと、うるおい効果のあるきな粉のダブル作用で、肌に弾力が戻ってくる感じです。顔にのせづらかったら、ガーゼに塗ってからパックするとラク。

日やけのあとやシミに効く！梅の種美白酒

梅のもつ美白パワーをストレートに味わうのが、これ。冷蔵庫に保管して、1週間で使い切りの集中ケアがおすすめです。化粧水のように手のひらでなじませて。使用感がさっぱりしているので、夏の美白ケアにぜひ。

梅干の種はよく洗い、水けをとる。ざるなどにおいて、一晩干す。梅干を食べた日には、種を洗ってとっておくとよい。

日本酒100㎖に種を漬け込み、蓋をして冷蔵庫で1週間ねかせたらでき上がり。ガーゼなどでこして、きれいな容器に移し入れる。日本酒は安いものでOK。

beauty

お金をかけずに

ひと手間ケアで美髪

前髪の自宅&自分カットにおでこラップ

前髪を切るとき、切った髪が目に入ると痛いもの。そこでラップを目が隠れるくらいの大きさに切り、おでこにはれば目に入る心配はありません。自分カットでも、透明のラップだからはさみの刃先が見えて安心。

レジ袋をすっぽりかぶって自宅カット用ケープに

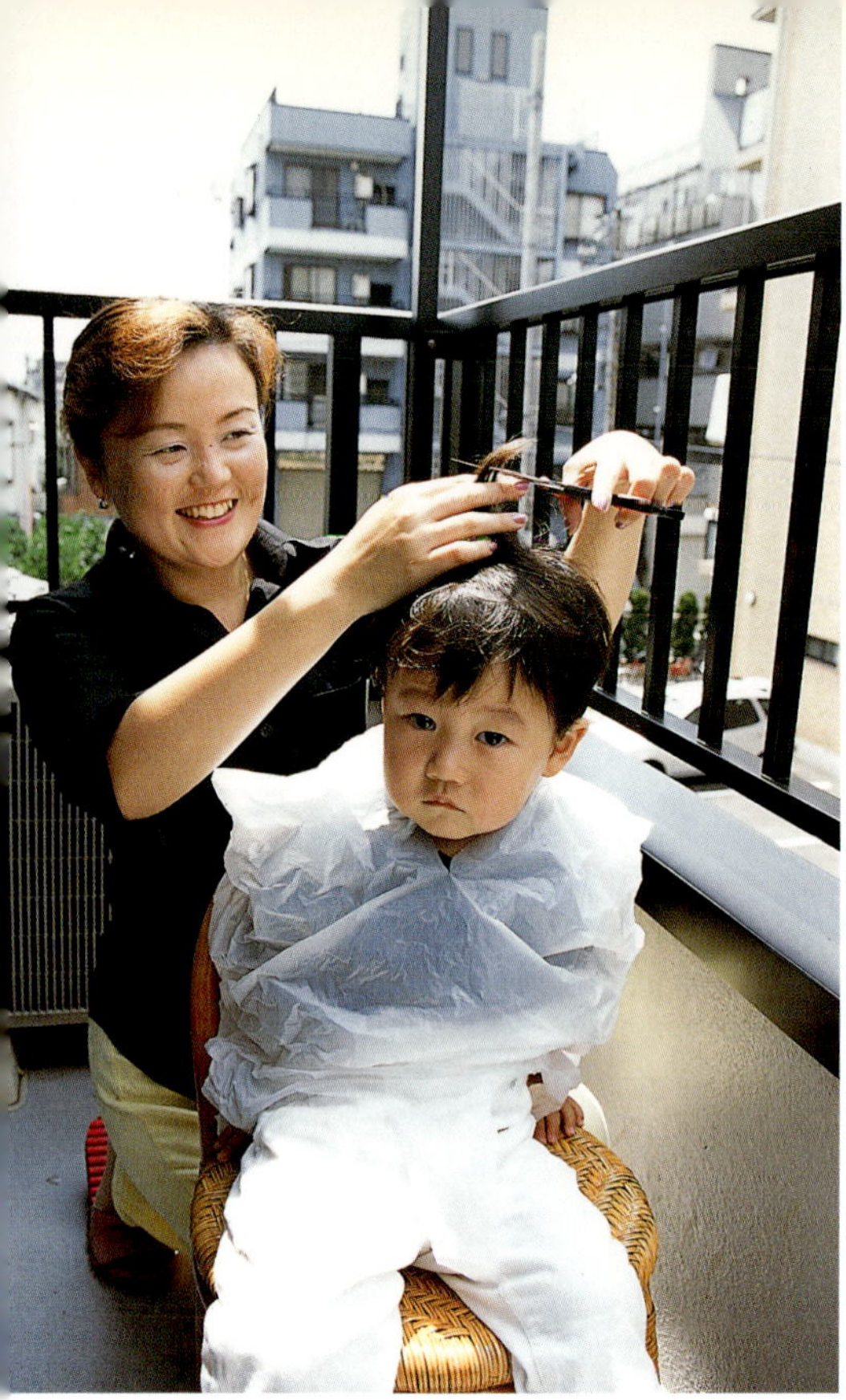

自宅カットにはスーパーの大きめレジ袋がお役立ち。袋の底に直径15㎝程度の穴をあけ、そこから頭を出せば即席ケープのでき上がりです。洋服に毛がチクチク、の悩みナシ。

短い白髪抜きは十字輪ゴムを使えば一発!

1本の輪ゴムを二重にしてから、親指と人さし指の間でバッテンになるようにかけ、輪ゴムといっしょに白髪をつかむようにして抜きます。指が固定され、輪ゴムの摩擦で髪がすべらないため、短い白髪もびっくりするほど簡単に抜けます。

子どものシャンプーはノズル輪ゴムで少量プッシュ

ポンプ式のシャンプーやリンスは、ノズル部分に輪ゴムを巻いておくと、思い切り押しても出るのは半量程度。大人1回分では量が多すぎる子どもの洗髪も、これで適量がプッシュでき、ムダがありません。

翌日髪ツヤツヤの卵黄ヘアトリートメント

卵黄をトリートメントがわりに髪につけると、信じられないほど髪はしっとりしてツヤツヤに。翌朝になるとハリもでてきて、髪は見ちがえるほど美しくなります。

卵黄1個をときほぐし、ごま油少々を加えてよくまぜる。シャンプーのあと、髪によくなじませてから洗い流す。においが気になるときはリンスをしてもよい。

プロテインが傷んだ髪に効果抜群！卵のヘアパック

卵に含まれる成分、プロテインがパーマやカラーリングなどで傷んだ髪を修復。卵のにおいがちょっと気になるけれど、次の日の指通りが断然違います。消費期限を過ぎた卵でもだいじょうぶなので、ぜひトライ。

卵1～2個を割りほぐし、同量の水とベビーオイル1滴を加えてよくまぜる。シャンプー前に髪の毛先や傷んだ部分につけ、ラップで巻く。5分ほどしたら、洗い流す。

ごま油ヘッドオイルのマッサージで髪いきいき

肌をやわらかくする働きのあるごま油にあら塩を加えたオイルで頭皮をマッサージしてからシャンプーすると、地肌の汚れも落ちやすく、血行もよくなってスッキリします。マッサージは指の腹で、地肌にオイルをすり込むように。

ごま油は香りが少なく色も薄めの純正タイプがおすすめ。あら塩もスーパーなどで市販されているもので十分。

ごま油大さじ1とあら塩大さじ1をよくまぜ合わせる。これをシャンプー前の地肌につけて、マッサージ。血行をよくしたあとは、シャンプー、リンスで髪をケア。

beauty

お金をかけずに

ひと手間ケアで美体

米ぬかふきんで体をこすれば全身ツルツル

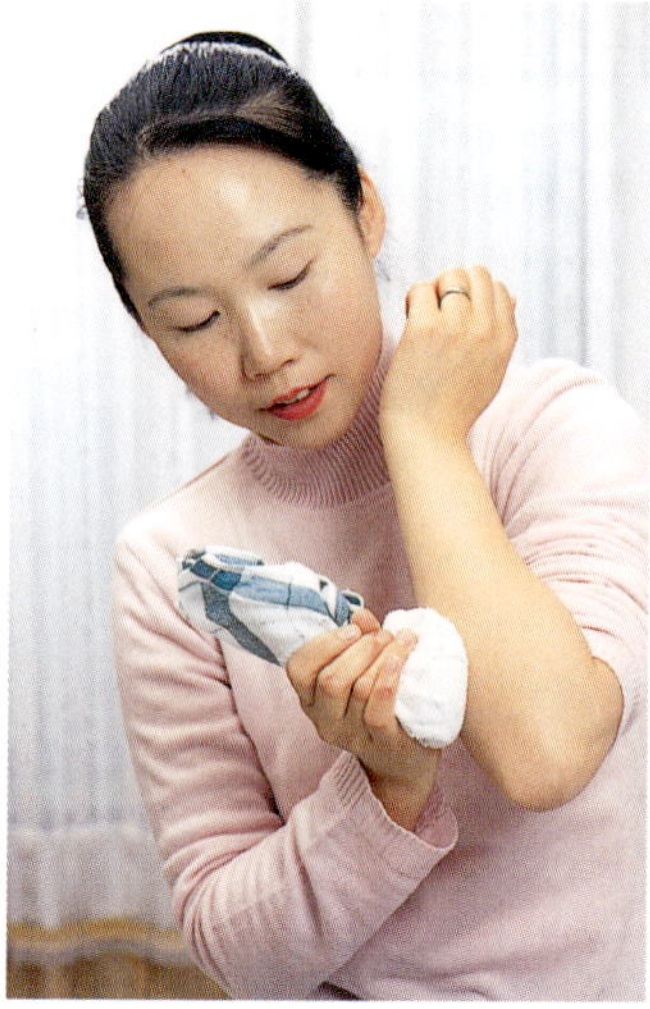

「若返りビタミン」といわれるビタミンEが豊富な米ぬかは、肌にうるおいを与えます。米ぬかをふきんに包んで、体をこすれば、美肌成分が肌に浸透してしっとり！ カサついたひじやひざ、かかとのケアにも。

ひじのカサカサは泡立て卵白パックが効く

卵白を泡立て、角が立つくらいまでにします。カサつきが気になる部分に塗るだけで、超しっとり肌に変身するのでびっくり。体だけでなく、顔にも使えます。

オリーブオイル＋塩で余分な角質が落ちスベスベ肌に

オリーブオイルと塩を適量まぜ合わせ、かためのクリーム状にして、クルクルと肌の上をすべらすようにマッサージ。オイルが肌にうるおいを与え、塩の浸透圧で老廃物を水分とともに体外に排出します。

発見！ レシートが爪みがきに最適

レジで受け取る感熱紙のレシートには目にはみえない程度の凸凹があり、やすりがわりになります。軽くこするだけで、爪は透明マニキュアを塗ったようにピカピカ。レシートは、家計簿をつけたら捨てる前に、爪みがきです。

ビタミンEたっぷりのオリーブオイルでかかとケア

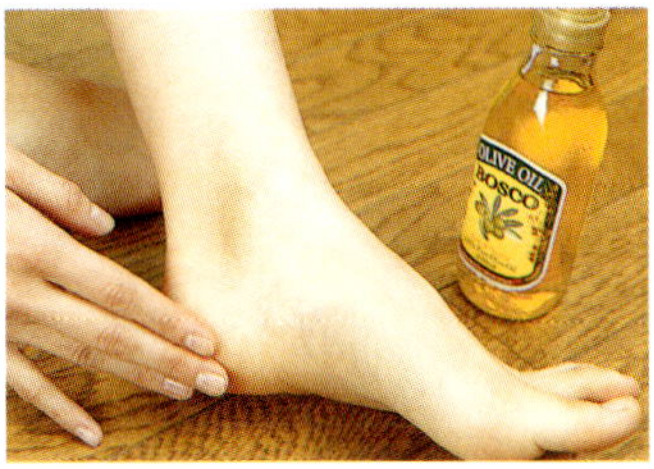

おふろ上がりは、ビタミンEたっぷりのオリーブオイルを少量手にとってかかとに塗ります。ビニール袋をかぶせ、輪ゴムで止めて3分。サウナ効果でオイルが浸透し、一日じゅうすべすべです。

あら塩マッサージが足のむくみ解消に効く

おふろであたたまったら、あら塩を手にとり足全体をマッサージ。下から上に引き上げるようにマッサージすると、血行がよくなることでむくみもとれ、肌もツルンとします。

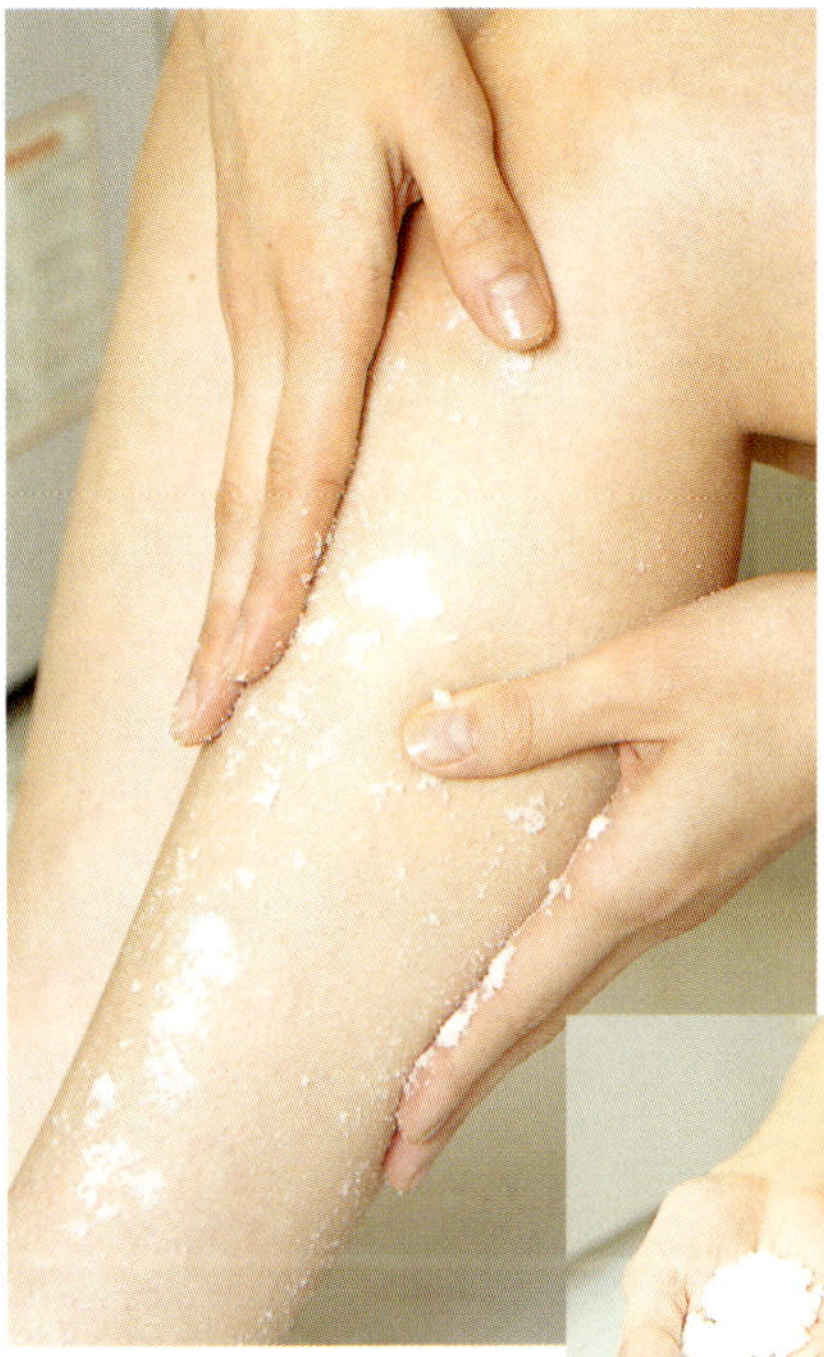

かかとケアはラップパックが効果大

クリームを塗ったかかとに、小さく切ったラップをペタッ。靴下をはいて寝ると、ガサガサだったかかとも、翌朝には驚くほどしっとりしています。おふろ上がりにすると、より効果的です。

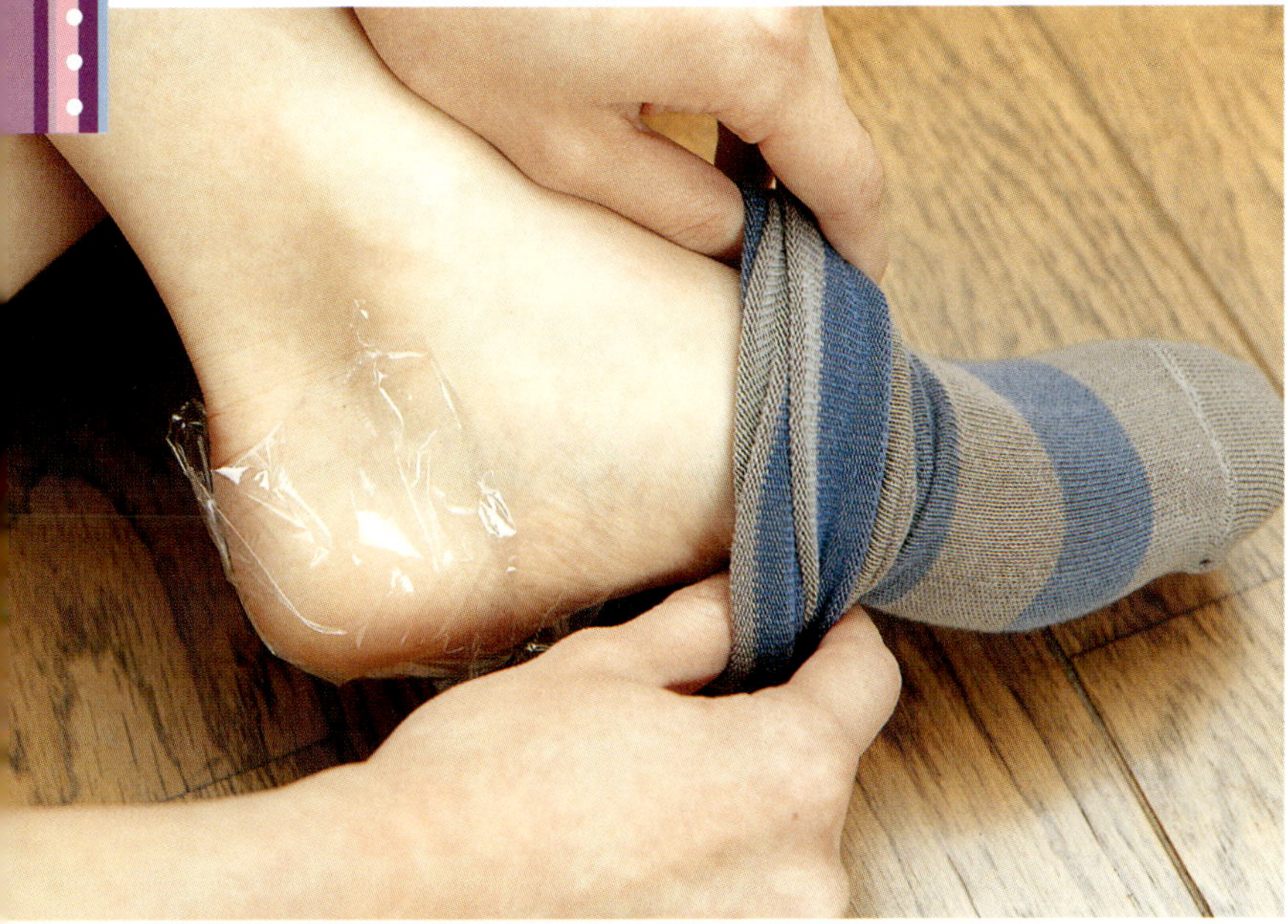

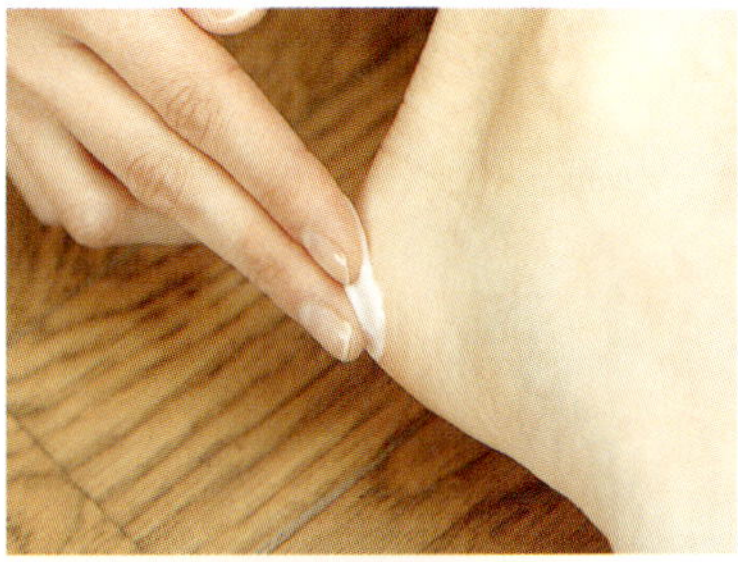

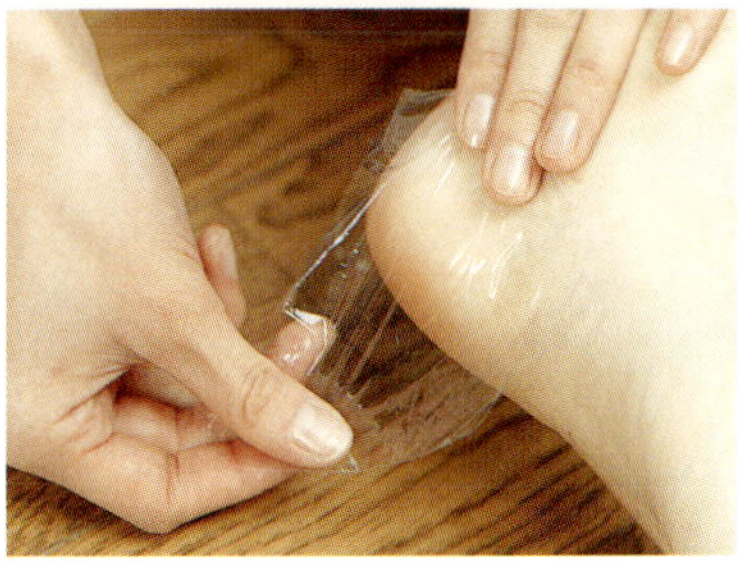

beauty
お金をかけずに

化粧品 とことん使い切りアイディア

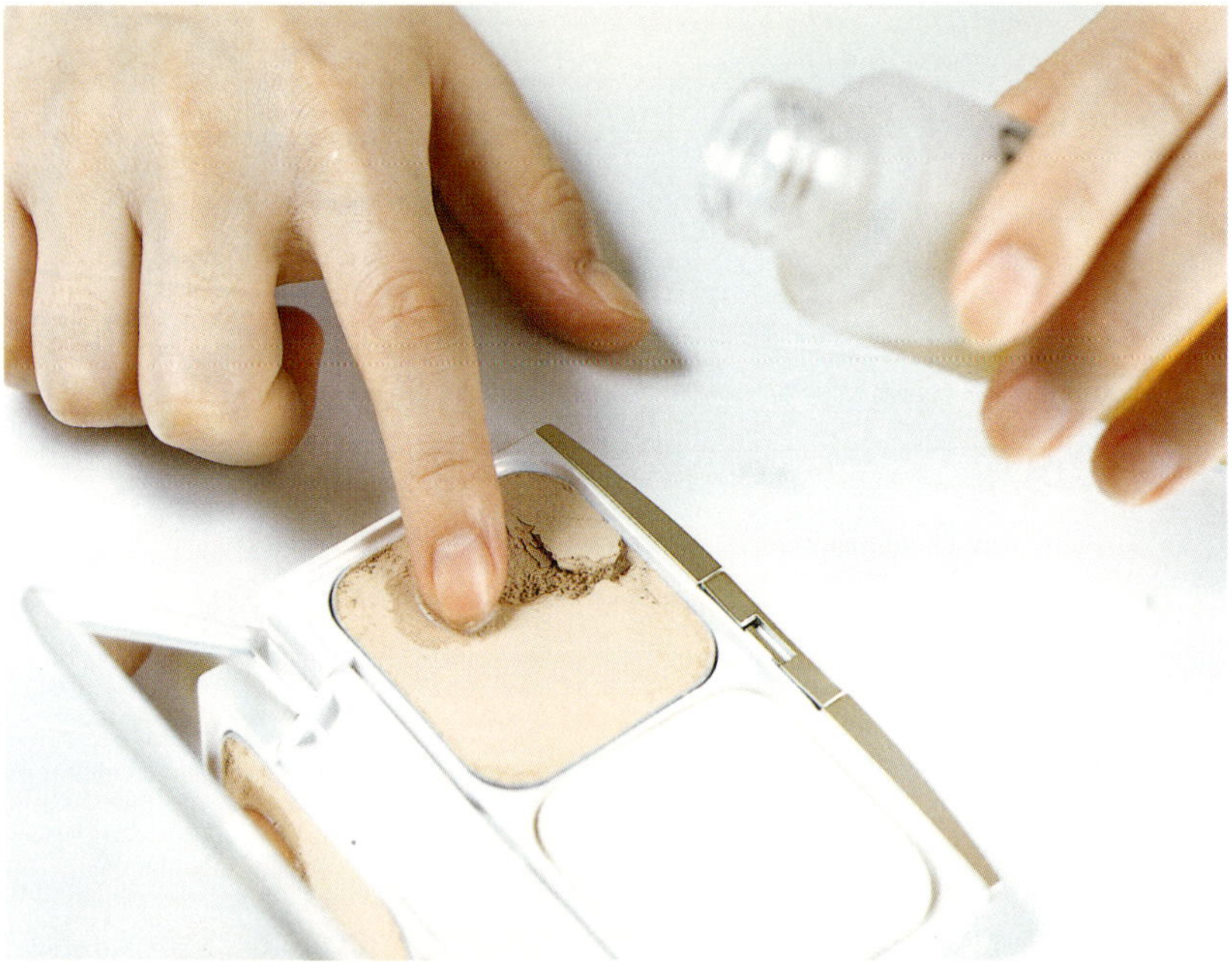

ひび割れファンデは化粧水の応急処置で元どおり

パウダリーファンデーションがひび割れたら、ボロボロとくずれてくる前に化粧水でケア。割れた部分にていねいに化粧水を塗り込むだけで、元どおりになります。これで、ファンデも最後まで使い切れます。

残り少なくなったチューブは振って最後まで出す！

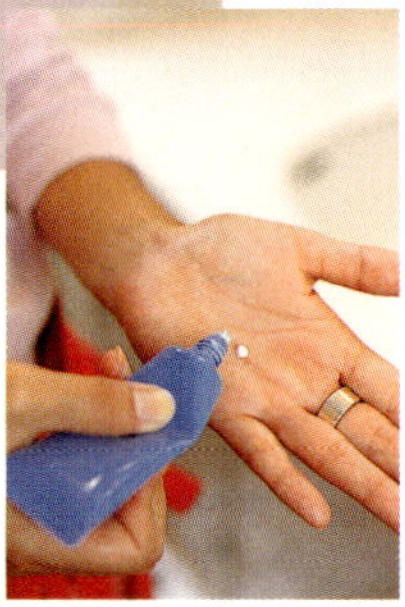

出なくなった化粧品のチューブは、空気を入れて蓋を閉め、おしりの端を持ってブンブン振るだけ。内側にへばりついた中身が、遠心力で先端に寄るため、押せばピュッと出てきます。あと5回分は出せる節約ワザ。

固まったマニキュアは除光液でよみがえる！

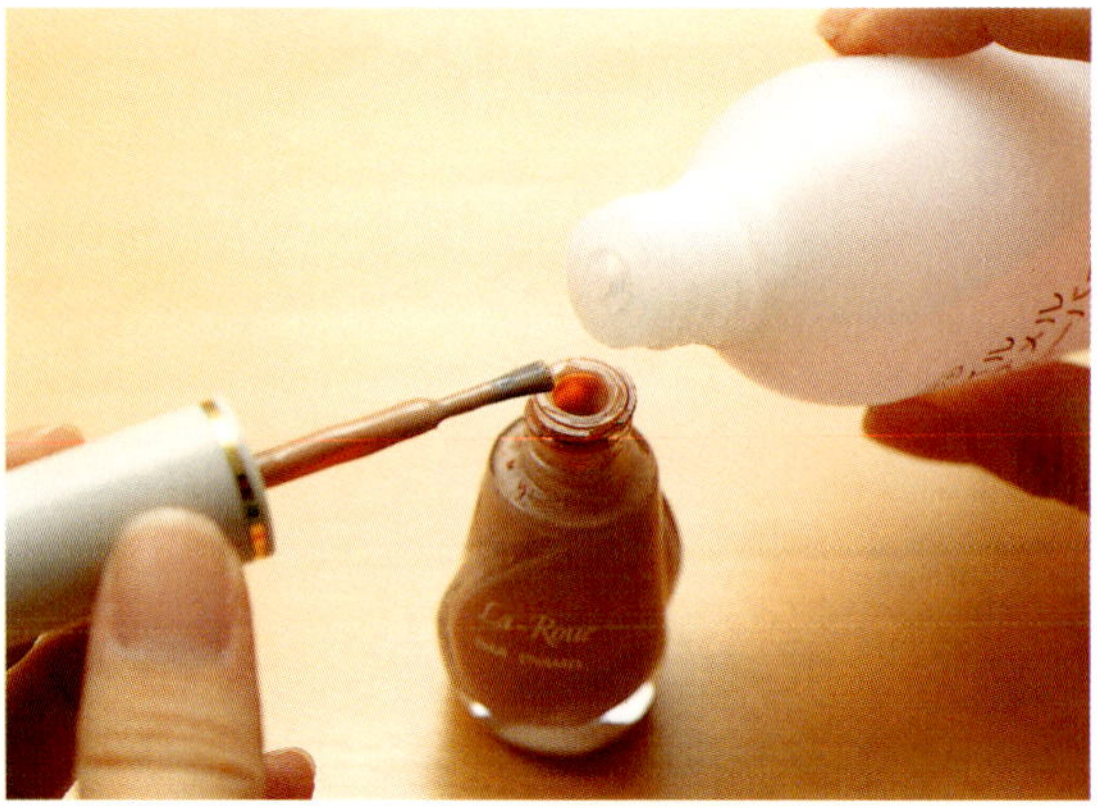

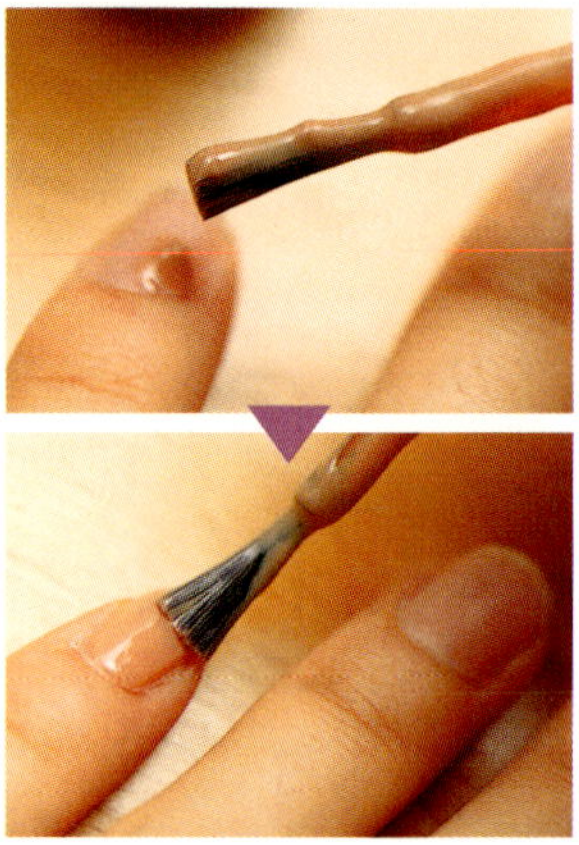

しばらく使わなかったマニキュア。ふと気づけばドロドロになって使えない！なんて経験はだれにでもあるはず。そんなときは、除光液を少しずつ注ぎ、ブラシでまぜて薄めると、元どおりのサラサラになります。

PART 9

台所にあるもので守る、防ぐ、キープする！

健康

家族みんなが毎日、元気で過ごすのがいちばんの幸せ。
急な発熱、かぜのひき始め、ちょっとしたケガや傷……
あわてて病院にかけ込む前に、
知っておきたい身近な応急処置アイディアや
ふだんから健康をキープするための知恵を集めました。

health

医者にかかる前に

かぜびっくり退治ワザ①

ぬらして冷凍した新聞紙保冷剤で熱冷まし

15㎝大に折った新聞紙を水でぬらし、ビニール袋に入れて冷凍庫へ。半日でお手軽保冷剤のでき上がり。クーラーボックスに使うのはもちろん、急な発熱のときはタオルで巻いて熱冷ましに使えます。

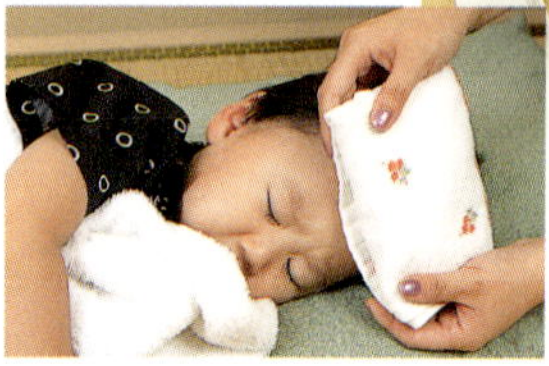

突然、子どもが発熱！そんなときは、キャベツで応急処置

湿らせたキャベツの外葉を頭にかぶせます。キャベツがカピカピに乾くまでかぶせておくと、気化熱で熱を下げるというもの。頭全体をすっぽりおおって効果大のすぐれワザです。

のどにくる辛さが痛みに効く！にんにくうがい

スライスした生のにんにく2～3枚をコップに入れ、水を注いで、いつものようにうがいをします。辛くて少しつらいけれど、このピリッとした辛さが菌を殺し、のどの痛みが止まります。

かぜをひいたら緑茶うがいでかぜ菌をノックアウト

かぜをひいて、なかなか治らない。そんなときは、一日に何度も緑茶うがいをしてみてください。緑茶に含まれるカテキンパワーで、かぜを撃退。かぜが治りやすくなるだけでなく、ひきにくい体になります。

カテキンたっぷりの紅茶うがいでかぜ予防

紅茶に含まれるカテキンの殺菌作用は、のどの痛みをやわらげる効果もあります。砂糖を入れて甘くすれば、子どもも喜ぶはず。かぜ予防の効果も期待できるので、外出から戻ったら習慣に。

アルコール成分が血行をよくする 大人限定！焼酎マフラー

のどが痛いときは、焼酎をタオルに数滴しみ込ませた「焼酎マフラー」を。焼酎でぬれた部分がのどに当たるように巻くとアルコール成分が血行をよくして、のどの痛みがやわらぎます。また、アルコールの蒸気で、鼻詰まりもすっきり解消。

たかのつめマフラーはカプサイシンがのどに効く

かぜでのどが痛くなったときに、おすすめ。体をあたためる働きのあるたかのつめを2～3本、布でくるみ、首に巻いて安静に。すると、辛み成分のカプサイシンが血行を促進して、のどの痛みを徐々にやわらげます。

足うら塩もみ込みでかぜぎみもすっきりと

かぜっぽくて体がだるいときは、足のうらに大さじ1杯程度の塩をマッサージするようにすり込んでから寝ると、血行がよくなってぐっすり眠れ、翌朝はすっきり。足のうらはしっとりサラサラになるというおまけつき！

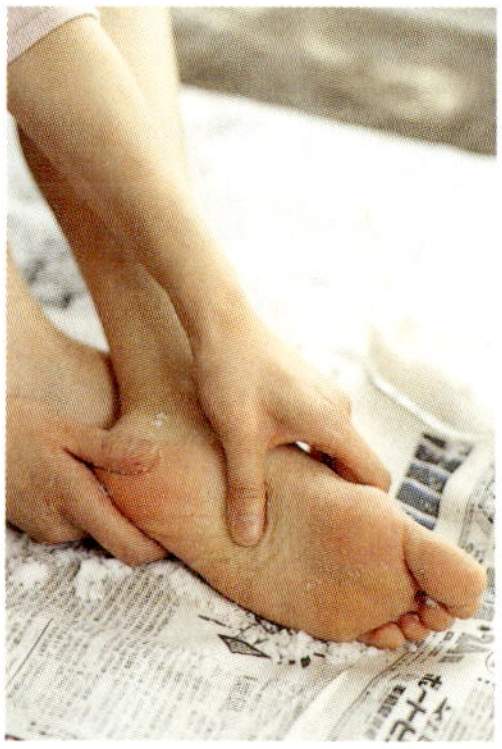

のどをあたためて余分な熱をとる小麦粉焼酎湿布

小麦粉大さじ5と焼酎大さじ2～3を、耳たぶのかたさまでねり、ラップで板状に包んだら布にくるんで首に巻きます。のどをあたためると同時に、体にこもった熱を下げる働きもあります。小麦粉が乾くまで使えます。

＊ご注意　Part9の健康法は、応急対処法です。
重い症状の場合は、必ず医師の診察・治療を受けてください。

かぜびっくり退治ワザ②

見た目は×でも、効きめは○！ 鼻の穴ネギで鼻詰まり解消

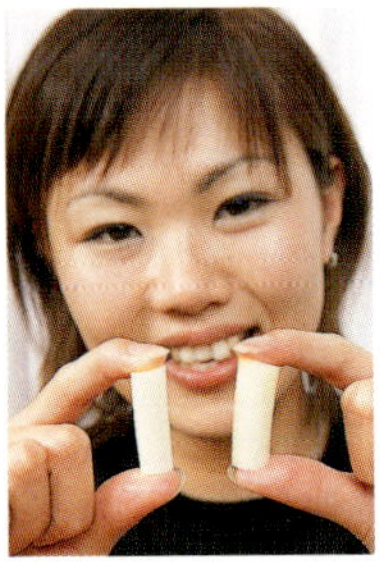

鼻詰まりのときにぜひ試してほしいのがこれ。鼻の穴に適当な太さに切ったネギを入れ、そのまま約10分ほど待ちます。それだけで、鼻がスーッと通るから驚き！　タラッと流れる水っぱなを抑えるのにも便利です。

深呼吸すれば鼻通りがよくなる鼻タオル

乾燥が大敵の鼻詰まりには、適度な水分が必要です。そこで、ぬらしたタオルを鼻に当て、何度か深呼吸。これだけで、鼻の中がほどよく湿って、通りがスムーズになります。

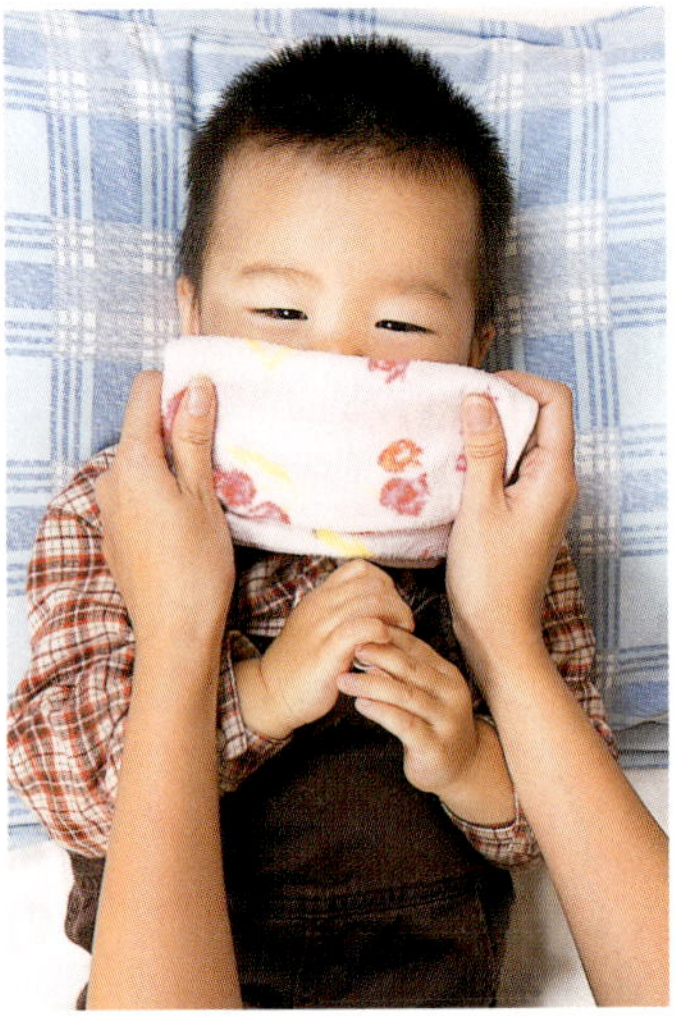

背上げ睡眠なら呼吸しやすい姿勢で安眠できる

安眠してこそ、かぜは早く治ります。横たわると鼻水やたんがからんでつらいときは、布団の下に座布団などを丸めて入れ、上体を少し起こすようにして寝てください。呼吸しやすい姿勢になるので、ラクに安眠できます。

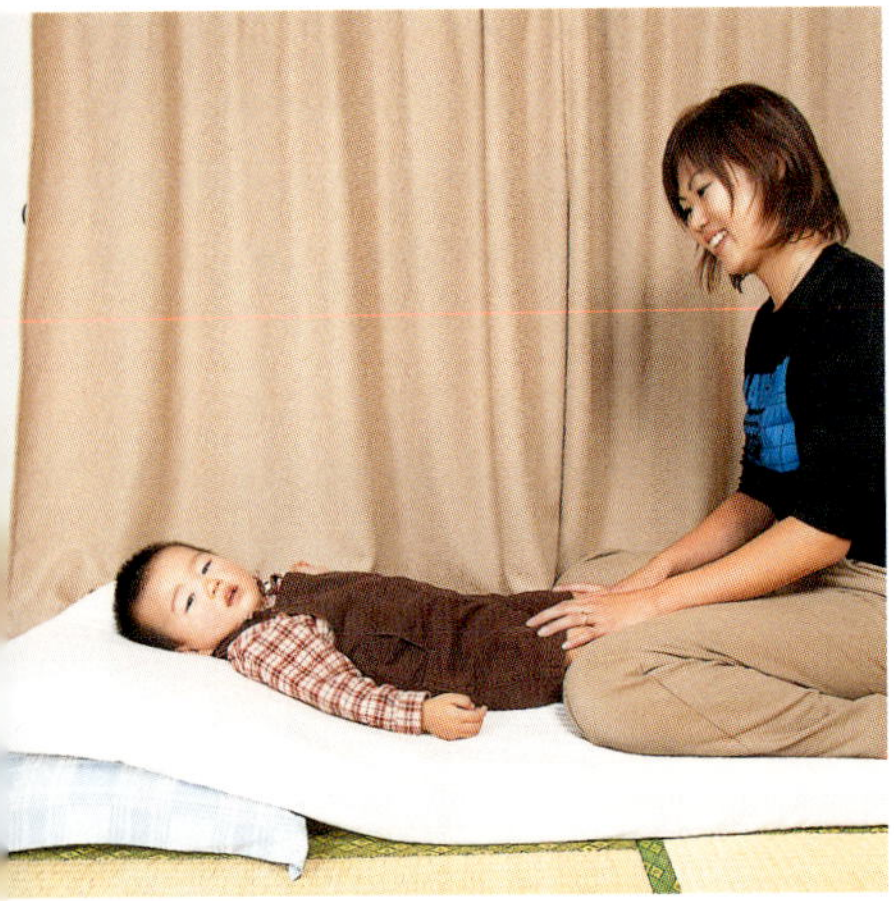

紅茶霧吹きで殺菌作用＋うるおいのW効果

紅茶は殺菌作用があるカテキンが豊富。だから、霧吹きの容器に入れて部屋にシュッとスプレーするだけで、かぜのウイルスを撃退する効果があります。同時に、部屋の乾燥も防げて一石二鳥です。

鼻がスーッと通るようになる塩水鼻うがい

洗面器にぬるま湯を張り、塩大さじ1～2を入れます。そこに顔をつけ、塩水を鼻から吸って口から出す、を5回繰り返して。鼻の奥に残っていた鼻水が押し出され、通りがよくなります。

のど、せきのどちらにもよい 大根はちみつ

大根の辛み成分がもつ殺菌力と、はちみつのただれを治してうるおいを与える効果を利用。1㎝のさいの目に切った大根を容器に入れ、はちみつをひたひたに注ぎ30分以上おきます。エキスを飲んでも、大根を食べても。

簡単に作れる 酢づけしょうがで 家族全員かぜ知らず

ビンにスライスしたしょうが、熱湯、酢を入れる。熱湯と酢の割合は2：1。好みではちみつを加えてもよい。冷めたら冷蔵庫で保存。半日つければ食べられる。

酢の殺菌効果としょうがの体をあたためる効果を生かしたのが「酢づけしょうが」。おいしく食べられるうえ、かぜ予防効果も抜群なので、ぜひ冷蔵庫に常備しておきたいアイテムです。

はちみつレモンのビタミン＆ミネラルがかぜ改善に効果

ミネラルが豊富でのどによいはちみつに、ビタミンCがいっぱいのレモンをつければ、のどの痛み＆せきをやわらげる働きがあります。甘ずっぱい味なので、子どもにもおすすめ。

黒酢はちみつならのどから全身に効果あり

血液をサラサラにして疲れをとる黒酢。黒酢大さじ１とはちみつ適量をグラスに入れ、水で割って飲むと、のどの痛みや疲れをとる効果があります。１日２杯が目安。刺激が強いので空腹時は避けて。

かぜに効く食材が集まって無敵の効果を生むホットみそ

にんにく、しょうが、大根、みそ、それぞれの体をあたためる効果を一体化させたのがホットみそ。アツアツをのめば、汗がふき出して、せきもストップします。寝る前に飲むと効果大！

なべにコップ１杯分の水を入れて火にかける。沸騰したらしょうが、にんにく、おろし大根を各小さじ１とみそ大さじ１を入れればホットみそが完成。あたたかいうちに飲む。

応急手当てはあわてずに

やけど＆キズ びっくり対処ワザ

ヒリヒリ赤みに じゃがいも湿布

消炎、解毒、痛み止めの作用があるのがじゃがいも。皮をむいたじゃがいもをすりおろし、水けをとってやけどの上にのせます。ラップして水分の蒸発を抑えれば、応急処置は完了。キャベツの葉で水分蒸発を抑えてもOKです。

軽いやけどは 卵白パックで 皮膚を保護

やけどした皮膚を保護しながら、再生を促す働きがある卵白。卵白を塗れば、水ぶくれが破れたり、化膿するのを防ぎます。皮膚と同じタンパク質だから、驚くほどよくなじみます。

虫刺されの痛み、かゆみには、塩をもみ込む

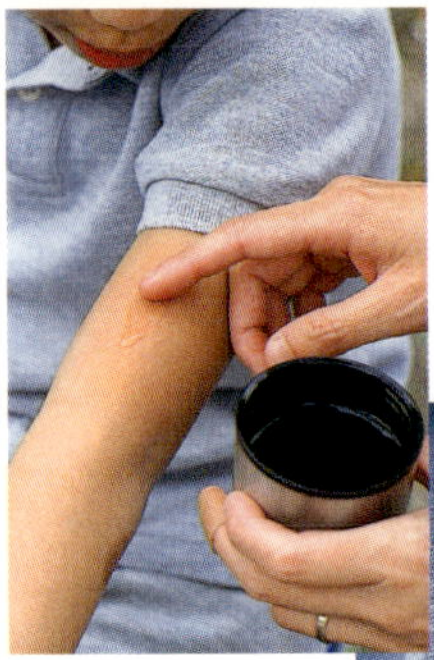

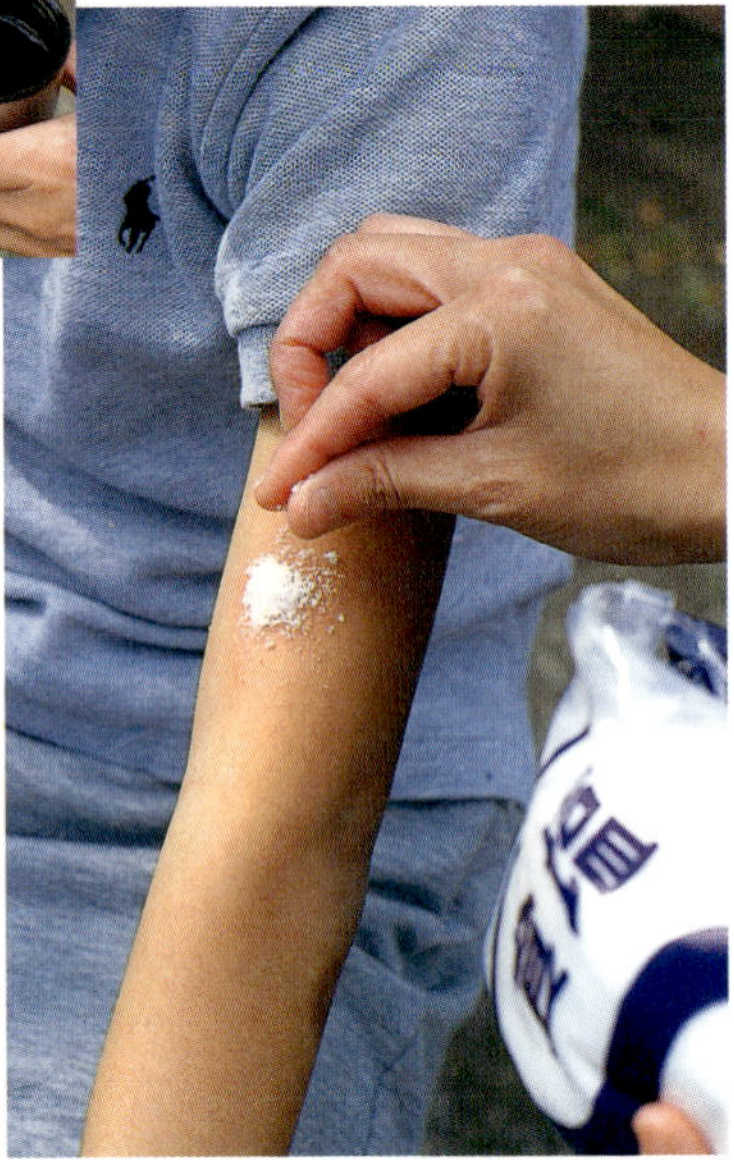

塩には皮膚の炎症を抑え、かゆみをしずめる成分が。軽い虫刺されは、塩をすり込むだけ。はれがひどいときは水でぬらした皮膚に塩を5㎜ほど盛り、バンソウコウで固定します。

小麦粉＋酢の湿布剤が捻挫に効く

小麦粉の湿布には、ねった粉が乾燥するときに熱をとり去る働きが。患部の大きさに合わせて切った布に、小麦粉と酢をマヨネーズの粘度にねったものを薄く塗り、患部にペタッ！　痛みをしずめます。

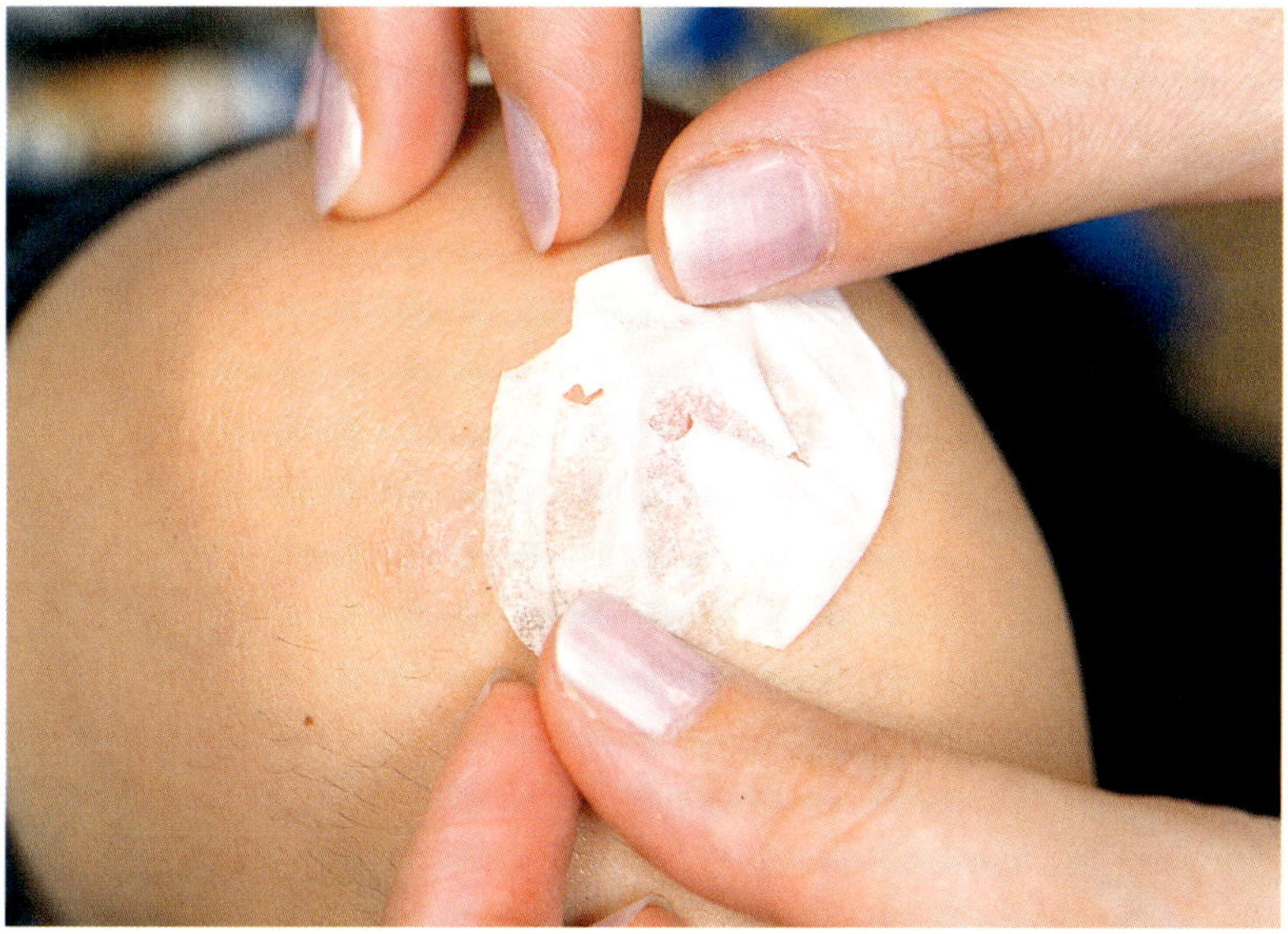

生卵の殻の内側についている薄皮をはがす。新鮮な卵のほうがはがしやすい。

これが、薄皮。簡単に破けてしまうので、割ったギザギザをきっかけにそっと引っぱる。

卵の薄皮が すり傷、切り傷に即効

ちょっとしたすり傷や切り傷の手当てには、卵の薄皮が使えます。傷口にはると早くふさがり、傷あとも残りにくくなります。調理中のケガにも活躍。ゆで卵は効果がありません。

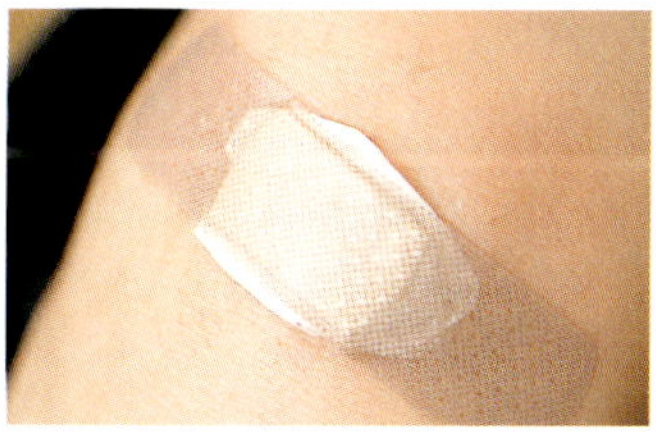

ぬるぬるしている面を傷口に当て、バンソウコウで固定。半日ほどはりっぱなしにする。

バンソウコウはがしはベビーオイルが便利

粘着力の強いバンソウコウ。痛い思いをせずにはがすには、バンソウコウの上にベビーオイルを塗ります。しばらくおくと、スルッと簡単にはがれるようになるから、不思議！

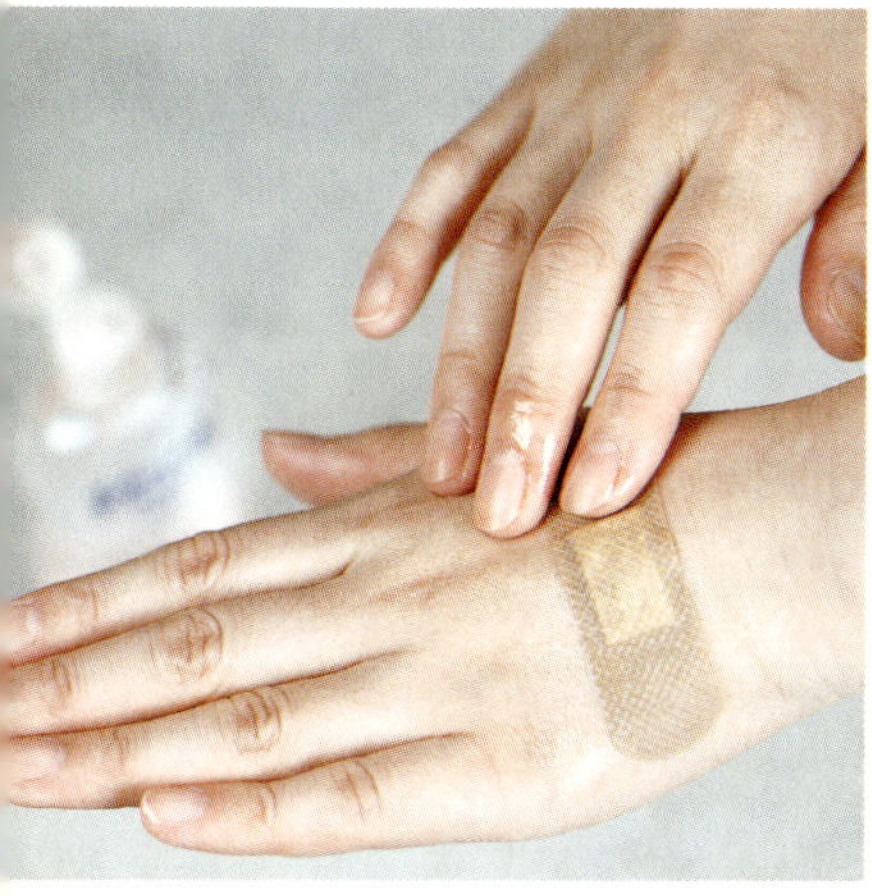

にんにくおろし汁で傷口を消毒しながら治りを早く

用意するのは、にんにくとガーゼ。にんにく2～3片は皮をむいておく。

おろし金ですり、ガーゼで汁をしぼって、水で薄める。軽い切り傷なら多めの水で。

にんにくをすりおろしてしぼり、4～5倍の水で薄めた液にひたしたガーゼを傷口に当てると、殺菌や消毒の効果あり。多少ヒリヒリしても、がまんできるならつづけて。

health

困ったときもあわてずに

体のトラブルじっくり一発解決

ヨーグルト＋緑茶で口臭ストップ

プレーンヨーグルトに緑茶の粉（抹茶でも可）小さじ1を入れて食べるだけ。乳酸菌と緑茶のカテキンに口臭防止効果があります。揚げ物を食べたあとなら、スーッと油くささが消えるほど。食後の歯みがきは忘れずに！

口臭には梅干しと緑茶のWパワー

梅干しはアルカリ性で殺菌作用が高いので、口臭予防に○。胃腸をととのえる働きもあるので、胃からくる口臭にも効果が。緑茶といっしょに食べれば、カテキンパワーも加わり、効果はさらにアップ！　口の中がさっぱりします。

酔いざましは塩入り番茶で解決！

番茶に含まれるタンニンには炎症をしずめる働きがあり、塩には解毒・浄血作用があります。塩を入れた番茶は、ダブル効果で酔いざましに最適！うがいをすれば、かぜ予防にもなります。

塩マッサージで歯ぐきをケア

塩少量を指にとり、歯ぐきをマッサージします。塩の殺菌・消炎作用と引き締め効果で、歯ぐきは元気に。歯ぐきが炎症を起こしたときにマッサージすれば、痛みがやわらぎます。

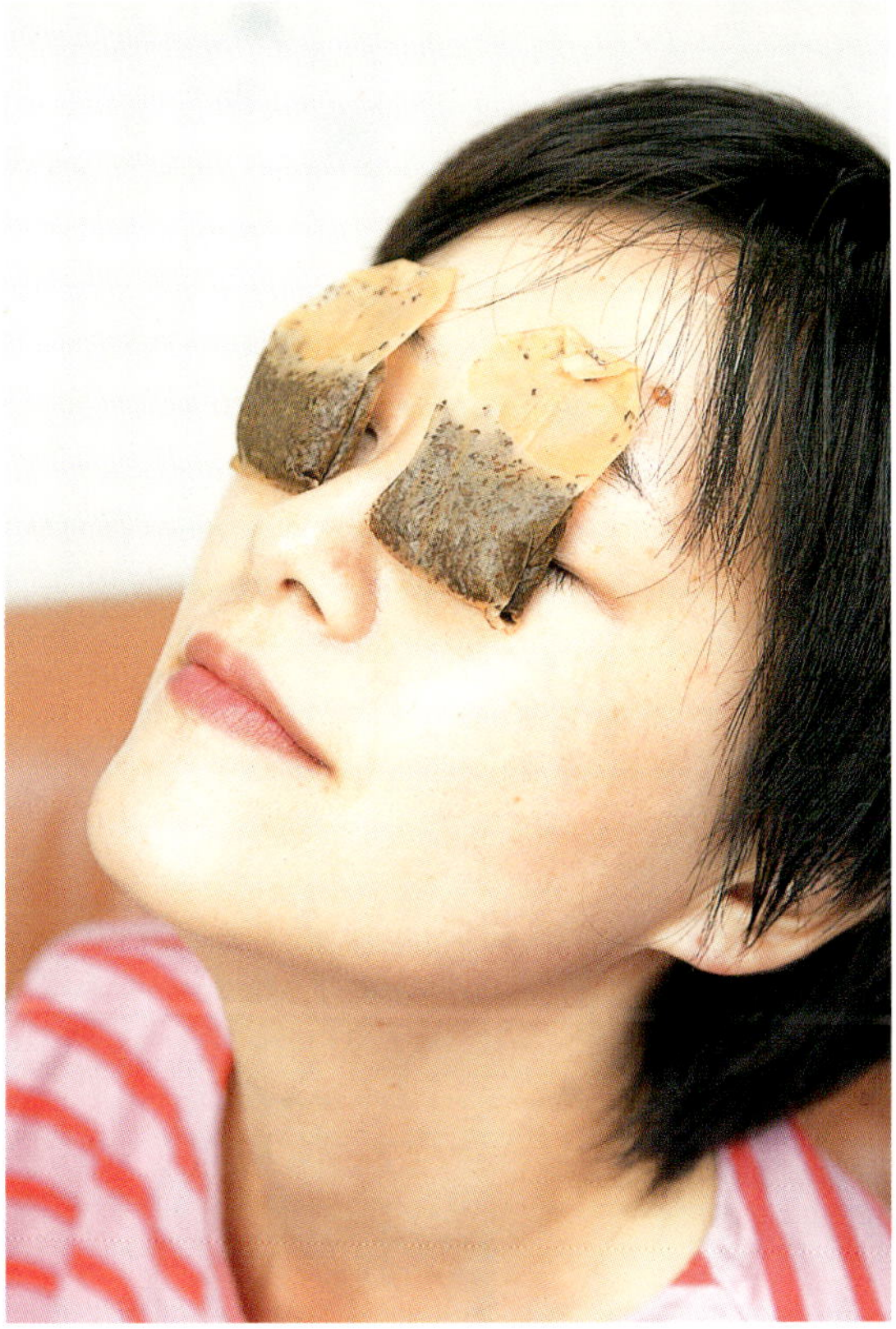

出がらし紅茶でアイパック

紅茶を入れたあとのティーバッグを軽くしぼり、まぶたに5～10分間のせて、アイパック。すると、驚くほど目がすっきりします。冬場は、あたたかいうちに使うと気持ちいい！

疲れ目に効く！お茶の湯げで目をホットパック

湯のみにお茶を注ぎ、湯げを目に当てながらしばらくリラックスすると、お茶の香りとカフェインの成分で眼精疲労が軽くなります。目がラクになると同時に、肩こりも軽減！

スプーンをはるだけで目薬点眼が百発百中！

スプーンの裏面が容器に接するようにおき、スプーンの先端が容器より5～8㎜飛び出るようにバンソウコウで固定する。

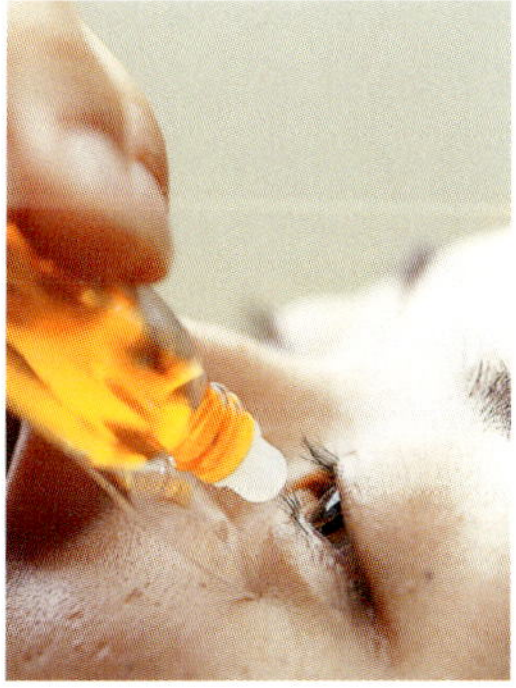

プラスチックスプーンで目薬容器を安定させれば、一発で確実点眼！容器にスプーンをはり、目の下に当てて点眼します。慣れるまではスプーンを当てる位置を鏡で確認して。

便秘に即効で栄養バランスも◎のきな粉牛乳

200㎖の牛乳にきな粉大さじ3をとかすだけのきな粉牛乳。きな粉に含まれる豊富な食物繊維の働きで、頑固な便秘もやさしく解消。牛乳は栄養バランスがよく、飲みやすいので、毎朝の習慣にしてください。

酢水につけて足のにおい＆蒸れ解消

高い殺菌効果のある酢。洗面器などに水を張り、酢を小さじ1程度加えた酢水に足をつければ、足のにおいは気にならなくなります。夏の外出から帰宅時にぜひ。

ツボで体のトラブル一発解決

不用ボタンをはって足うらダイエットのツボ刺激

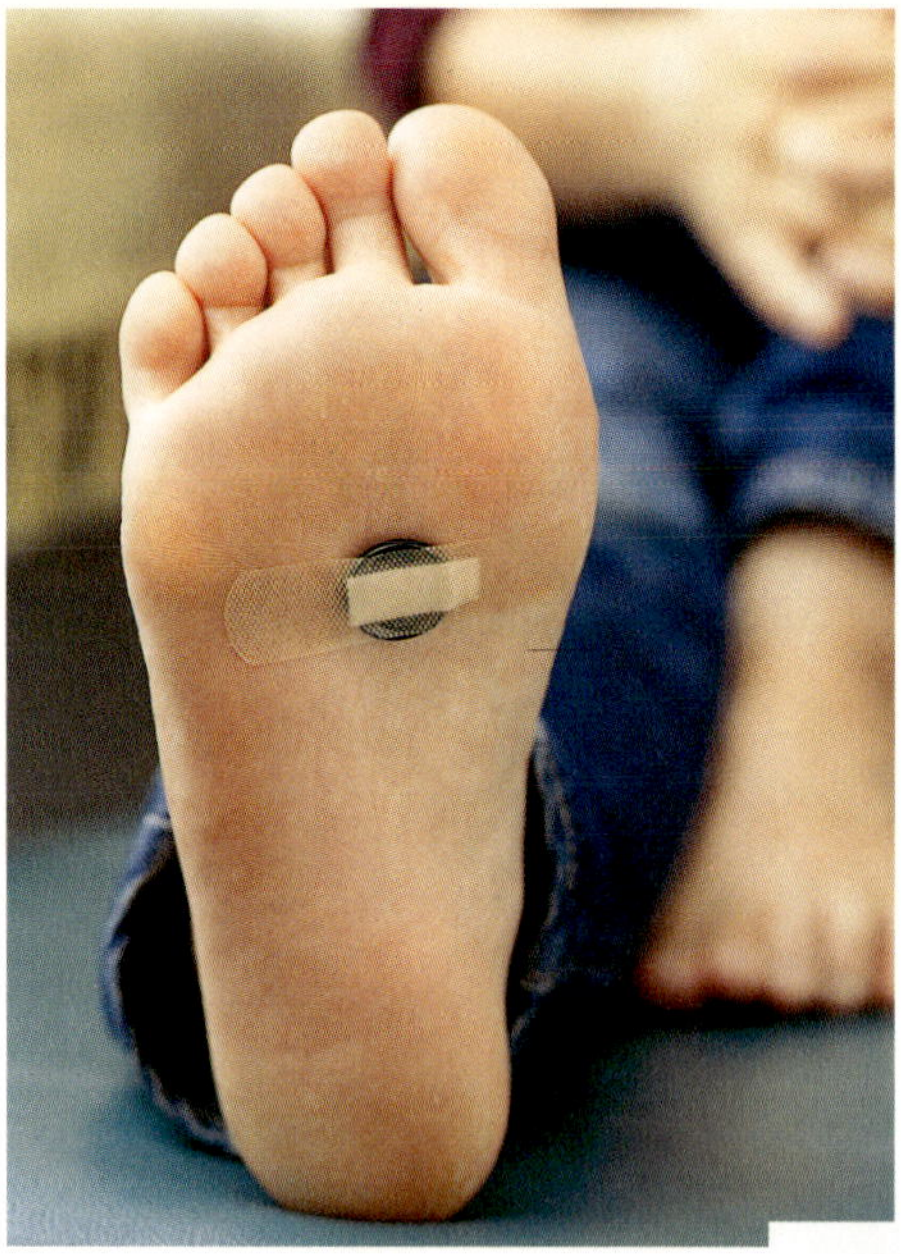

使わないボタン（直径15～20㎜）を、足うらの人さし指から4～5㎝下の「湧泉」というツボにバンソウコウなどで固定するとダイエットに効果あり。朝起きてから入浴するまではりっぱなしでOK。

パンスト入りのビー玉踏みで疲れとり

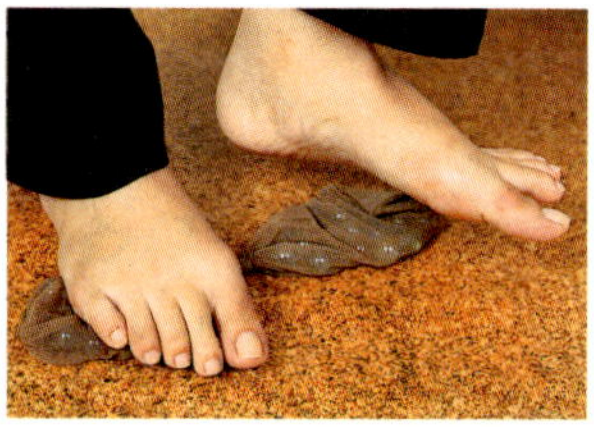

古パンストにビー玉を20個入れ、15㎝の個所で結び、もう一度繰り返して余った部分をカット。青竹踏みの要領ではだしで足踏みして、足うらのツボを刺激します。血行がよくなり、一日の疲れがラクにとれます。

ツボをあたためる足首靴下で足の疲れやむくみを解消

古靴下はかかとの上あたりと上端のゴムの下あたりでカット。筒状になったものを二つ折りにし、内くるぶし下にある「照海」というツボを隠すようにはきます。全身があたたまり、むくみや冷えを解消。

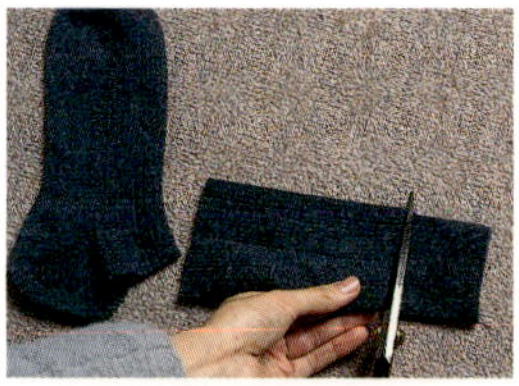

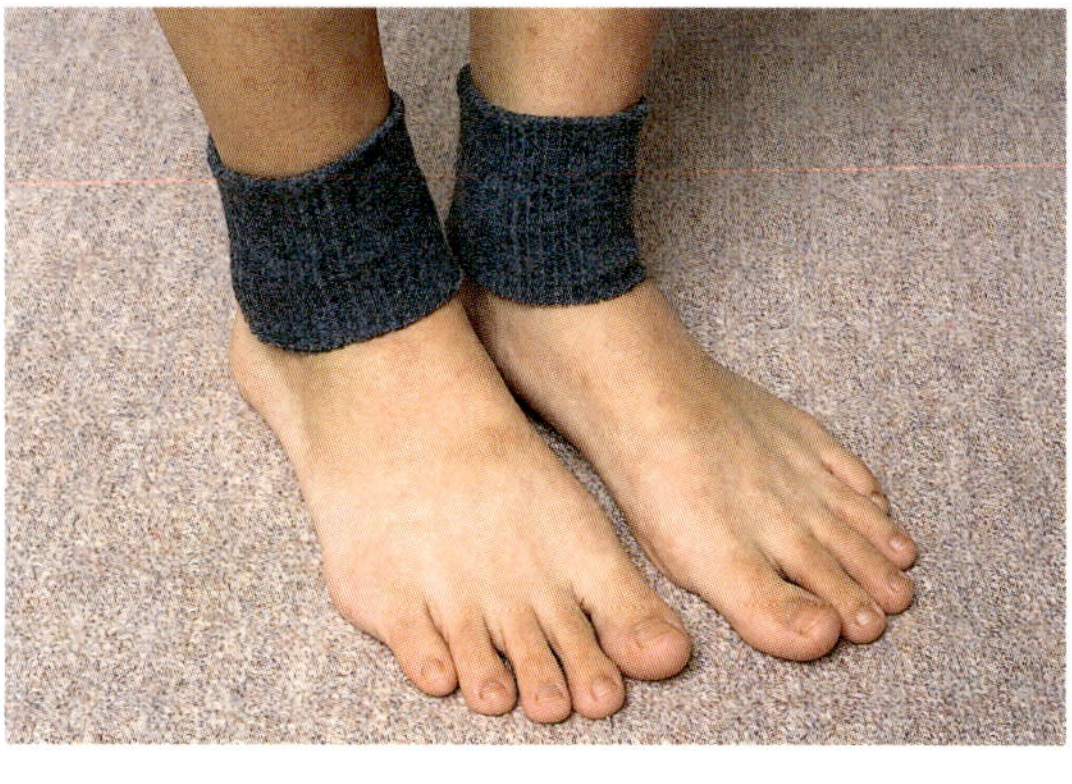

捨てる直前の歯ブラシで足うらツボ押し

古歯ブラシの柄は、足うらのツボ刺激にぴったり。握りやすく、指で押すよりも力が入って、刺激の効果もアップします。いつ押してもよいのですが、湯ぶねにつかっているときが押しどき。

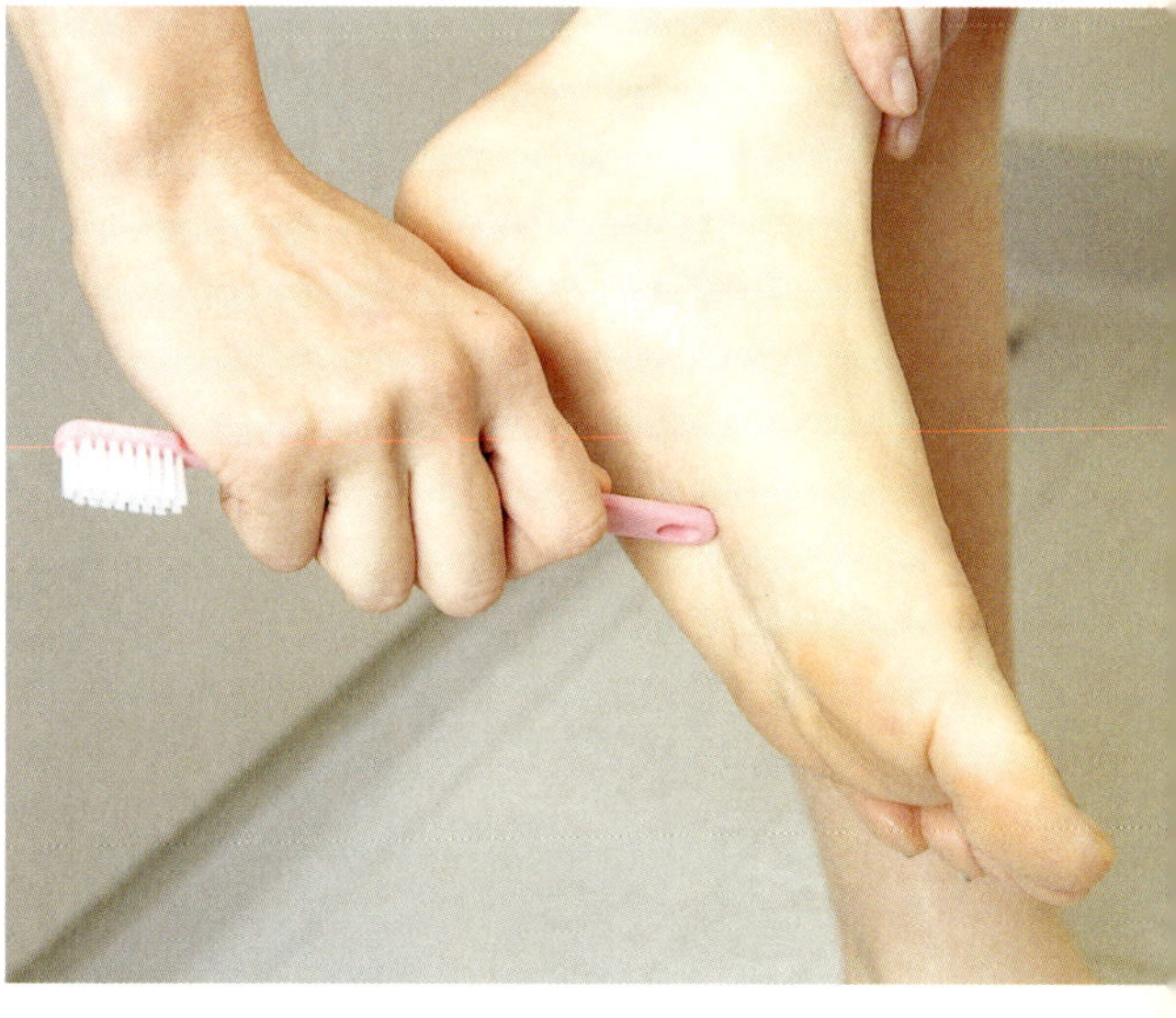

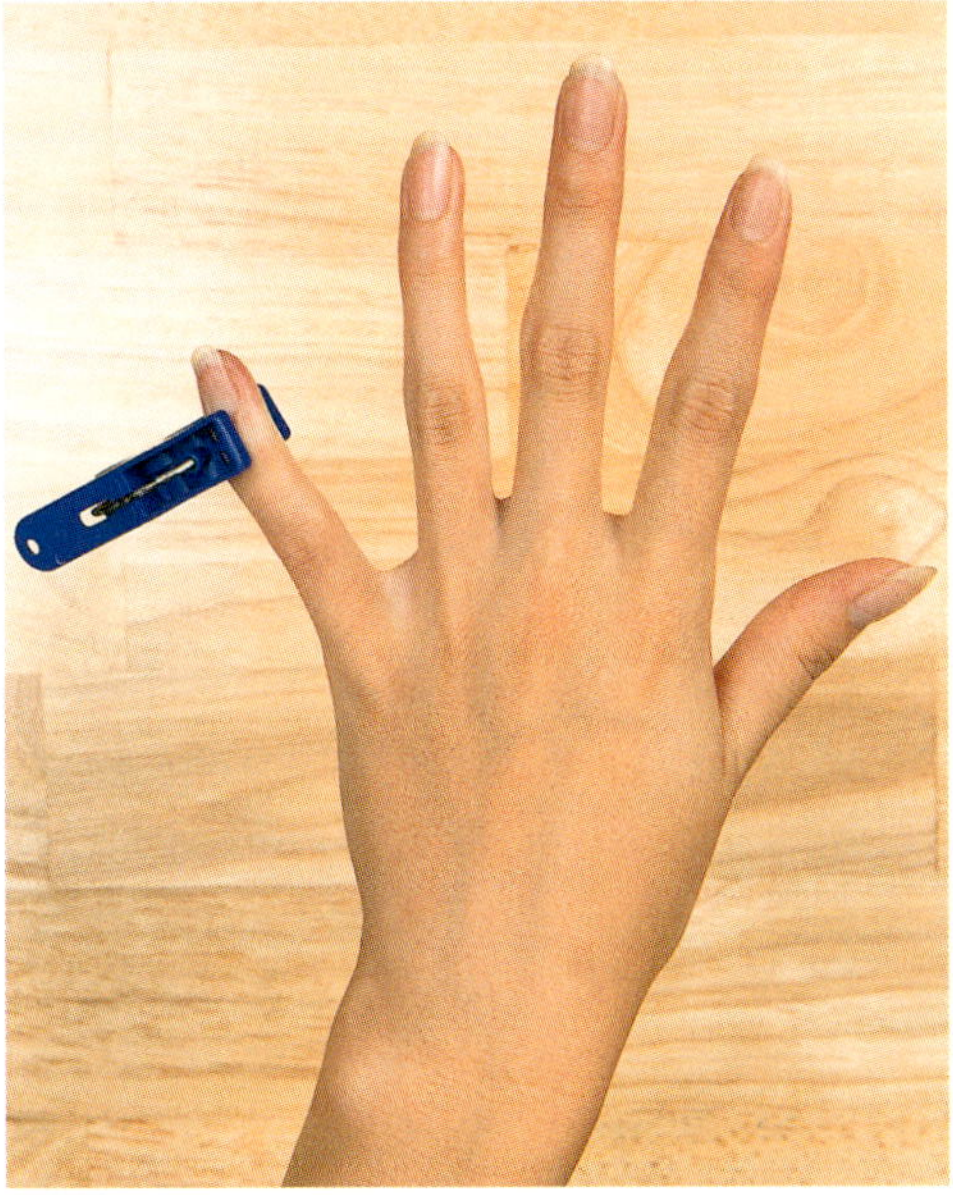

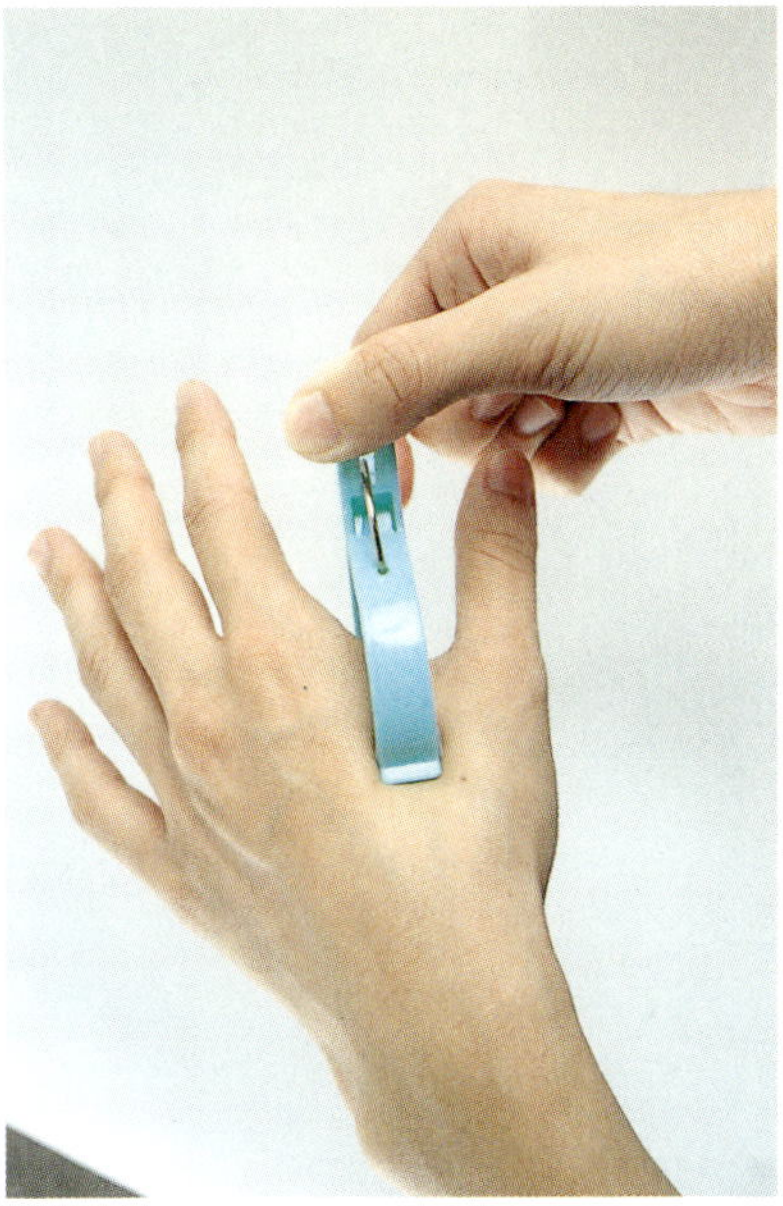

指で押すよりも簡単！手のひら洗濯ツボばさみ

手のひらや指先には、さまざまな症状の解消に有効なツボがあります。症状に合ったツボを洗濯ばさみではさめば、適度な刺激で効果アップ。洗濯ツボばさみは1回3秒を目安に、きついときは別のものにとりかえます。

ひと目でわかる「症状別・洗濯ツボばさみ」

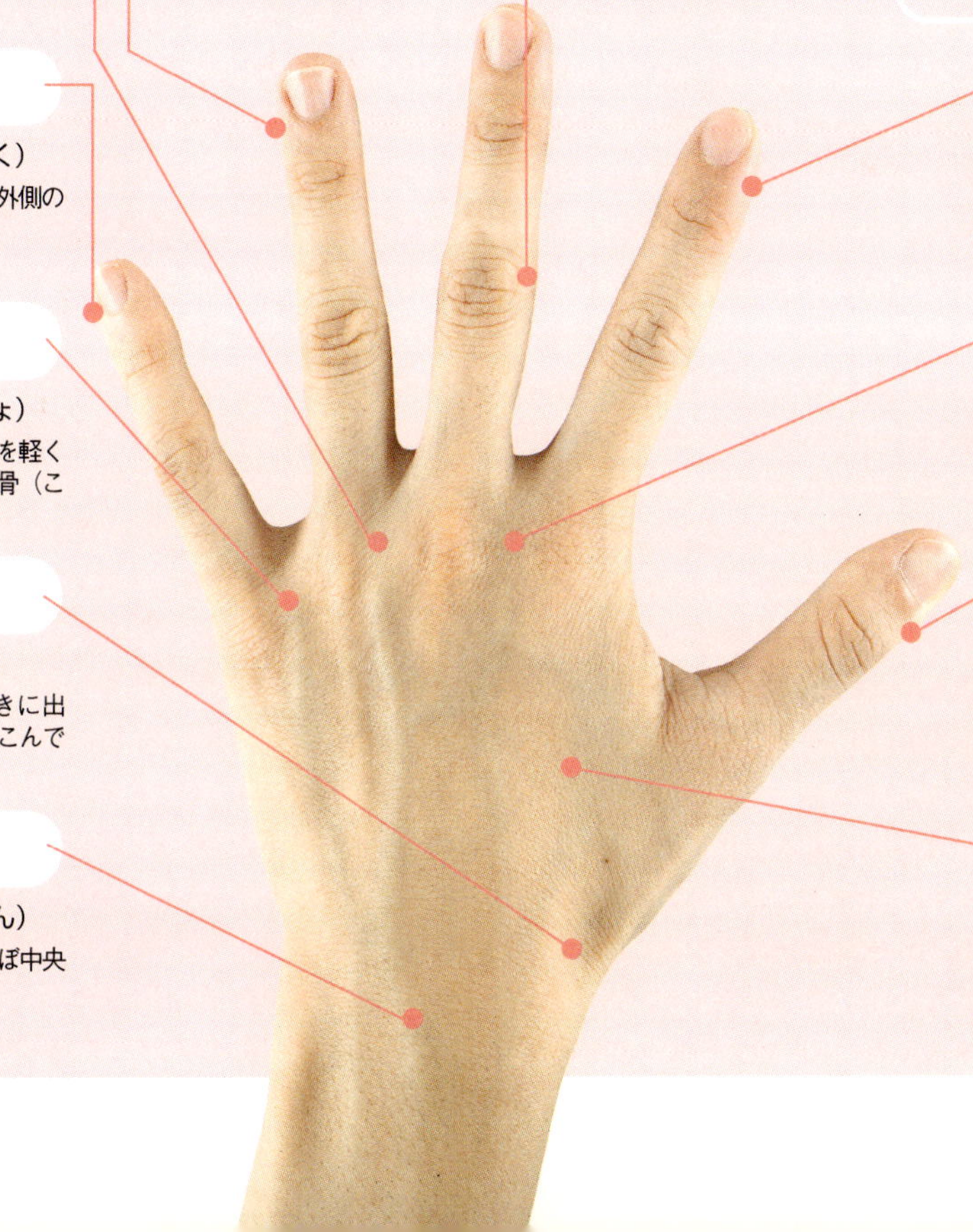

全身やせに

ツボ液門(えきもん)

中指と薬指の間で、手を軽く握ったときに出っ張る骨と骨の間のやや下

食欲不振に

ツボ関衝(かんしょう)

薬指の爪の生えぎわで小指側の角

白髪に

ツボ頭頂点(とうちょうてん)

中指第二関節にある横ジワの端。人さし指側。

頭痛に

ツボ少沢(しょうたく)

小指の爪の生えぎわで外側の角

下半身やせに

ツボ商陽(しょうよう)

人さし指の爪の生えぎわで、親指側の角

めまいに

ツボ中渚(ちゅうしょ)

薬指と小指の間で、手を軽く握ったときに出っ張る骨（こぶし）と骨の間やや下

胃痛に

ツボ外労宮(がいろうきゅう)

人さし指と中指の間の軽く握ったときに出っ張る骨（こぶし）と骨の間やや下

顔やせに

ツボ陽谿(ようけい)

パッと手を開いたときに出る、すじの外側で、へこんでいるところ

肌荒れに

ツボ少商(しょうしょう)

親指の爪の生えぎわで外側の角

冷え症に

ツボ中泉(ちゅうせん)

手の甲側で、手首のほぼ中央にある小さなくぼみ

生理痛に

ツボ合谷(ごうこく)

指を閉じて、手を伸ばしたときにできる、親指と人さし指の間のふくらみ中央

health
困ったときもあわてずに

冷えびっくり退治ワザ

たった一つかみで汗びっしょりの塩ぶろ

塩を浴槽に一つかみ加えて入浴すれば、塩の発汗作用で汗びっしょり。ふろ上がりも湯冷めしません。そのまま布団に直行すれば、冷えしらずでぐっすり眠れて、かぜぎみの体力も回復します。

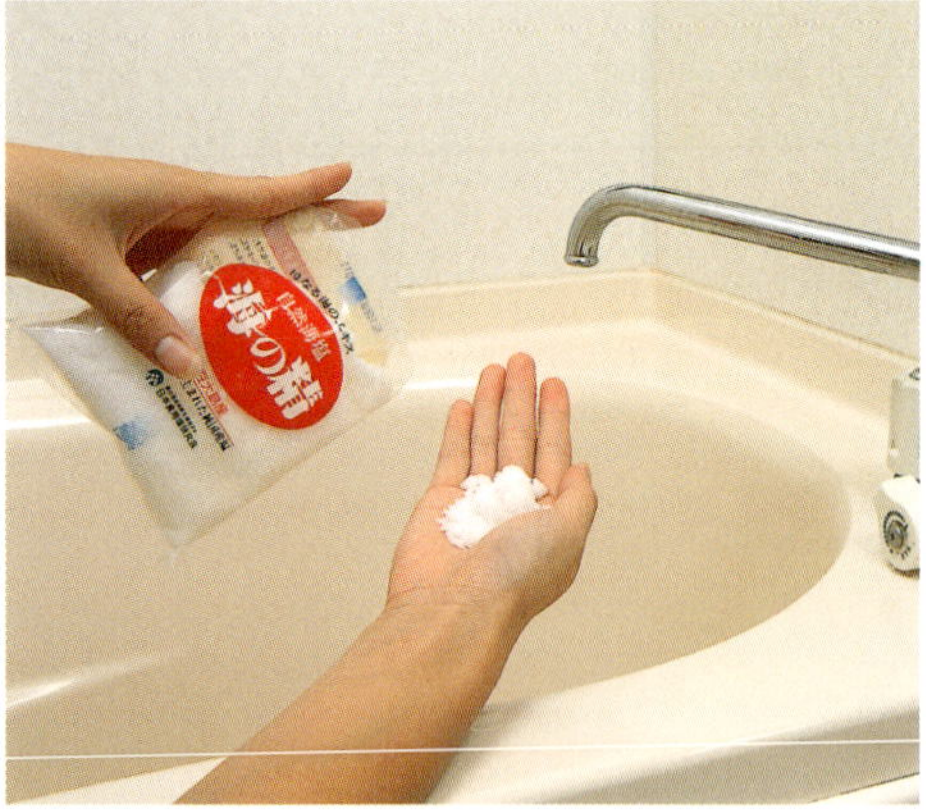

みかんの皮入浴で体の芯からポカポカあたたまる

古パンストや野菜ネットに、よく干したみかんの皮を入れれば、入浴剤がわりになります。体の芯からあたたまり、かんきつ系のさっぱりとした香りでリラックス。肌もすべすべになるオマケつきです。

冷えには1日3~5杯のしょうが紅茶

熱い紅茶にすりおろししょうが小さじ1を入れてまぜて飲めば、紅茶のテアフラビンという成分が代謝をよくし、しょうがのジンゲロンが血行を促進します。1日5～6杯を目安にしてください。

冷えを防ぐエキスがたっぷりのしょうが梅茶

熱い番茶に梅干しを入れ、おろししょうがを加えただけで、体をあたためる飲み物が作れます。しょうがは、おろしたてを入れるのがポイント。梅干しはつついて果肉も食べると、さらに効果が。

水と湯のW刺激で血行促進する温冷フットバス

バケツを2つ用意し、43度前後の湯と冷たい水を準備。まず湯に足をひたし、あたたまったら水に。これを何度か繰り返せば、血行がグングンよくなり、体の芯からポカポカに。

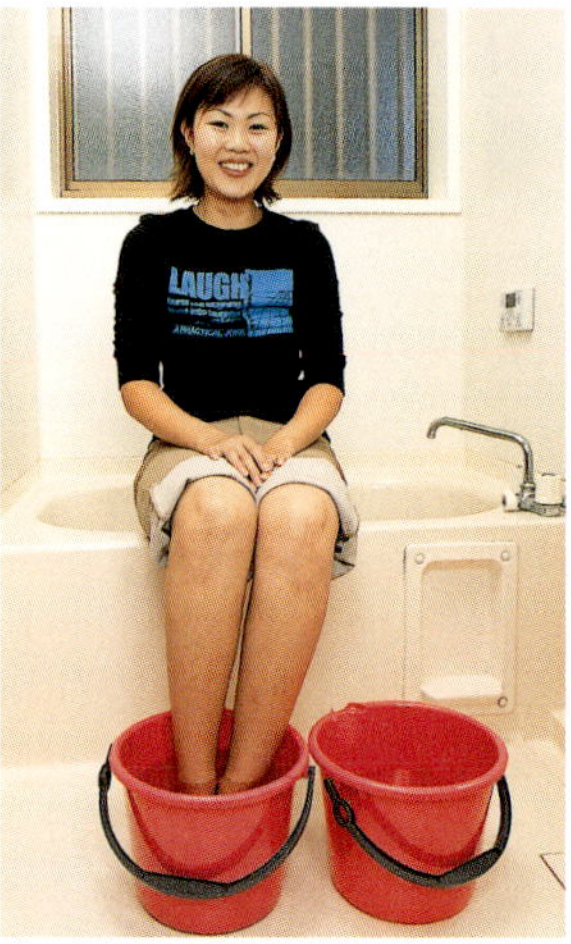

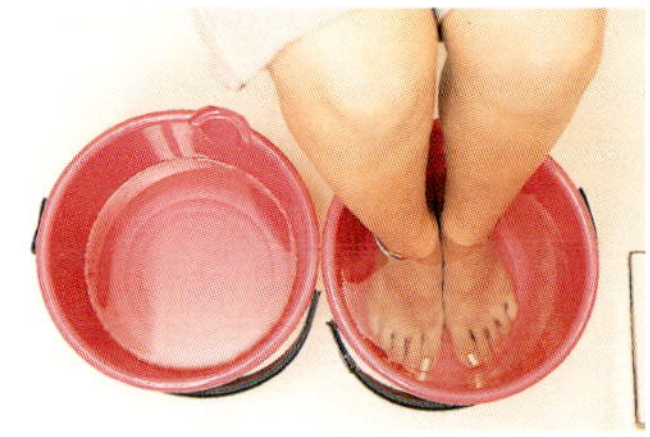

PART 10

捨てるものが、便利グッズに変身ワザ

リサイクル

「捨てるのは、もったいない！」

これこそ、家計を預かる主婦がもつ本能です。

牛乳パック、チラシ、新聞紙……

捨てる前にもうひと働きさせるワザはもちろん、
オドロキの再利用アイディアまで傑作ぞろいです。

目ウロコ復活アイディア

くっついた切手は冷蔵庫で冷やしてはがす

切手同士がくっついてしまったとき、無理してはがすと、破れてしまうこともあります。そんなときは、そのまま冷蔵庫に半日～１日入れておけば問題解決。粘着部分が冷えて乾くので、パリッときれいにはがれます。

切手の白い余白部分が修正液がわりに

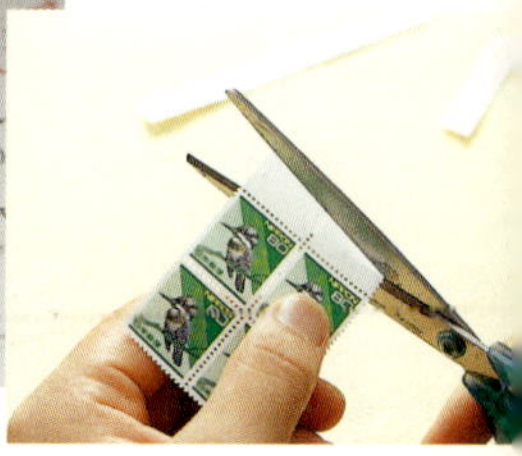

捨てがちな切手シートの端の白い部分は、修正液の代用品として使えます。修正したい部分に合わせて好きな大きさにカットできるし、裏側にノリがついているので、少し湿らせてペタッとはりつけられて便利。鉛筆でも文字が書けます。

レシート裏の買い物メモで便利＆ムダなし

家計簿に転記すれば用ずみのレシート。裏が白いレシートなら、翌日の買い物メモを書き込むのに使えます。表を見ればすでに買ってあるものがわかるから、ムダな買い物の防止に。財布に入れやすいサイズなのも便利です。

書き損じハガキは、好きな切り抜きをはって絵ハガキに

書き損じたり、子どもが落書きしたハガキは、郵便局で手数料を払ってとりかえるより、雑誌などの気に入り写真をハガキの大きさに切って絵ハガキに。色目の濃い写真をはれば下がすけて見えません。

切れた乾電池はもう一こすりで応急復活！

「リモコンの電池が切れた！でも買い置きがない！」。そんなときは電池をとり出して、十と一が互い違いになるように並べ、両手で10～15秒間こすり合わせます。それだけで不思議と電池はしばらく復活します。

プラスチックの菊＋パッチン留めでヘアアクセに

パック入りの刺し身などに使われるプラスチックの菊。マニキュアやラインストーンをあしらい、瞬間接着剤でパッチン留めに接着すれば、ヘアアクセサリーに。菊の裏面にデコボコがある場合は、カッターで削ります。

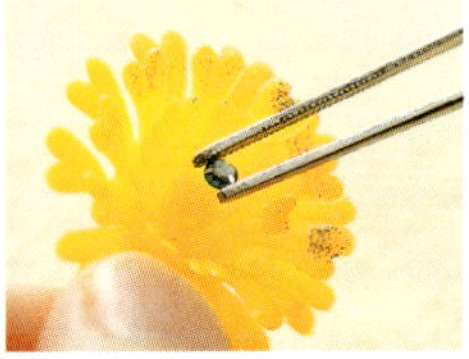

倒れても散らからないミルク缶ゴミ箱

ゴミ箱をひっくり返して部屋がゴミだらけということ、ありませんか？カッターで蓋に放射状の切り込みを入れた粉ミルク缶のゴミ箱なら、ゴミは押し込むだけ。蓋つきなので、倒してもゴミ散乱を防ぎます。

プラスチックの蓋が棒アイスのタレ防止皿に

缶入りのお菓子に使われるプラスチックの蓋が、とけた棒アイスの受け皿として大活躍。カッターで、アイス棒の幅よりも小さめに切り込みを入れ、棒を差し込むだけ。子どもに棒アイスを食べさせても、服や床を汚す心配はありません。

recycle

捨てる前にひと工夫で㊢

牛乳パック復活アイディア

1時間でできる牛乳パックのイス

丈夫で防水処理の施された紙でできた牛乳パックは、リサイクルアイテムNo.1。特に、牛乳パックのイスは定番中の定番です。材料は、からの牛乳パック64本、大きめの段ボール1箱、ハサミ、カッター、ホチキス、セロハンテープ。

1 洗って乾かした牛乳パックの上部を全開にして、上から下までカッターを入れて切る。つなぎ目のところが、切りやすい。

2 底は対角線にカッターを入れて、三角が2つできた状態にする。さらに、その2つの三角を半分に切って山を4つ作る。

3 上部の注ぎ口は、ハサミを使い、パックの折り目を切りとって、三角形ができるように切る。

4 イスのもと、三角柱を作る形がこれ。牛乳を飲んだらそのつど開いておけば、64本分集めても場所をとらず、作業がスピーディに。

5 4面あるうちの1面を重ね合わせて三角柱を作る。重ね合わせた部分はホチキスやセロハンテープで仮止め程度に止めておく。

6 注ぎ口と底の部分の三角は重ね合わせて、蓋をするように閉じる。牛乳パックを縦におくと、作業しやすい。

7 注ぎ口と底、両方閉じた部分をテープで止めて三角柱の完成。64本作るうち9本は背もたれ接着用に、三角を1面だけ止めずに残す。

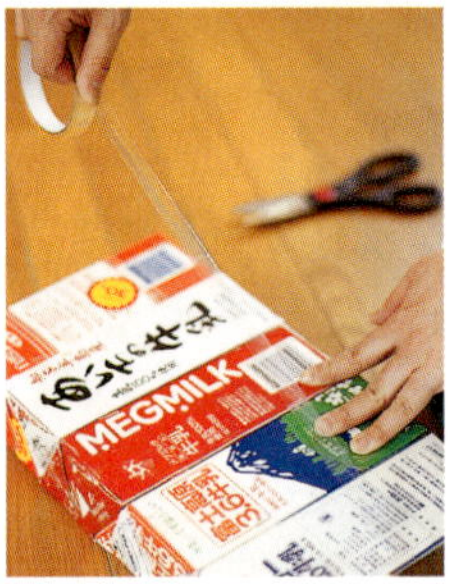

8 台座に使うのは47本。7本のサク1列、9本のサク、11本のサクを、それぞれ2列ずつ作って、台座の基礎にする。

9 ⑦で三角を残しておいた9本は、7本のサクの両端と3本並ぶ面に、9本、11本のサク1本ずつの両端にセットする。

10 でき上がった7本、9本×2、11本×2の5種類のサクは、それぞれテープで周囲をぐるりと巻いて固定する。

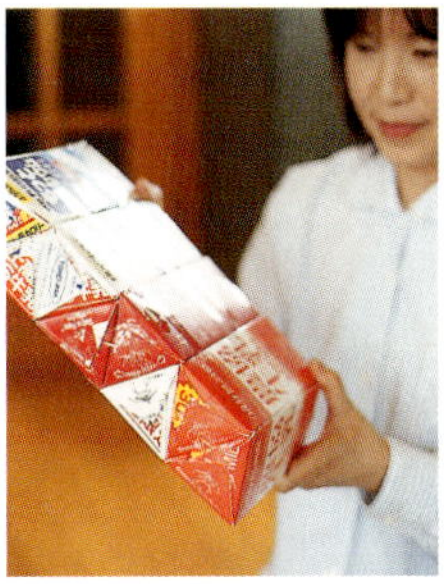

11

これは9本のサク。これらのサクを組み合わせて、立てた状態にしたものが台座になる。牛乳パックを開いておけばここまで約1時間。

12

三角を残した牛乳パックと合わせたサクを7本、9本、11本の順に並べ、さらに三角を残していないパックを11本、9本の順で並べる。

13

牛乳パックのサクを組み合わせたら、全体を太めのテープでぐるぐる巻いて、できるだけしっかり固定する。

14

残りの17本は背もたれ用。三角を残したパックの上に必ずのるよう組み合わせて、テープで固定する。

15

台座に背もたれ部分をのせ、背もたれと台座をつなぐ内側は、幅の太いテープを使って、しっかり固定する。

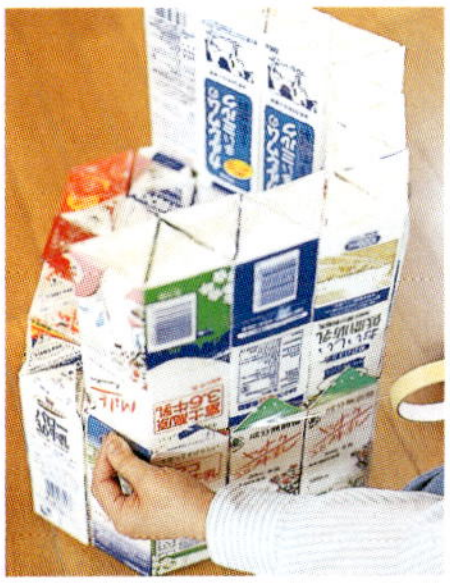

16

外側は、台座を作るときに残しておいた三角の部分を背もたれとの連結部分にする。三角を残すひと工夫で、丈夫さがアップする。

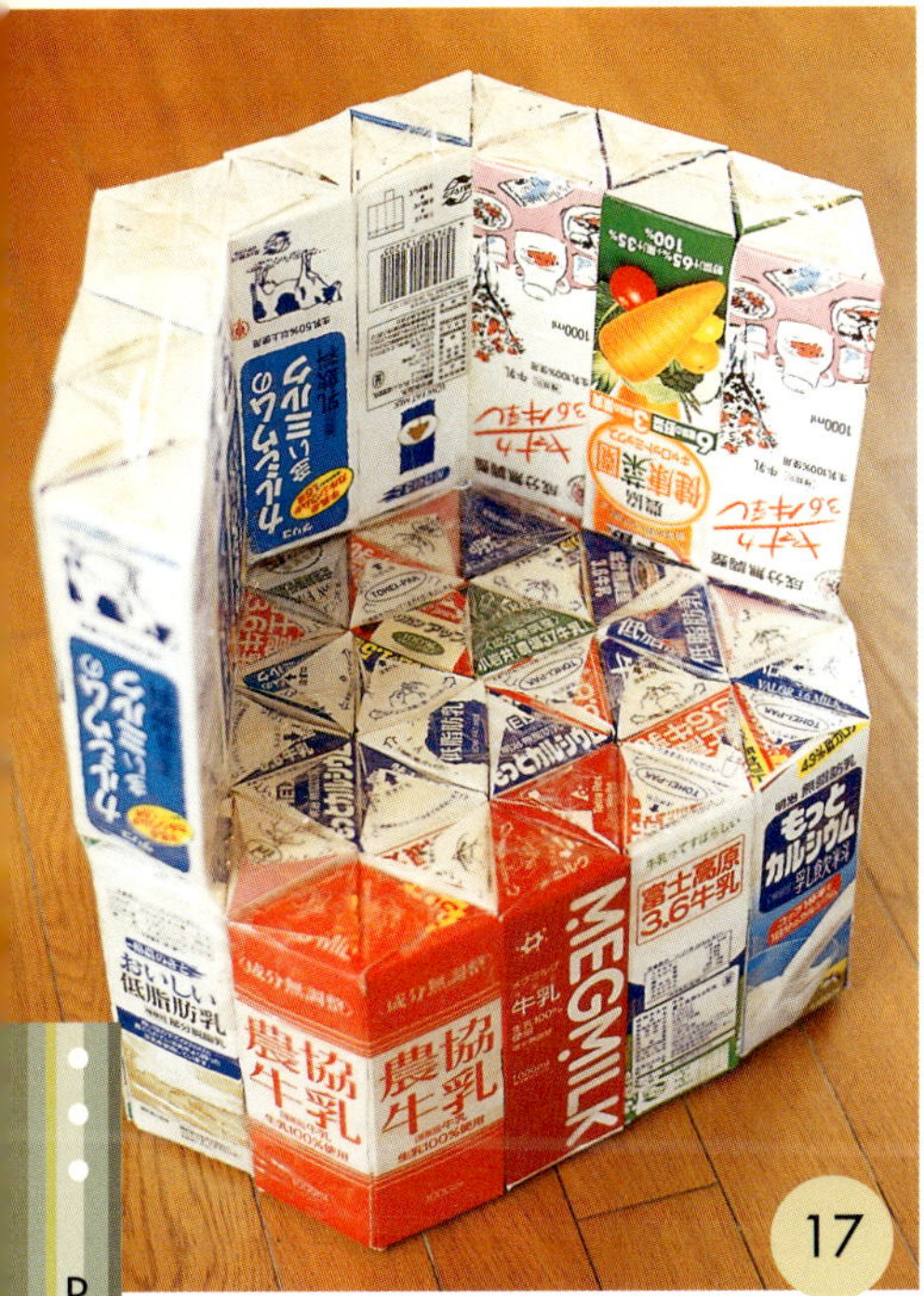

17

これで基本の牛乳パックイスが完成。この状態でも十分すわれるが、補強してカバーをかければ、ほうり投げても壊れないほど頑丈に。

18

補強のために、段ボールをかぶせる。段ボールは鉛筆で型をとってカットするが、布カバーをかけるので、多少ずれていてもOK。

19

⑱で型紙をとり、キルティング布で作ったカバーをかければ完成。牛乳パックを再利用したイスだが、大人がすわっても壊れない。

チラシ&包装紙復活アイディア

処理もラクチン チラシのゴミ箱

チラシはお買い得情報をキャッチしたら、その後は折ってたたんでゴミ箱にしてもうひと働き。生ゴミや果物の皮、お菓子のゴミを入れるのにピッタリ。シンクで生ゴミ入れに使えば、三角コーナーの掃除から解放されます。

1 チラシを4つに折って、折り筋をつける。

2 袋に開く。

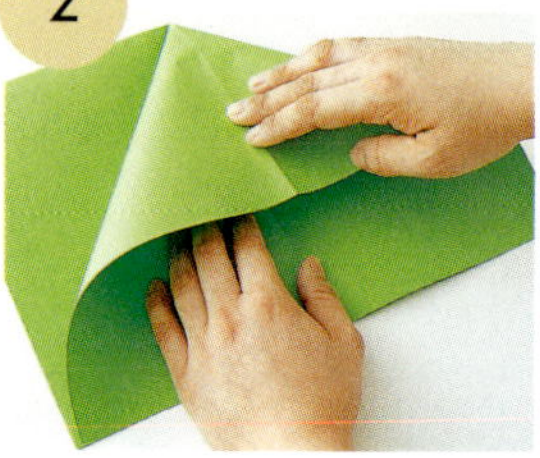

3 裏返して、反対側も袋に開く。

4 手前の1枚を向こう側に倒す。裏返して、反対側も倒す。

5 左右とも、中央の折り線に向けて折る。

6 裏返して、反対側も中央の折り線に向けて折る。

7 下側を上に折り返す。裏返して、反対側も下側を上に折り返す。(ストックするならこの状態がかさばらずによい)

8 折り返した部分を両手で持って、そっと開く。基本のゴミ箱はこれで完成。

9 折り返した部分を開けば、持ち手つきゴミ箱になる。

カラフルで楽しい！包装紙でリサイクルポチ袋

お年玉や、ちょっとしたお礼を包むのにぴったりのポチ袋。色柄などが豊富な包装紙なら、贈る相手のかたに合わせて選べ、それだけであたたかい気持ちが伝わります。大きめに作れば、プレゼントに添えるカード入れにもなります。

1 紙は15㎝四方にカット。模様のついたほうを外側にし、三角に二つ折りにし、開いて折り目をはさむ左右の角を向かい合わせに折る。

2 裏に返して、上下の角を合わせて折る。

3 再び裏返して、右の袋を広げて、中側をつぶしながら、中央線に合わせて折る。左側も同様に折る。

4 重なっている下の三角形を手前に折る。

5 裏返して、まん中の三角を左右に引き出す。底辺と後ろの三角の辺が重なるようにしながら、上と下の角を合わせて折りたたむ。

6 三角の両端から出た手の部分を、手前に向けて折る。

7 手の重なった部分を押さえながら、後ろの三角の袋の部分を開く。

8 手前の三角を、重ね合わせた手を押さえるように、前に倒して折る。

9 倒した三角の頂点を、重ね合わせた手の下へぐっと折り込む。

10 蓋をして、蓋の角も⑨と同じように後ろへ折り込んで、完成。

11 4つに折ったお札を入れるには、15㎝四方の紙がぴったりサイズ。正方形にカットした紙なら、どんな大きさでも袋が作れる。

知 得 トピックス

手仕事の知恵ア・ラ・カルト

つくろい物も、再利用ワザの一つ。ちょっとしたコツで、裁縫の手仕事がグンと簡単になるアイディアを集めました。これで苦手にしていたつくろい裁縫も、失敗なしに。

薄手の生地のボタンつけには、マニキュア1滴が超お役立ち！

ブラウスなど薄手の布のボタンつけはむずかしいもの。ボタンをつける部分に透明マニキュアを1滴たらし、乾いてからぬえば、針が進みやすくなります。マニキュアの膜のおかげで、玉止めも簡単になります。

ボタンのほつれ防止は糸をマニキュアで固める

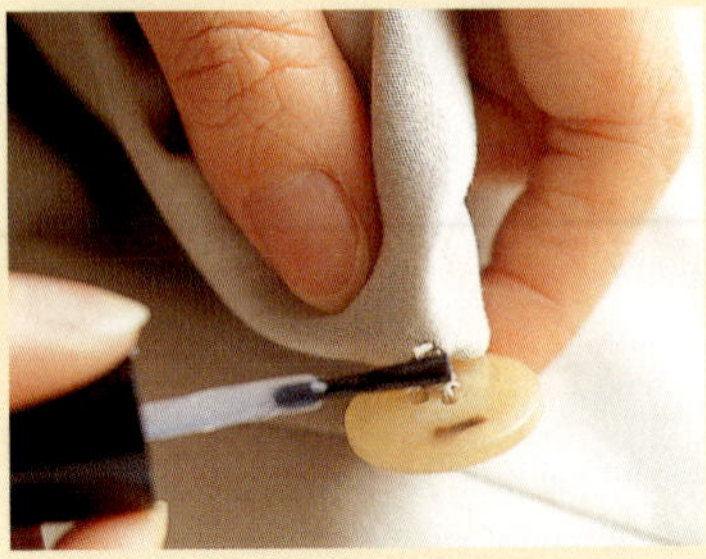

かけはずしが頻繁なボタンは、玉止めのほつれからボタンがとれたり、なくしたりする原因に。玉止めをしたところに、透明マニキュアを塗って補強すれば、ほつれにくくなります。すそなどの糸の結び目にも応用できます。

マッチ棒1本で適度なゆるみのボタンつけ

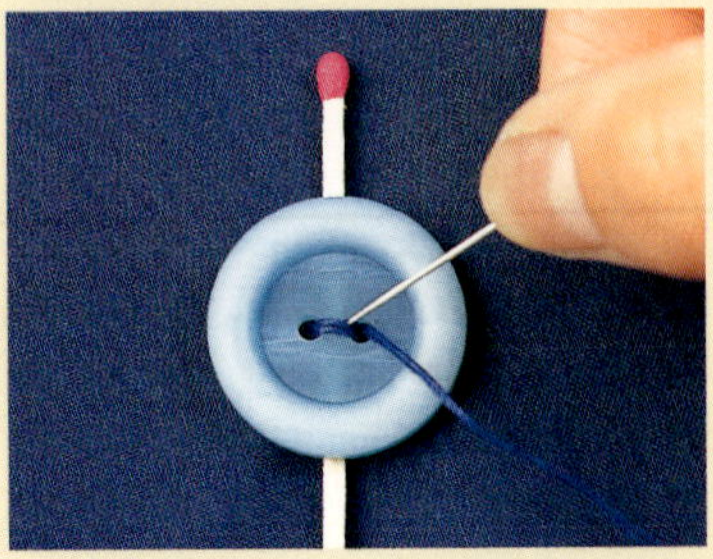

布地に密着させすぎず、適度なゆるみが必要なボタンつけは糸足調節がカギ。布とボタンの間にマッチ棒1本をあてがえば、糸足のゆるみ調節が簡単にできます。この状態でしっかりぬいつけて最後にマッチ棒をはずせばOKです。

動きの多いスカートのスリットはネームテープでほつれ知らず

スカートのスリット部分のほつれには、名前つけに使うネームテープが強い味方になります。破けてからぬうよりも、あらかじめ補強しておくのがコツ。破れやすい部分にテープを横長に当て、アイロンをかけておけばOK。

伸縮性のある布地のミシンがけにはテープが活躍

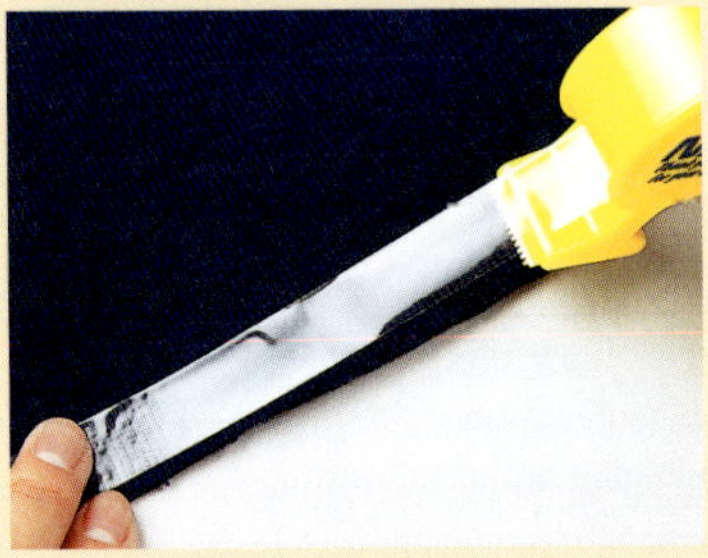

ジャージーのように伸縮性のある布にミシンがけするときは、あらかじめぬいしろに沿ってテープをはります。テープが布の押さえになるので、ぬうときの伸び縮みを防ぎ、寸法がくるいません。

タオル素材のミシンがけには1枚のチラシが大活躍

タオル地はループが針のじゃまになり、ミシンが進まないもの。でも、生地にチラシを1枚のせた状態でミシンをかければ、ループも気にならず、ぐんとぬいやすくなります。チラシはぬい終わったら破ってとり除きます。

PART 11

広い庭がなくても、グリーンが楽しめる

ガーデニング

捨てるつもりだった野菜の切れ端が、
キッチンでもう一度、芽や葉を出して食べられる……
ガーデニングは、身近なアイディアで十分楽しめます。
枯らさない、失敗しない育て方のワザや
買わずにすむ道具の工夫など、なるほど納得！

gardening
枯らさない！
にはコツがある

身近なグッズで植物イキイキ

留守中の水やりも安心！ペットボトルの自動給水機

旅行などで、家を離れるときに心配なのが庭やベランダの植物の水やり。ペットボトルのキャップに目打ちで鉛筆の芯くらいの穴をあけ、水を入れたら土にさかさにさしておきます。

サイズ自由自在の鉢植え針金ハンガー

ベランダの柵に植物を飾りたいときは、針金ハンガの下のバーを伸ばし、鉢の周囲に合わせてカーブさせたら、直角に曲げます。曲げた部分はワイヤできつく固定し、持ち手をベランダにかけてでき上がり。

取っ手つきペットボトルのガーデンスコップ

取っ手つきの大容量ペットボトル（油、焼酎用など）がスコップに早変わり！　取っ手のついている側を上にして使えるようにボトルをカッターで斜めに切るのがポイント。ざらざらした切り口は、ライターなどの熱であぶって処理します。

取っ手つき容器がじょうろに変身！

柔軟剤や漂白剤の容器は取っ手がついているので、重い水を入れても持ち運びに便利。キャップに数カ所、キリか目打ちであけた穴から水がシャワー状に出てきます。

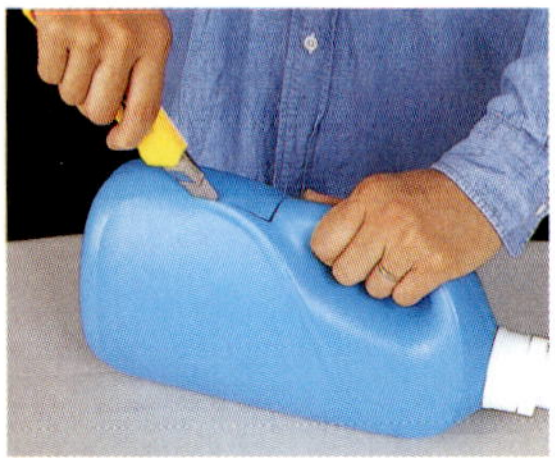

あき容器をしっかり押さえ、取っ手の下の部分を長方形に切り落とす。ここが水を入れる口になる。

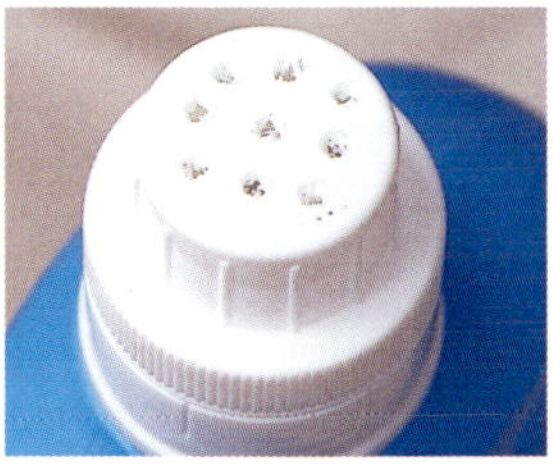

キャップをしっかり閉め、まん中に穴をあけ、その穴を中心に放射状に穴をあけて、シャワー口にする。

アイス棒が植えた植物のネームタグにピッタリ

洗って乾かしたアイスの棒を用意。プランターや庭に種や球根を植えるとき、植物の名前を棒に書いてさしておけば、どこに何を植えたかがひと目でわかり、手入れもしやすくなります。木製のアイススプーンでもOK。

ビールの飲み残しは観葉植物のツヤ出しに

飲み切れず炭酸が抜けてしまったビールや缶に少し残ったビールは、観葉植物のツヤ出しにうってつけ。布に含ませ、葉の表面をていねいにふけば、アルコール分が葉にたまったほこりをすっきり除去します。

とうふパックをプランターがわりにミニ家庭菜園

深めのとうふパックの底に数カ所穴をあけ、培養土を入れればプランターがわりになります。土受けには食品トレーを。ベランダでねぎやにんじんの葉、春菊、ミニトマトなどが栽培できます。

米とぎ汁の油分が植物の栄養になる

米のとぎ汁に含まれる油分には、肥料同様の栄養が含まれています。生活廃水になるとぎ汁を水がわりにやれば、発育が活発になり、美しい花もつきやすくなって効果大。

数滴の漂白剤効果で切り花が長く楽しめる

切り花を長くもたせるには、水に漂白剤をまぜるのがおすすめ。コップ半分の水に数滴で十分です。漂白剤の殺菌作用で、切り花が腐りにくくなります。あとは、できるだけこまめに水をとりかえること。

漂白剤を入れた水、長もち効果があるといわれる10円玉を入れた水、何も入れない水の3つで比較。

1週間後、漂白剤を入れた水はきれいに咲いているが、10円玉の水と何も入れない水はしおれた感じ。

知 得 ト ピ ッ ク ス

残り野菜でカンタン水栽培

料理に使ったにんじんのへたやねぎの根、芽が出てしまった玉ねぎなどは捨てないで！　ふだん食べない部分も、水につけると芽が出て食べられる野菜が育ち、3～4回は繰り返し楽しめます。

三つ葉

根を残しておけば簡単にふやせる野菜の一つ。買ったらすぐ、根元を切るのがコツです。

根元を4～5cm以上残して切る。スポンジがついているときは、そのまま吸水に利用する。

コップにさし、根が半分つかるくらいの水を入れる。寒くなければ1～2日で新しい葉が出る。

大根

内側から次々新しい葉が成長。カロチンたっぷりで、みそ汁やいため物などに使えます。

へたの部分を1.5～2cmの厚さにカット。葉が残っていたら、5cm程度に切り落とす。

4～5cm以上深さのある容器にへたを入れ、へたの半分くらいがつかるように水を入れる。

にんじん

芽が出るまで時間はかかるけど、出れば伸びは早い。葉はサラダやスープの彩りに便利です。

へたは1cm以上の厚さを残して包丁で切り落としたほうが、葉が長もちする。

2～3cm以上深さのある容器に入れ、へたの頭が空気にふれるように水をはる。水がれに注意。

にんにく

芽が出たにんにくを利用。15㎝くらいになったら収穫して、いため物などに。

芽が出ているものだけ房からはずす。全体的に芽が出ていれば、まるごと使う。

容器に入れ、お尻がつかる程度に水を入れる。根が出たら、水やりはたっぷりと。

玉ねぎ

芽が出た玉ねぎは、葉が伸びれば、ねぎとして食べられます。3～4回は収穫を楽しめるはず。

根は切らず、玉ねぎのお尻部分が水につかるようにする。3～4日で根が伸び、しだいに芽が伸びる。

コップやあきビンに水を入れ、玉ねぎを上にのせるだけ。葉が20㎝くらい伸びたら収穫できる。

ねぎ

丈夫で栽培が簡単。切ってもすぐに伸びるので、3～4回は収穫できます。薬味に最適！

根元を5㎝残してカット。葉は痛みやすいので、ラップに包んで冷蔵し、早めに使うこと。

コップにさし、根がつかるまで水を入れる。根が広がるようにさすと水分を吸いやすくなる。

gardening

枯らさない！にはコツがある

身近なもので虫よけワザ

うどんやパスタのアツアツゆで汁が除草剤に

うどんやパスタのゆで汁は、除草剤としても威力を発揮！アツアツのうちに除草したい場所にさっと散布すると、2〜3日で枯れてきます。熱いゆで汁なら、野菜など何をゆでたものでも除草効果があります。

茶がらが家庭菜園の植物の肥料になり、害虫も退治！

植物にとって窒素成分は重要。タンパク質が含まれている日本茶の茶がらを家庭菜園の野菜の根元にまくと肥料がわりになり、育ちもよく、害虫が減ります。茶がらはフライパンでいってまけば、さらに効果アップ。

牛乳パックのすすぎ水でアブラ虫を撃退

アブラ虫退治に威力を発揮する牛乳。牛乳の粘度にはアブラ虫を動けなくする効果があります。飲み終わった牛乳パックに少量の水を加えて振り、気になる葉や茎にかけるかスプレーすれば撃退。

使用ずみの除湿剤は除草剤として利用価値あり

市販の除湿剤は、とけて水分がいっぱいになったら捨てるタイプがほとんど。実はこのたまった水はそのまま雑草にかければ、除草剤としての役割りも果たします。ちなみに、2倍に薄めて使っても効果あり。

酢水スプレーで安全に除虫・病気予防ができる

家庭菜園やハーブなどの病害虫予防におすすめなのが、500㎖の水に50㎖の酢を加えた酢水。葉裏や花の裏側まで霧吹きでスプレーすると、植物が元気に育って、アブラ虫やウドンコ病などをよせつけなくなる効果があります。

卵白パックでボディケア 156
緑茶化粧水でクスミ、シミが改善 148
緑茶で洗顔 146
緑茶の粉パックがシミ、ニキビに効く 152
りんごきな粉パックがたるみ、シワに効く 153
レシートで爪みがき 156
レジ袋ケープで自宅カットが安心 154
輪ゴムかけせっけん置きで清潔せっけん 147
輪ゴム十字かけで白髪抜き 154

Part 9 健康

足うら塩もみ込みでかぜ退治 161
足うらツボ押しは歯ブラシで 168
足首靴下でむくみ、冷え解消 168
足のにおいに酢水足浴 167
安眠は背上げ睡眠で実現 162
梅干十緑茶で口臭を防ぐ 166
お茶の湯げのホットパックで疲れ目改善 167
温冷フットバスで冷え改善 170
かぜ退治は足うら塩もみ込み 161
かぜ退治ははちみつレモン 163
かぜ退治はホットみそ 163
かぜ退治は緑茶うがい 160
かぜ予防は紅茶うがい 160
かぜ予防は紅茶霧吹き 162
かぜ予防は酢漬けしょうが 163
傷に卵の薄皮 165
傷ににんにくのおろし汁 165
きなこ牛乳で便秘解消 167
キャベツの外葉かぶりで熱さまし 160
黒酢はちみつでのどの痛みとり 163
口臭は梅干十緑茶で防ぐ 166
口臭はヨーグルト十緑茶で防ぐ 166
紅茶うがいでかぜ予防 160
紅茶霧吹きでかぜ予防 162
小麦粉焼酎湿布で熱さまし 161
小麦粉十酢湿布で捻挫改善 164
塩入り番茶で酔いざまし 166
塩ぶろで冷え改善 170
塩マッサージで歯ぐきケア 166
塩水鼻うがいで鼻詰まりを通す 162
塩もみ込みで虫刺され改善 164
しょうが梅茶で冷え改善 170
しょうが紅茶で冷え改善 170
焼酎マフラーでのどの痛みとり 161
新聞紙保冷剤で熱冷まし 160
じゃがいも湿布でやけど改善 164
酢十小麦粉湿布で捻挫改善 164
酢漬けしょうがでかぜ予防 163
酢水足浴で足のにおい解消 167
背上げ睡眠で安眠が実現 162
せきに大根はちみつ 163
洗濯ツボばさみ 胃痛 169
顔やせ 169
下半身やせ 169
食欲不振 169
白髪 169
頭痛 169
生理痛 169
全身やせ 169
肌荒れ 169
冷え症 169
めまい 169
たかのつめマフラーでのどの痛みとり 161
卵の薄皮が傷を改善 165
ダイエットはボタンの足うらツボはりで 168
大根はちみつでのどの痛みとせきに 163
疲れ目にお茶の湯げでホットパック 167
疲れ目解消にティーバッグパック 167
にんにくうがいでのどの痛みとり 160
にんにくおろし汁が傷を改善 165
熱冷ましはキャベツの外葉かぶり 160
熱冷ましは小麦粉焼酎シップ 161
熱冷ましは新聞紙保冷剤 160
捻挫は小麦粉十酢湿布 164
のどの痛みは黒酢はちみつ 163
のどの痛みは焼酎マフラー 161
のどの痛みはたかのつめマフラー 161
のどの痛みは大根はちみつ 163
のどの痛みはにんにくうがい 160
歯ぐきケアは塩マッサージで 166
はちみつレモンでかぜ退治 163
鼻タオルで鼻詰まりを通す 162
鼻詰まりは塩水鼻うがいで通す 162
鼻詰まりは鼻タオルで通す 162
鼻詰まりは鼻の穴ネギで通す 162
歯ブラシで足うらツボ押し 168
バンソウコウはがしはベビーオイルで 165
パンストビー玉踏みで疲労回復 168
冷えに足首靴下 168
冷えに温冷フットバス 170
冷えに塩ぶろ 170
冷えにしょうが梅茶 170
冷えにしょうが紅茶 170
冷えにみかんの皮入浴 170
疲労回復にパンストビー玉踏み 168
ベビーオイルでバンソウコウはがし 165
便秘はきなこ牛乳で解消 167
ホットみそでかぜ退治 163
ボタンの足うらツボはりでダイエット 168
みかんの皮入浴で冷え改善 170
むくみに足首靴下 168
虫刺されは塩をもみ込む 164
目薬点眼はスプーンはりで一発 167
やけどはじゃがいも湿布 164
やけどは卵白パック 164
酔いざましは塩入り番茶 166
ヨーグルト十緑茶で口臭防止 166
卵白パックでやけど改善 164
緑茶うがいでかぜ退治 160
緑茶十梅干で口臭防止 166
緑茶十ヨーグルトで口臭防止 166

Part 10 再利用

アイスのタレ防止皿はプラスチック蓋で 173
イスは牛乳パックで作る 174
買い物メモはレシート裏で 172
乾電池が切れたらこすって復活 173
切手がくっついたら冷やしてはがす 172
切手の白い余白が修正液がわりに 172
牛乳パックでイス 174
粉ミルク缶で散らからないゴミ箱 173
ゴミ箱はチラシで作る 176
修正液がわりに切手の白い余白 172
スリットはテープをはってほつれ防止 178
チラシでゴミ箱 176
チラシでミシンがけがラクに 178
テープでスリットのほつれ防止 178
テープでミシンがけがラクに 178
ハガキは切り抜きをはって絵ハガキに 172
プラスチック菊でヘアアクセ 173
プラスチック蓋でアイスのタレ防止皿 173
ヘアアクセにプラスチック菊 173
包装紙でポチ袋 178
ボタンつけはマッチ棒でゆるみをとる 178
ボタンつけはマニキュアで補強 178
ボタンのほつれはマニキュアで防止 178
ポチ袋は包装紙で作る 177
マッチ棒でボタンつけのゆるみをとる 178
マニキュアでボタンつけを補強 178
マニキュアでボタンのほつれを防止 178
ミシンがけはチラシをはさめばラク 178
ミシンがけはテープをはればラク 178
レシート裏で買い物メモ 172

Part 11 ガーデニング

アイス棒で植物ネームタグ 181
アブラ虫退治に牛乳パックすすぎ水 184
観葉植物のツヤ出しにビール 181
害虫退治に茶がら 184
ガーデンスコップは取っ手つきペットボトルで 180
切り花は漂白剤入り水で長もち 181
牛乳パックすすぎ水でアブラ虫退治 184
米とぎ汁で栄養たっぷりの水やり 181
植物ネームタグにアイス棒 181
自動水やり機はペットボトルで作る 180
じょうろは取っ手つき容器で作る 180
除湿剤のたまり水で除草剤がわり 184
除草剤がわりにゆで汁 184
除虫は酢水スプレーが効果あり 184
茶がらで害虫退治 184
茶がらが肥料に 184
とうふパックでプランター 181
取っ手つきペットボトルでガーデンスコップ 180
取っ手つき容器でじょうろを作る 180
残り野菜で水栽培 玉ねぎ 183
大根 182
にんじん 182
にんにく 183
ねぎ 183
三つ葉 182
鉢植えハンガーは針金ハンガーで作る 180
漂白剤入り水で切り花が長もち 181
肥料がわりに茶がら 184
ビールで観葉植物のツヤ出し 181
プランターはとうふパックで 181
ペットボトルで自動水やり機 180
水やりは米とぎ汁で栄養たっぷり 181
ゆで汁が除草剤がわり 184

アルミレジャーシートで結露を防ぐ 132
イス脚カバーにテニスボール 137
イスで布団干し 142
衣類の虫食いはせっけんで防ぐ 134
鉛筆の粉でカギの滑りを改善 140
オキシドールで畳の焼け焦げをとる 136
押入れすのこがわりにトイペ芯 132
押入れの湿気はに丸めた新聞紙でとる 132
鏡のくもりはせっけんで防ぐ 137
鏡の汚れはじゃがいもの皮でとる 141
カギの滑りは鉛筆の粉が改善 140
肩パッドで靴をみがく 138
かばんの湿気は新聞紙を詰めて防ぐ 132
カーペットの焦げ穴は毛糸でカバー 136
カラスよけは粉ミルクの内蓋で 135
革製品の手入れはクリーム＆乳液で 138
牛乳でシルバー製品のさびをとる 139
鎖のからまりはベビーパウダーで解決 139
靴の型くずれはペットボトルで防ぐ 139
靴のきつさはせっけんが改善 139
靴の湿気は乾燥剤を入れてとる 133
靴の湿気は丸めた新聞紙を入れてとる 133
靴は肩パッドでみがく 138
靴は新聞紙＋箱収納 133
靴はパンスト三つ編みタワシでみがく 138
靴箱の湿気は新聞紙敷きでとる 133
靴箱の湿気は新聞紙の除湿棒でとる 133
靴箱のにおいは茶がらストッキングでとる 134
クリーム＆乳液で革製品の手入れ 138
クローゼットはパンスト＋乾燥剤で湿気とり 133
毛糸でカーペットの焦げ穴をカバー 136
結露はアルミレジャーシートで防ぐ 132
結露は新聞紙はりで防ぐ 132
粉ミルクの内蓋でカラスよけ 135
コーヒーかすでタバコのにおい消し 134
コーヒーで木製家具のキズを修理 141
塩水ぞうきんで籐製品の黄ばみをとる 141
障子紙の黄ばみは漂白剤スプレーでとる 136
シルバー製品のさびは牛乳でとる 139
新聞紙の除湿ハンガーで洋服ダンスの湿気とり 133
新聞紙の除湿棒で靴箱の湿気とり 133
新聞紙を敷いて靴箱の湿気をとる 133
新聞紙を詰めてかばんの湿気をとる 132
新聞紙をはって窓の結露を防ぐ 132
新聞紙を丸めて押入れの湿気をとる 132
新聞紙を丸めて靴の湿気をとる 133
じゃがいもの皮で鏡の汚れをとる 141
スチールウールで畳の焼け焦げをとる 136
酢水スプレーを網戸にかけてハエよけ 135
せっけんが衣類の虫食いを防ぐ 134
せっけんがきつい靴をはきやすく 139
せっけんで鏡のくもりとり 137
タイル目地のカビはロウソク塗りで防ぐ 137
タオルをぬらして振ってタバコのにおい消し 134
畳の焼け焦げはオキシドールでとる 136
畳の焼け焦げはスチールウールでとる 136
タバコのにおいはコーヒーかすで消す 134
タバコのにおいは茶がらで消す 134
タバコのにおいはぬれタオルを振って消す 134
茶がらストッキングで靴箱のにおい消し 134
茶がらでタバコのにおい消し 134
チョークの線引きでアリよけ 135
テニスボールでイス脚カバー 137
トイペ芯で押入れすのこがわり 132
籐製品の黄ばみは塩水ぞうきんでふく 141
乳液で革製品の手入れ 138
ハエよけは網戸に酢水スプレー 135
花火の湿気は乾燥剤で防ぐ 132
歯ブラシのボサつきはビニールタイで直す 140
針金ハンガーで枕干し 142
針のさびつきはアルミホイルで改善 140
パンストかぶせ布団たたきで布団のほこりとり 142
パンスト＋乾燥剤でクローゼットの湿気とり 133
パンスト三つ編みタワシで靴みがき 138
漂白剤スプレーで障子紙の黄ばみをとる 136
ビニールタイで歯ブラシのボサつきを直す 140
ファスナーの滑りはベビーパウダーで改善 139
布団のほこりはパンストかぶせ布団たたきで 142
布団干しはイスで 142
布団干しはプラかごで 142
ふろのカビはわさび水で防ぐ 137
プラかごで布団干し 142
プラグのほこりはフィルムケース蓋で防ぐ 141
ベビーパウダーで鎖のからまりを解決 139
ベビーパウダーでファスナーの滑りを改善 139
ペットボトルでシューキーパーがわり 139
ペットボトルに殺虫液で虫よけ 135
枕干しは針金ハンガーで 142
窓の結露は新聞紙をはって防ぐ 132
虫よけは殺虫液ペットボトルで 135
木製家具のキズはコーヒーで修理 141
洋服ダンスに新聞紙の除湿ハンガー 133
ロウソク塗りでタイル目地のカビを防ぐ 137
わさび水でふろのカビを防ぐ 137

Part 8
美容

足のむくみにあら塩マッサージ 157
あたためビューラーでパッチリ目 145
脂とりは日めくりカレンダーで 145
あら塩マッサージで足のむくみ解消 157
アロエ化粧水が肌トラブルに効く 149
梅の種美白酒が日焼け肌ケアやシミに効く 153
オクラネットせっけんで洗顔 147
お茶マッサージで乾燥肌が改善 144
おでこラップで前髪カットが安心 154
オリーブオイル＋塩でボディケア 156
オリーブオイルでかかとケア 157
オリーブオイルパックが乾燥肌に効く 150
かかとケアにオリーブオイル 157
かかとケアにラップパック 157
乾燥肌はアロエ化粧水が効く 149
乾燥肌はお茶マッサージで改善 144
乾燥肌はオリーブオイルパックが効く 150
乾燥肌は黒糖パックで改善 144
きゅうり＆ヨーグルトパックが美肌に効く 151
牛乳のティッシュパックが保湿に効く 151
牛乳パックで日やけ肌ケア 144
クスミは米ぬかピーリングで改善 144
クスミは卵白ズルズルパックが効く 150
クスミは緑茶化粧水が効く 148
毛穴の汚れは米ぬか＆小麦粉パックでとる 152
化粧水でファンデのひび割れ修理 158
黒糖パックで乾燥肌を改善 144
コーヒーかすせっけんで洗顔 147
米ぬか＆小麦粉パックで毛穴ケア＆保湿 152
米ぬかすすぎ水で洗顔 146
米ぬかピーリングでクスミをとる 144
米ぬかふきんでボディケア 156
ごま油ヘッドオイルでヘアケア 155
塩＋オリーブオイルでボディケア 156
シミはアロエ化粧水が効く 149
シミは梅の種美白酒が効く 153
シミは緑茶化粧水が効く 148
シミは緑茶の粉パックが効く 152
シャンプーはノズル輪ゴムで半量出し 154
白髪は十字輪ゴムで抜く 154
シワにりんごきな粉パックが効く 153
自宅カットはレジ袋ケープで安心 154
除光液でマニキュアの固まりを復活 158
清潔せっけんは輪ゴムかけせっけん置きで 147
洗顔はオクラネットせっけんで 147
洗顔はコーヒーかすせっけんで 147
洗顔は米ぬかすすぎ水で 146
洗顔は卵黄クレンジング剤で 146
洗顔は緑茶で 146
卵のヘアパックでヘアケア 155
たるみにりんごきな粉パックが効く 153
チューブは振って最後まで出す 158
爪みがきはレシートで 156
ティーバッグ化粧水でニキビを予防 148
手のひらアイロンで額のシワ伸ばし 145
ニキビはティーバッグ化粧水で予防 148
ニキビは緑茶の粉パックが効く 152
ネイル塗りはボール握りで失敗なし 145
ノズル輪ゴムでシャンプー半量出し 154
パッチリ目はあたためビューラーで 145
パンストでヘアバンド 147
額のシワは手のひらアイロンで伸ばす 145
日めくりカレンダーで脂とり 145
日やけ肌ケアはアロエ化粧水で 149
日やけ肌ケアは梅の種美白酒で 153
日やけ肌ケアは牛乳パックで 144
日やけ防止にオリーブオイルパックが効く 150
美白はきゅうり＆ヨーグルトパックが効く 151
美白はゆずの皮化粧水が効く 149
ファンデのひび割れは化粧水で修理 158
吹き出物はアロエ化粧水が効く 149
ヘアケアにごま油ヘッドオイル 155
ヘアケアに卵のヘアパック 155
ヘアケアにマヨネーズヘアパック 145
ヘアケアに卵黄ヘアトリートメント 155
ヘアバンドがわりにパンスト 147
保湿は牛乳のティッシュパックが効く 151
保湿は米ぬか＆小麦粉パックが効く 152
保湿はゆず皮化粧水が効く 149
ボディケアにオリーブオイル＋塩 156
ボディケアに米ぬかふきん 156
ボディケアに卵白パック 156
ボール握りでネイル塗りは失敗なし 145
前髪カットはおでこラップで安心 154
マニキュアの固まりは除光液で復活 158
マヨネーズパックでヘアケア 145
ゆずの皮化粧水が保湿・美白に効く 149
ラップパックでかかとケア 157
卵黄クレンジング剤で洗顔 146
卵黄ヘアトリートメントでヘアケア 155
卵白ズルズルパックがクスミに効く 150

トイペ芯かぶせノズルで土・砂汚れとり 101
トイペ芯で排水口汚れをこすりとる 107
ドライヤーでシールをはがす 111
ナイロンタオルでカビを落とす 106
日本酒スプレーでふろ蓋の汚れを落とす 107
粘着テープでこぼした粉をとる 110
排水口汚れはトイペ芯でこすりとる 107
排水口汚れは歯ブラシの万能ブラシで洗う 98
歯ブラシつきノズルでほこりとり 101
パンストかぶせノズルで小物掃除 100
パンストかぶせ針金ハンガーでほこりとり 98
パンストかぶせヘッドで布団のほこりとり 100
パンストタワシで浴槽洗い 106
パンストで家電のほこりを落とす 112
パンストで蛇口みがき 107
パンストでテレビ画面のほこりを落とす 112
ビールでフローリングの汚れをふきとる 102
ふき掃除は靴下重ねワザで 99
ふき掃除は靴下＋ゴム手袋で 102
ふき掃除は靴下ぬいつけタオルで 103
布団のホコリとりはパンストかぶせヘッドで 100
ふろ鏡のくもりは車用ワックスでとる 107
ふろ小物は浴槽でつけおき洗い 106
ふろ蓋の汚れは日本酒スプレーで落とす 107
ふろ湯のゴミは新聞紙でとる 106
フローリングの溝汚れはつまようじでとる 102
フローリングの汚れはビールでふきとる 102
フローリングみがきは米とぎ汁で 102
便器の汚れに酢水スプレー 107
便器の汚れに炭酸飲料 109
便器の汚れはポリ手袋でふきとる 109
便器の輪ジミはペーパー湿布でとる 109
ほこりは歯ブラシつきノズルでとる 101
ほこりはパンストかぶせ針金ハンガーでとる 98
ボディタオルでタイル目地の汚れをとる 106
ポリ手袋で便器の汚れをふきとる 109
窓の汚れはぬれ新聞紙でふく 108
みかんの皮スプレーで畳の汚れをとる 104
みかんの皮でシールをはがす 111
綿棒＋エタノールでリモコンの手あか落とし 112
床汚れは輪ゴムばらまき掃除 102
浴槽でふろ小物をつけおき洗い 106
浴槽はパンストタワシで洗う 106
ラップ芯＋輪ゴムのカーペットクリーナー 99
リモコンの手あかは綿棒＋エタノールでとる 112
リモコンの汚れは輪ゴムでとる 112
リンスで家電のほこりをシャットアウト 112
輪ゴム＋ラップ芯のカーペットクリーナー 99
輪ゴムで印鑑の目詰まりをきれいに 110
輪ゴムで敷居の汚れをとる 105
輪ゴムでリモコンの汚れをとる 112
輪ゴムばらまきで床掃除 102
割り箸布ですき間汚れを落とす 99
割り箸はたきですき間汚れを落とす 108

Part6 洗濯

あきびんシェイクで小物を漂白 118
汗のにおいは霧吹きで消す 119
色落ちは塩で下洗いして防ぐ 116
薄物の乾燥はゴミ袋＋ドライヤーで 127
上ばきの汚れは歯みがき粉で落とす 130
上ばきの汚れは＋ぞうきんで洗濯機洗い 130
液体糊容器で泥、シミ汚れを落とす 116
えり汚れはベビーパウダーで防ぐ 128
えり汚れは野菜ネットかぶせせっけんで落とす 116
おもちゃボールで洗濯機の汚れ落とし力アップ 117
折りジワは酢アイロンで消える 128
折り目はロウ塗りアイロンがけでピシッと 128
片腕通しでハンガー連続かけワザ 122
軽石で毛玉とり 129
吸盤網ネットで靴の脱水ができる 126
霧吹きで汗のにおいを消す 119
霧吹きで脱水ジワを軽くする 124
クエン酸で柔軟仕上げ 117
靴下の頑固汚れはつま先せっけんで落とす 115
靴下の頑固汚れは手袋洗いで落とす 118
靴下の頑固汚れはビー玉洗いで落とす 115
靴下の毛玉は裏返し洗いで防ぐ 114
靴下汚れは酢水バケツでつけおき 116
靴の脱水は吸盤網ネットで 126
化粧品汚れはメイクジェルで落とす 119
毛玉は軽石でとる 129
毛玉は毛先カット歯ブラシでとる 129
毛玉は台所用スポンジでとる 129
毛玉はT字かみそりでとる 129
小物の乾燥はレジ袋＋ドライヤーで 127
小物の漂白はあきビンシェイク 118
ゴミ袋＋ドライヤーで薄物乾燥 127
塩シェイクでぬいぐるみのくすみを落とす 130
塩で下洗いして色落ちを防ぐ 116
室内干しは新聞紙で早乾き 126
室内干しは突っ張り棒で2段干し 126
シーツは平行棒干しで早乾き 123
シャンプーが部分洗いに 116
しょうゆのシミはほうれんそうの煮汁で落とす 119
重曹で洗濯槽の汚れ＆においを落とす 127
重曹でぬいぐるみの汚れを落とす 130
柔軟仕上げはクエン酸で 117
柔軟仕上げはリンスで 117
ジーンズはずん胴筒抜け干しで早乾き 123
酢アイロンで折りジワが消える 128
すそ輪ゴムで洗濯中のからまり防止 114
酢で洗濯槽のカビ落とし 127
スニーカーひもの汚れはフィルムケースで漂白 130
酢水ぞうきんで洗濯機掃除 127
酢水につけてパンストの伝線を防ぐ 119
酢水バケツにつけおきで靴下の汚れ落とし 116
墨はデンプン糊で落とす 119
ずん胴筒抜け干しでジーンズが早乾き 123
セーターそで口の伸びは糸かがりで防ぐ 114
洗濯機の汚れは酢水ぞうきんでとる 127
洗濯槽のカビは酢で落とす 127
洗濯槽の汚れ＆においは重曹で落とす 127
洗濯中の糸くず防止に手ぬぐい洗濯袋 115
洗濯中のからまり防止におもちゃボール 117
洗濯中のからまり防止にすそ輪ゴム 114
洗濯中のからまり防止にそで口輪ゴム 114
洗濯中のからまり防止にそでピタ身ごろ 115
洗濯中のそでがらみ防止にそでin身ごろ 115
洗濯ばさみおもりでアイロンいらず 125
洗濯ばさみは針金ハンガーホルダーに 123
洗濯物は厚薄交互干しで早乾き 122
洗濯物は長短交互干しで早乾き 122
そで口輪ゴムで洗濯中のからまり防止 114
そでピタ身ごろで洗濯中のからまり防止 115
食べこぼしは台所用洗剤で落とす 119
台所用スポンジで毛玉とり 129
台所用洗剤で食べこぼしを落とす 119
脱水ジワは霧吹きで軽くする 124
脱水ジワは手のひらパンパンで伸ばす 124
脱水ジワは粘着クリーナーで伸ばす 124
脱水ジワは振りさばいて軽くする 124
脱水はバスタオル包みで早くなる 126
段ボール＋ドライヤーでワイシャツ乾燥 127
つま先カット靴下で物干しざおのスピードふき 123
つま先せっけんで靴下の頑固汚れ落とし 115
Tシャツ首元の伸びは輪ゴムで防ぐ 114
T字かみそりで毛玉とり 129
手ぬぐい洗濯袋で洗濯中の糸くずを防ぐ 115
手のひらパンパンで脱水ジワを伸ばす 124
手袋洗いで靴下の頑固汚れ落とし 118
デンプン糊で墨を落とす 119
におい消しに焼きみょうばん 117
ぬいぐるみのくすみは塩シェイクでとる 130
ぬいぐるみの汚れは重曹で落とす 130
歯ブラシで毛玉とり 129
歯みがき粉で上ばきの汚れを落とす 130
針金ハンガーで洗濯ばさみホルダー 123
針金ハンガーで針金ハンガーホルダー 123
針金ハンガーにゴム巻きで落下防止 121
針金ハンガーにペットボトルで早乾き 120
針金ハンガーのカーブで早乾き 120
針金ハンガーの交差づかいで早乾き 121
針金ハンガーの三角テント干しで早乾き 121
針金ハンガーの両端上向き曲げでシューズ干し 121
針金ハンガーの両端手前曲げで早乾き 120
ハンカチは窓にはって干す 125
ハンカチは四つ折りにたたんで干す 125
バスタオル包みでスピード脱水 126
パンストは酢水につけて伝線を防ぐ 119
ビー玉洗いで靴下の頑固汚れ落とし 115
ピンチハンガーは外小内大で早乾き 122
布団カバーは野球ボールおもりでシワ伸ばし 125
部分洗いはクリーニングのビニールカバーで 118
部分洗いはシャンプーで 116
平行棒干しでシーツが早乾き 123
ペットボトルで洗濯物の汚れ落とし力アップ 117
ベビーパウダーでえり汚れを防ぐ 128
ほうれんそうの煮汁でしょうゆのシミを落とす 119
防虫剤臭はアイロンスチームでとる 129
防虫剤臭は冷蔵庫脱臭剤でとる 129
メイク落としジェルで化粧品汚れを落とす 119
物干しざおはつま先カット靴下でスピードふき 123
焼きみょうばんでにおい消し 117
野球ボールおもりで布団カバーのシワ伸ばし 125
リンスで柔軟仕上げ 117
レジ袋＋ドライヤーで小物乾燥 127
ロウアイロンで折り目をピシッと 128
ワイシャツのアイロンは生乾きで 128
ワイシャツの乾燥は段ボール＋ドライヤーで 127

Part7 住まい

網戸のデコボコはドライヤーで直す 136
アリよけはチョークの線引きで 135
アルミホイルで針のさびつきを改善 140

ラップの芯にレジ袋収納 77
ラップの端は輪ゴムでさがす 58
ラップは冷蔵庫扉にマグネット収納 77
緑茶スプレーでまな板の除菌 68
緑茶で魚焼きグリルのにおいとり 68
りんごの皮を煮てなべの黒ずみとり 63
冷蔵庫扉にラップをマグネット収納 77
冷蔵庫内＆食品はわさびでカビ予防 80
冷蔵庫はコーヒーかすで脱臭 69
冷蔵庫は重曹で脱臭 79
冷蔵庫は食パンの黒焦げで脱臭 79
冷蔵庫はわさび水でカビ予防 80
冷蔵庫マグネットで食品の在庫管理 76
レジ袋はラップの芯に収納 77
レモンの皮をチンで電子レンジ内脱臭 79
輪ゴム十字かけで皿の清潔収納 77
輪ゴムで液だれをガード 59
輪ゴムで卵の転がりを防ぐ 59
輪ゴムでラップの端をさがす 58
輪ゴムのくっつきはかたくり粉で防ぐ 60
輪ゴム巻き砂糖ポットでアリよけ 80
輪ゴム巻きでせっけんの泡立ちアップ 61
輪ゴム巻きでびんの蓋があく 60
わさび水で冷蔵庫のカビ予防 80
わさびで冷蔵庫内＆食品のカビ予防 80

Part 4 収納

衣類は折りたたみ用下敷きで引き出し収納 90
栄養ドリンク剤箱にハガキを 91
MDはティッシュ箱に 91
折りたたみ用下敷きで衣類を引き出し収納 90
傘立てはすのこで作る 95
家電コードはトイペ芯に収納 87
カラボのレンガ連結ですき間収納 87
カラボでキャスターつき引き出しを作る 88
カラボで子ども机を作る 88
缶詰め収納は輪ゴムかけが便利 93
キッチンクロスはタオルハンガーで収納 92
キッチンミニラックをすのこで作る 92
キャスターつき引き出しはカラボで作る 88
牛乳パックをブックエンドに 86
靴にパンストカバー 95
子ども靴はネットハンガーにひっかける 95
子ども机はカラボで作る 88
粉ミルク缶で密閉＆分類収納 94
小物はビデオケース収納 92
雑誌はビール箱に 91
CDは洗剤箱に 91
シャンプーラックが調味料収納に 92
書類ケース十ヘアゴムでラップホルダー 92
書類ケースでフライパンなどを縦収納 92
新聞・雑誌ラックは書類スタンドで 86
新聞・雑誌ラックはテーブル裏に 86
新聞紙はひもがわりのパンストで縛る 96
新聞ストックはビデオケースで 86
除湿剤容器がペン立てに 96
すき間収納はカラボのレンガ連結で 87
ストローは箸箱に収納 96
スニーカー箱に文庫本 91
すのこでキッチンミニラック 92
すのこで傘立て 95
ズボンはラップ芯つき針金ハンガーにかける 90
セーター・トレーナーは丸めてゴム止め収納 90
洗剤箱にCDを 91
洗濯ネットでふろ用おもちゃを水きり収納 95
洗面器は水きり針金ハンガーに 95
タオルハンガーでキッチンクロス収納 92
タバコ箱にデジタルビデオテープを 91
調味料はシャンプーラックに収納 92
突っ張り棒でスペース2倍収納 94
突っ張り棚でトイペ収納 95
ティッシュ箱がフロアワイパー収納に 87
ティッシュ箱にMDを 91
ティッシュ箱にポケットティッシュ 91
テーブル裏を新聞・雑誌ラックに 86
DMはピンナップボードにチョイ置き 86
デジタルビデオテープはたばこ箱に 91
電気プラグはパン袋クリップ名札で区別 87
電気プラグはフィルムケースに収納 87
トイペ芯で家電コードを収納 87
トイペは突っ張り棚収納 95
取っ手つき箱でシンク上収納 94
トレイはマグネットで冷蔵庫扉に収納 93
ネクタイはふきんハンガーにかける 90
ネットハンガーで子ども靴収納 95
ハガキは栄養ドリンク剤箱に 91
箸箱でストロー収納 96
パジャマは丸めて縦収納 90
パンストで靴カバー 95
パンストで新聞紙を縛るひもに 96
パン袋クリップ名札で電気プラグを区別 87
ビデオケースで小物収納 92
ビデオケースで新聞ストック 86
ビニールひもがわりにレジ袋 96
ビール箱に雑誌を 91
ビール箱に文庫本を 91
ピンナップボードにDMをチョイ置き 86
フィルムケースで電気プラグ収納 87
ふきんハンガーがネクタイかけに 90
フライパンは書類ケースで縦収納 92
フロアワイパーはティッシュ箱に収納 87
ふろ用おもちゃは洗濯ネットで水きり収納 95
ブックエンドは牛乳パックで 86
文庫本はスニーカー箱に 91
文庫本はビール箱に 91
ヘアゴムはパン袋クリップ収納 96
ペットボトルでレジ袋ホルダー 94
ペン立ては除湿剤容器で 96
ホースは水きり針金ハンガーに 95
ポイントカードはポケットアルバムに 96
ポケットティッシュはティッシュ箱 91
毛布は古Yシャツでくるんで収納 90
焼き網でレシピホルダーを作る 93
ラップ芯つき針金ハンガーでズボンかけ 90
ラップは書類ケース十ヘアゴムで 92
冷蔵庫扉にトレイをマグネットで収納 93
レシピホルダーを焼き網で作る 93
レジ袋でビニールひも 96
レジ袋はペットボトルホルダーで 94
輪ゴムかけで缶詰め収納が便利に 93

Part 5 掃除

網戸の掃除機かけは段ボールを当てる 100
網戸のほこりは洗濯ネットで落とす 108
印鑑の目詰まりは輪ゴムできれいに 110
家電コードのほこりは軍手で落とす 112
家電のほこりはパンストで落とす 112
家電のほこりはリンスでシャットアウト 112
カビはナイロンタオルで落とす 106
カーペットクリーナーはラップ芯十輪ゴムで 99
カーペットはゴム手袋でゴミとり 103
カーペットは重曹でにおい消し 103
ガムは氷で冷やしてとる 110
靴下重ねワザでふき掃除 99
靴下十ゴム手袋でふき掃除 103
靴下ぬいつけタオルでふき掃除 102
車用ワックスでふろ鏡のくもりとり 107
軍手で家電コードのほこりを落とす 112
消しゴムでシールのベタつきをとる 111
玄関のほこりは茶がらではき掃除 109
玄関のほこりはぬらし新聞紙ではき掃除 109
粉をこぼしたら粘着テープでとる 110
小麦粉でシールのネバネバをとる 111
小物掃除はパンストかぶせノズルで 100
ゴム手袋十靴下でふき掃除 103
ゴム手袋でカーペットのゴミとり 103
サッシの溝汚れは切り目入りスポンジで 99
サッシの溝汚れは古歯ブラシで 108
塩十歯ブラシで畳のタバコ灰を掃除 105
塩で落とした卵をとる 110
敷居のほこりは輪ゴムでとる 105
シールのネバネバは小麦粉でとる 111
シールのベタつきは消しゴムでとる 111
シールは酢ではがす 111
シールはドライヤーではがす 111
シールはみかんの皮ではがす 111
新聞紙でふろ湯のゴミをとる 106
新聞紙をぬらして玄関のほこりとり 109
新聞紙をぬらして窓の汚れとり 108
蛇口はパンストでみがく 107
重曹でカーペットのにおい消し 103
すき間汚れは割り箸はたきで落とす 108
すき間汚れは割り箸布で落とす 99
酢十熱湯で畳の黄ばみをふき掃除 104
酢でシールをはがす 111
スポンジに切れ目を入れてサッシの溝汚れとり 99
酢水スプレーで洗面ボウルの汚れをとる 107
酢水スプレーで便器の汚れをとる 107
洗濯ネットで網戸のほこりを落とす 108
洗面ボウルの汚れに酢水スプレー 107
タイル目地の汚れはボディタオルでとる 106
畳の黄ばみは酢十熱湯でふき掃除 104
畳のタバコ灰は塩十歯ブラシで掃除 105
畳の汚れは茶がらではき掃除 104
畳の汚れは茶がらを掃除機吸引 105
畳の汚れはみかんの皮スプレーでとる 104
卵を落としたら塩でとる 110
炭酸飲料で便器の汚れとり 109
段ボール当てで網戸を掃除機かけ 100
茶がらで玄関のほこりをはき掃除 109
茶がらで畳の汚れを掃除機吸引 105
茶がらで畳の汚れをはき掃除 104
土・砂汚れはトイペ芯かぶせノズルでとる 101
つまようじでフローリングの溝汚れをとる 102
テレビ画面のほこりはパンストで落とす 112

カトラリー汚れはアルミホイル十重曹液で 67
金ダワシシェイクでグラス洗い 65
乾燥剤でゴミ箱消臭 83
乾燥剤で調味料の固まりを防ぐ 59
缶ビールはペットボトルで冷蔵庫収納 76
ガス台の油汚れはうどんのゆで汁でとる 72
ガス台の油汚れはパスタのゆで汁でとる 72
ガスレンジの油汚れはジーンズの切れ端でとる 73
ガスレンジの油汚れはみかんの皮でとる 72
ガスレンジ回りの油汚れはフリースでとる 73
ガスレンジみがきはビールで 72
牛乳パックで揚げ油を処理 83
牛乳パックで野菜は立てて冷蔵庫収納 76
牛乳パックの四角コーナーで生ゴミ箱 82
牛乳パックのスクレーパーで油汚れとり 62
グラス洗いは金ダワシシェイク 65
グラス洗いはスポンジ付きトングで 65
グラス洗いは卵の殻シェイクで 65
グラスのくもりはじゃがいもの皮でとる 66
グラスのくもりは酢十塩でとる 74
小麦粉クレンザーで油汚れ落とし 72
小麦粉汁を煮立てて油汚れとり 63
小麦粉で揚げ油を処理 83
米とぎ汁で魚焼きグリルの油汚れとり 62
米とぎ汁でなべの焦げとり 63
米とぎ汁につけおきで食器の汚れ落ち 64
米とぎ汁につけおきで密閉容器の消臭 78
米びつにとうがらしで虫よけ 80
コーヒーかすが手の生ぐささを消臭 61
コーヒーかすが生ゴミのにおいを消臭 69
コーヒーかすが冷蔵庫内のにおいを脱臭 69
コーヒーメーカーの汚れは酢で落とす 75
コンロ掃除は食パン袋クリップで 73
ゴキブリは台所用洗剤で退治 61
ゴキブリは電話帳十缶蓋でよせつけない 81
ゴキブリは粉末からしでよせつけない 81
ゴキブリはホウ酸ダンゴで退治 81
ごぼうのアク抜き水が生ゴミのにおいを消臭 82
魚焼きグリルの油汚れは米とぎ汁でとる 62
魚焼きグリルのにおいは緑茶でとる 68
魚焼きグリルの汚れは茶がらでとる 68
砂糖が固まったら食パンがほぐす 59
砂糖で油まみれの手がきれいに 61
砂糖ポットに輪ゴムでアリよけ 80
皿収納スタンドはアイス棒十手さげフックで 77
皿の清潔収納は輪ゴム十字かけで 77
三角コーナーのヌメリは酢スプレーでとる 75
三角コーナーは卵の殻十パンストでみがく 71
塩クレンザーがまな板をきれいに 62
塩十酢でグラスのくもりをとる 74
塩で調理中の手のかゆみを消す 61
塩水でプラスチック容器のにおいを消臭 78
食パンで固まった砂糖がほぐれる 59
食パンの黒焦げで冷蔵庫脱臭 79
食品の在庫管理は冷蔵庫マグネットで 76
食器棚のガラスはみかんの皮の煮汁でみがく 73
食器の汚れはオクラネットのタワシで 66
食器の汚れは米とぎ汁につけおき 64
食器の汚れは新聞紙でふきとる 64
食器の汚れはタワー洗いでラク落ち 64
食器の汚れはチラシをはさんで半減 64
食器の汚れは日本手ぬぐいでふきとる 64
食器の汚れは古電話帳でふきとる 64
シンクの油汚れはみかんの皮で落とす 70
シンクのくもりはじゃがいもの皮でとる 70
シンク汚れは炭酸水できれいに 70
シンク汚れはテープタワシできれいに 71
シンク汚れは麦茶パックできれいに 69
シンク汚れはラップできれいに 70
新聞紙十クレンザーで包丁とぎ 66
新聞紙で食器の汚れとり 64
新聞紙の便利袋で生ゴミ処理 84
じゃがいもの皮でグラスのくもりとり 66
じゃがいもの皮でシンクのくもりとり 70
じゃがいもの皮で魔法びんの茶しぶ落とし 66
十円玉で排水口のヌメリ防止 70
重曹液十アルミホイルでカトラリーの汚れとり 67
重曹が生ゴミのにおいを消臭 82
重曹で油汚れとり 67
重曹で冷蔵庫脱臭 79
ジーンズの切れ端でガスレンジの油汚れとり 73
酢スプレーで三角コーナーのヌメリとり 75
酢十塩でグラスのくもりをとる 74
酢でコーヒーメーカーの汚れを落とす 75
酢で手についた漂白剤のヌルつきをとる 74
酢で生ゴミのにおいを消臭 75
酢でプラスチック容器のにおいを消臭 74
酢でポットの水あかを落とす 75
スポンジつきトングでグラス洗い 65
酢水十新聞紙で生ゴミ箱のにおいを防ぐ 75
酢水ふきんでまな板の生ぐささを消臭 74
炭で生ゴミ箱を消臭 83
炭でポット内の汚れを吸着 67
すり鉢の汚れは野菜くずでとる 59
せっけんに輪ゴム巻きで泡立ちアップ 61
卵の殻シェイクでグラスの底洗い 65
卵の殻シェイクで茶しぶ落とし 65
卵の殻十パンストで万能タワシ 65
卵の殻でミキサー手入れ 67
卵の転がりは輪ゴムで防ぐ 59
卵パックはペットボトルで冷蔵庫収納 76
タワー洗いで食器の汚れがラク落ち 64
炭酸水でシンクの汚れ落とし 70
台所用洗剤でゴキブリを退治 61
茶がらが手の生ぐささを消臭 69
茶がらで魚焼きグリルの汚れとり 68
茶がらをチンで電子レンジ内を消臭 69
茶しぶは卵の殻シェイクで落とす 65
茶わんの底で包丁の切れ味が復活 58
調味料の固まりは乾燥剤で防ぐ 59
調理中の手のかゆみは塩が消す 61
チラシをはさんで食器の汚れ半減 64
ティーバッグで食器の汚れとり 68
ティーバッグでフライパンの油汚れとり 62
テープタワシでシンクの汚れとり 71
天ぷら衣の残りでなべの焦げとり 63
電子レンジ内の汚れは水をチン 67
電子レンジ内は茶がらをチンで脱臭 69
電子レンジ内はレモンの皮をチンで脱臭 79
電話帳十缶蓋でゴキブリよけ 81
電話帳で食器の汚れとり 64
とうがらしを米びつに入れて虫よけ 80
とっくり洗いは絵筆で 65
トマトを煮てアルミなべの黒ずみとり 63
納豆のぬるぬるはバランでとれる 64
なべの黒ずみはりんごの皮を煮てとる 63
なべの焦げは米とぎ汁でとる 63
なべの焦げは天ぷら衣の残りでとる 63
生ぐさい手はコーヒーかすで消臭 61
生ぐさい手は茶がらで消臭 69
生ゴミはコーヒーかすで消臭 69
生ゴミはごぼうのアク抜き水で消臭 82
生ゴミは新聞紙の便利袋で処理 84
生ゴミは重曹で消臭 82
生ゴミは酢で消臭 75
生ゴミは冷凍庫保存で防臭 82
生ゴミ箱のにおいは酢水十新聞紙で防ぐ 75
生ゴミ箱は乾燥剤で消臭 83
生ゴミ箱は牛乳パックの四角コーナーで 82
生ゴミ箱は炭で消臭 83
日本酒で密閉容器の消臭 78
排水口掃除は古靴下十ポリ袋で 71
排水口のヌメリはアルミカップで防止 70
排水口のヌメリは10円玉で防止 70
排水パイプの詰まりはドライヤー温風で 71
はさみはアルミホイルで切れ味が復活 58
針金ハンガーホルダーでペーパータオル収納 77
バランで納豆のぬるぬるがとれる 64
パスタのゆで汁でガス台の油汚れとり 72
パスタのゆで汁で食器の油汚れとり 64
漂白剤でヌルついた手は酢で洗う 74
ビールでガスレンジみがき 72
蓋はゴム手袋であく 60
蓋は湯につければあく 60
蓋は輪ゴム巻きであく 60
フリースでガスレンジ回りの油汚れとり 73
粉末からしでゴキブリよけ 81
プラスチック容器のにおいは塩水で消臭 78
プラスチック容器のにおいは酢で消臭 74
ペットボトルキャップで密閉袋 78
ペットボトルで缶ビールを冷蔵庫収納 76
ペットボトルで卵パックを冷蔵庫収納 76
ペットボトルでマグカップを縦置き収納 77
ペットボトルの注ぎ口はパスタ1人分 56
ペーパータオルは針金ハンガーホルダー収納 77
ホウ酸ダンゴでゴキブリ退治 81
包丁とぎは新聞紙十クレンザーで 66
包丁はアルミホイルで切れ味が復活 58
包丁は茶わんの底で切れ味が復活 58
ほうろうがはげたらマニキュアを塗る 60
ポット内の汚れは炭が吸着 67
ポットの水あかは酢で落とす 75
マグカップはペットボトルで縦置き収納 77
まな板の抗菌は緑茶スプレーで 68
まな板の除菌は漂白剤のラップパックで 66
まな板の生ぐささは酢水ふきんで消臭 74
まな板は塩クレンザーで洗う 62
魔法びんの汚れはじゃがいもの皮で落とす 66
みかんの皮でフライパンの油汚れとり 62
みかんの皮でシンクの油汚れとり 70
みかんの皮でガスレンジの油汚れとり 72
みかんの皮の煮汁で食器棚のガラスみがき 73
ミキサーは卵の殻で手入れ 67
水きりネットは古パンストで 82
密閉容器はとぎ汁つけおきで消臭 78
密閉容器は日本酒で消臭 78
麦茶パックでシンク汚れをきれいに 69
野菜は牛乳パックで立てて冷蔵庫収納 76
ラップでシンク汚れをきれいに 70

パン粉は冷凍食パンをすりおろす 20
パンの生地はラップ芯のめん棒で 41
ひき肉は泡立て器でポロポロそぼろに 36
ピーマンのへたはドリンク蓋でとる 24
フライは衣に油プラスでサクッ 11
ほうれんそうは砂糖でアク抜き 8
マッシュポテト衣でえびフライが大きく 10
マッシュポテトはしゃもじつぶしで 33
マヨネーズ衣でとんカツがおいしく 10
マヨネーズ使いでオムレツがふわふわ 14
マヨネーズはラップとようじで極細しぼり 18
水どきかたくり粉で卵とじがふっくら 12
水どき小麦粉でギョーザがパリッと 18
みそ汁の素をビニール袋まとめ作り 30
みそときは泡立て器で 36
ミニオムレツはおたまで 37
みりんをプラスで古米がおいしく 8
蒸し物は粉ふるい+なべで代用 39
蒸し物はざる+なべで代用 39
蒸しゆでででパスタがアルデンテ 13
メレンゲは電子レンジでラクに 29
もち米と油をプラスで米がおいしく 8
もちは電子レンジ加熱でつきたてに 17
野菜のアクは米とぎ汁で下ゆで 8
野菜の水きりは穴あき食品トレーで 40
野菜は簡易蒸し器でごはんと同時に炊く 31
野菜はパスタと同時にゆでる 31
山いもの皮むきはスプーンで 26
湯で青菜いための色鮮やか 15
ゆでうずら卵の皮むきはあきびんで 29
ゆでうずら卵の皮むきは弁当箱で 29
ゆで卵のひび割れ防止に酢 13
ゆで卵のみじん切りは泡立て器で 36
ゆで卵のみじん切りはお玉で 29
ゆで卵のみじん切りはフォークで 38
ゆで卵のみじん切りはみかんネットで 41
ゆで卵はフードパックでギザギザ切りに 19
ゆで卵はペットボトルで花形に 19
ゆで卵を電子レンジで作る 29
ラビオリ風ギョーザがフォークで 38
卵黄はフライ返しを使って卵白と分ける 37
卵白は電子レンジで泡立てやすく 29
冷凍食パンをすりおろしてパン粉に 20
冷凍干物はアルミホイル使いで焼く 14
レモンのワックスは塩もみでとる 9
レモンは電子レンジ加熱でしぼる 30
レモンはボトル缶の蓋でしぼる 28
ロールサンドは湿りキッチンペーパーで巻く 19

Part 2
食品保存

青じそは湿りペーパーを敷いたあきびんで冷蔵 44
青菜は湿り新聞紙に包んで冷蔵 44
青菜はポリ袋に息を吹き込んで冷蔵 44
揚げ油は梅干しで復活 54
揚げ油は残りごはんできれいに 54
アルミホイルを敷いた冷凍庫でパワーアップ 46
アルミホイルを敷いて解凍スピードアップ 49
大皿料理はシャワーキャップでカバー 55
おしるこはもなかで作る 55
お弁当おかずは冷食トレーで小分け冷凍 47
お弁当は凍らせたゼリーで保冷 56
お弁当は凍らせたトレーの上で冷ます 56
お弁当は保冷剤をのせて保冷 56
お弁当は焼き網の上で冷ます 56
おろししょうがはコーヒーミルク容器で冷凍 47
おろししょうがは卵パックで小分け冷凍 47
カレーは牛乳パックで冷凍 48
カレーは卵パックで小分け冷凍 47
黒豆で即席アイスクリーム 55
氷はアイスのあき容器で作る 49
氷はかき氷のあき容器で作る 49
氷は沸騰後の湯冷ましで作る 49
小麦粉1kgは粉ミルク缶で保存 56
米3合は500㎖ペットボトルで保存 56
シチューは牛乳パックで冷凍 48
シチューは卵パックで小分け冷凍 47
じゃがいもはりんごと保存で発芽しない 45
常温保存の野菜は素焼き鉢に入れる 45
スイーツはペットボトルの底でカバー 55
だし汁はお菓子パックで冷凍 47
とうふは冷凍で高野どうふ風に 48
なべのこびりつきカレーでもう1品 54
バナナは針金ハンガースタンドにかける 45
パスタは酒を振って冷蔵 54
冷やごはんは水洗いして電子レンジに 54
ほうれんそうはゆでてポリ袋で小分け冷凍 46
みそ漬けはみそ袋を容器がわりに 54
もちはいったん酒にひたしてカビを防ぐ 45
もちはからしと保存でカビを防ぐ 45
もちは水につけてカビを防ぐ 45
もなかで即席おしるこ 55
もやしは水を張った密閉容器で冷蔵 44
薬味は卵パックで小分け冷凍 47
冷凍庫にアルミホイルを敷いて効率アップ 46
冷凍ワザ（野菜） アスパラガス 51
いんげん 51
えのきだけ 51
オクラ 51
かぼちゃ 50
絹さや 51
ごぼう 50
さつまいも 51
里いも 51
しめじ 51
しょうが 51
じゃがいも 50
セロリ 50
たけのこ 51
玉ねぎ 50
大根 50
トマト 50
なす 50
生しいたけ 51
なめこ 51
にら 50
にんじん 50
にんにく 51
ねぎ 50
白菜 50
万能ねぎ 50
パセリ 51
ピーマン 50
ブロッコリー 51
ほうれんそう 51
もやし 50
やまいも 51
れんこん 50
冷凍ワザ（その他） 厚切り肉 53
油揚げ 52
いくら 52
一尾魚 52
ウインナ 53
薄切り肉 53
うなぎのかば焼き 52
えび 52
貝 52
かたまり肉 53
かに風味かまぼこ 52
カレー 52
切り身魚 52
ギョーザ 52
こんにゃく 52
ごはん 53
ささ身 53
たこ 52
卵 53
ちくわ 52
ちりめんじゃこ 52
手羽先 53
鶏皮 53
納豆 52
はんぺん 52
パスタ 53
パン 53
ひき肉 53
干物 52
ベーコン 53
まぐろのさく 52
めん 53
明太子 52
和菓子 53
レタスは芯に湿りペーパーを詰めて冷蔵 44

Part 3
キッチン回り

アイス棒+手さげフックで皿収納スタンド 77
揚げ油は牛乳パックで処理する 83
揚げ油は小麦粉で処理する 83
油まみれの手は砂糖できれいに 61
油汚れは牛乳パックのスクレーパーでとる 62
油汚れは小麦粉クレンザーでとる 70
油汚れは小麦粉汁を煮立ててとる 63
油汚れは重曹でとる 67
油汚れはティーバッグでとる 62
油汚れはパスタのゆで汁でとる 64
油汚れはみかんの皮でとる 62
アリよけは砂糖ポットに輪ゴムで 80
アルミカップで排水口のヌメリ防止 70
アルミなべの黒ずみはトマトを煮てとる 63
アルミホイル+重曹液でカトラリー汚れとり 67
アルミホイルではさみの切れ味が復活 58
アルミホイルで包丁の切れ味が復活 58
うどんのゆで汁でガス台の油汚れとり 72
液だれは輪ゴムでガード 59
オクラネットのタワシで食器洗い 66
かたくり粉で輪ゴムのくっつきを防ぐ 60

INDEX

さくいん

Part 1
料理

アイスクリームケーキは牛乳パックで 34
青菜いためは油に塩 15
青菜いためは湯で色鮮やか 15
アクの強い野菜は米とぎ汁で下ゆで 8
揚げ物の油きりは牛乳パックで 34
揚げ物の油きりは魚焼きグリルで 39
揚げ物は衣にお好み焼き粉プラスでおいしく 10
揚げ物は衣に酢プラスでさっくり 11
揚げ物は衣にベーキングパウダーでカリッと 11
揚げ物は魚焼きグリルを油きりがわりに 39
浅漬けはポリ袋もみもみで 33
熱々ごはんは茶わん×2でおにぎり 36
油ともち米をプラスで米がおいしく 8
油引きは100均口細容器で 28
油引きはフィルムケース＋ミニタオルで 42
油プラスの衣でフライがサクッと 11
甘みは塩で引き出す 12
アルミカップの間仕切りで油きり 41
アルミホイル使いで小魚は焼く 14
アルミホイル使いで冷凍干物は焼く 14
いかの皮むきは軍手で 27
いかの皮むきは塩を振って 27
いかの皮むきは野菜ネットで 27
いかのわたとりは冷凍してから 27
いかは半冷凍で細切りに 16
ウインナはアルミホイル＋フライパンで 21
うずら卵はあき缶でゆでる 29
えびフライはマッシュポテト衣で大きく 10
お菓子の生地作りはポリ袋で 33
お菓子の粉物まぜはポリ袋で 33
お好み焼き粉プラスの衣で揚げ物がおいしく 10
おにぎりはガチャガチャ容器でまんまるに 42
オーブンシートはハンバーガーの包み紙で代用 41
おむすびは牛乳パックで三角に 35
オムレツはマヨネーズ使いでフワフワ 14
オリーブ油で鶏肉をジューシーに 9
おろし大根汁で牛肉をやわらかく 9
解凍えび、いかはかたくり粉でくさみ抜き 14
かき揚げは木べらを使って失敗なし 11
かきたま汁は網じゃくしで 37
かたくり粉入り合わせ調味料でとろみづけ 15
かたくり粉で解凍えび、いかのくさみ抜き 14
型抜きは金属製キャップで代用 40
かち割り氷は牛乳パックで 34
かぼちゃは砂糖でホクホク 12
かぼちゃは煎茶煮で甘く 12
かまぼこの飾り切り 市松 22
うさぎ 23
冠 23
菊花 22
ちょうちょ 23
ばら 22
松 23
松葉 22
結び 22
らん 22
乾物は砂糖＋電子レンジで速攻もどし 26
乾物は砂糖＋熱湯で速攻もどし 9
牛肉はおろし大根汁でやわらかく 9
牛肉は砂糖でおいしく 9
きゅうりの薄切りはつまようじつき包丁で 25
きゅうりの小口切りは割り箸で転がり防止 25
ギョーザがフォークでラビオリ風に 38
ギョーザの皮はラップ芯のめん棒で 41
ギョーザはオーブンシート使いで焼く 15
ギョーザはポリ袋チューブでたね作り 32
ギョーザは水とき小麦粉でパリッと 18
切りもちでおろしもち 17
切りもちでそばがきもち 17
切りもちで納豆もち 17
グラタンは皿に水で焦げつかない 17
ケーキの計量ずみ材料はポリ袋で保存 33
ケーキはあき缶ケーキ型で焼く 41
ケーキは牛乳パック型で焼く 35
紅茶を衣にプラスで魚の天ぷらをおいしく 10
小魚はアルミホイル使いで焼く 14
昆布じめで鶏肉をおいしく 9
古米にみりんをプラスでおいしく 8
小麦粉つけはポリ袋シェイクで 33
米とぎ汁で野菜のアクをとる 8
米とぎは泡立て器で 36
米はもち米と油をプラスでおいしく 8
衣が手についたらスプーンで落とす 38
衣つけは食品トレーで 40
衣つけはポリ袋シェイクで 33
衣に油プラスでフライがサクッと 11
衣にお好み焼き粉プラスで揚げ物がおいしく 10
衣に紅茶プラスで魚の天ぷらがおいしく 10
衣に酢プラスで揚げ物がさっくり 11
衣にベーキングパウダーで揚げ物がカリッと 11
こんにゃくは塩すり込みで歯ごたえアップ 8
ごはんを炊くなら簡易蒸し器で野菜と同時調理 31
ごぼうの皮そぎは食パン袋のクリップで 40
ごぼうの皮むきはアルミホイルで 25
ごぼうのささがきは包丁＋ピーラーで 25
魚調理は牛乳パックまな板で 34
魚のうろことりは大根の切れ端で 27
魚の皮はがしは冷凍してから 27
魚の天ぷらは衣に紅茶プラスでおいしく 10
魚焼きグリルの余熱でなべの保温 13
さきいかで中華スープ 20
ささ身の筋とりは穴あきおたまで 37
さつまいもはぬれ新聞紙包みでふかす 17
里いもは下ゆでで皮むきがラクに 26
砂糖＋電子レンジで乾物の速攻もどし 26
砂糖＋熱湯で乾物の速攻もどし 9
砂糖でかぼちゃがホクホク 12
砂糖で牛肉をおいしく 9
砂糖でほうれんそうのアク抜き 8
塩入り油で青菜いため 15
塩入り湯で卵をゆでる 16
塩で甘みを引き出す 12
塩でこんにゃくの歯ごたえアップ 8
塩で卵がほぐしやすく 27
塩で肉だねがふっくら 14
塩水がなすの変色を防ぐ 16
塩水漬けで煮物は煮くずれない 12
塩もみでレモンのワックスとり 9
シューマイは卵パックで作る 30
しょうがはアルミホイルをかぶせておろす 28
じゃがいもの面とりはざるで 26
じゃがいもは炊飯器でごはんといっしょにゆでる 30
じゃがいもはゆでたらフォークでつぶす 38
酢でゆで卵のひび割れ防止 13
酢を衣にプラスで揚げ物がさっくり 11
煎茶でかぼちゃを煮て甘く 12
即席漬けは水入りボウルのおもしで 39
そぼろは泡立て器でポロポロに 36
卵とじは水ときかたくり粉でふっくら 12
卵の卵白と卵黄分けはフライ返しで 37
卵は網じゃくしでかきたま汁に 37
卵はおたまでミニオムレツに 37
卵は牛乳パックでほぐしやすく 29
卵は塩入り湯でゆでる 16
卵は塩でほぐしやすく 27
卵はパスタと同時にゆでる 31
卵を電子レンジでゆで卵に 29
玉ねぎはつまようじでバラけ防止 16
玉ねぎは水につけて涙防止 24
大根の皮むきはピーラーで 25
大根の切れ端で魚のうろことり 27
大根はつまようじでおろし切る 28
だし汁は急須で作る 28
だし汁は茶こしで作る 28
チキンライスはペットボトル型で 40
茶わん蒸しはなべ十菜箸で作る 31
中華スープはさきいかで 20
とうふの水きりはとうふ容器の重しで 41
トマトソースは冷凍トマトをすりおろす 20
トマトの皮むきはじか火で焼く 24
トマトの皮むきは冷凍してから 24
トマトは冷凍すりおろしでトマトソース 20
鶏肉はオリーブ油でジューシーに 9
鶏肉は昆布じめでおいしく 9
とろみづけはかたくり粉入り合わせ調味料で 15
とんカツはマヨネーズ衣でおいしく 10
ドレッシングはペットボトルで作る 30
ドレッシングはあえる、で半量 18
長ねぎのみじん切りは表裏斜め切り込みで 25
なすは塩水で変色を防ぐ 16
納豆は半解凍でひきわりに 16
なべの保温は魚焼きグリルの余熱で 13
生クリームの泡立てはマヨネーズ容器で 42
生クリームの星型しぼりはマヨネーズ容器で 42
肉だねが塩でふっくら 14
肉だんごはポリ袋チューブでたね作り 32
肉調理は牛乳パックまな板で 34
煮物は塩水漬けで煮くずれない 12
煮物はバスタオルで保温調理 13
にんじんの皮むきはピーラーで 25
にんにくの薄皮むきはビニール手袋で 24
にんにくは木べらでつぶす 38
熱湯＋砂糖で乾物の速攻もどし 9
ハムの薄切りは牛乳パックでラクに 27
ハンバーグはポリ袋手袋で作る 32
パスタは蒸しゆでてアルデンテ 13
パスタをゆでるなら卵や野菜と同時に 31
パン粉つけはポリ袋シェイクで 33

表紙デザイン　大薮胤美（フレーズ）
表紙イラスト　進藤やす子
本文デザイン　大西文子（RITZ）
撮影　橋本 哲　井坂英彰　森安 照　小川 哲
中村 太　倉成 亮　吉田篤史　澤田和廣
編集協力　和田康子　すがもひろみ
Spcial Thanks　『主婦の友』読者のみなさん
編集デスク　藤岡眞澄（主婦の友社）

主婦の友新実用BOOKS

決定版 暮らしの裏ワザ知得《しっとく》メモ888
2005年5月1日　第1刷発行
2006年1月10日　第7刷発行

編　者　主婦の友社
発行者　村松邦彦
発行所　株式会社 主婦の友社
〒101-8911 東京都千代田区神田駿河台2-9
電話（編集） 03-5280-7537
（販売） 03-5280-7551
印刷所　大日本印刷株式会社

もし、落丁、乱丁、その他不良の品がありましたら、おとりかえいたします。お買い求めの書店か、主婦の友社資材刊行課（電話03-5280-7590）へお申し出ください。

ISBN4-07-246824-X